U0544446

知识产权研究文丛

侵犯知识产权罪的理论与实践

任学婧　吕　哲■著

知识产权出版社
全国百佳图书出版单位
—北京—

图书在版编目(CIP)数据

侵犯知识产权罪的理论与实践 / 任学婧，吕哲著. 北京：知识产权出版社，2025. 5. —（知识产权研究文丛）. — ISBN 978-7-5130-9960-8

Ⅰ. D924. 334

中国国家版本馆 CIP 数据核字第 2025C6T643 号

责任编辑：刘　睿　邓　莹　　　**责任校对**：潘凤越

封面设计：张国仓　　　**责任印制**：刘译文

侵犯知识产权罪的理论与实践

任学婧　吕　哲　著

出版发行：	知识产权出版社有限责任公司	**网　　址**：	http：//www. ipph. cn
社　　址：	北京市海淀区气象路 50 号院	**邮　　编**：	100081
责编电话：	010-82000860 转 8346	**责编邮箱**：	dengying@ cnipr. ccm
发行电话：	010-82000860 转 8101/8102	**发行传真**：	010-82000893/82005070/82000270
印　　刷：	三河市国英印务有限公司	**经　　销**：	新华书店、各大网上书店及相关专业书店
开　　本：	880mm×1230mm　1/32	**印　　张**：	9. 25
版　　次：	2025 年 5 月第 1 版	**印　　次**：	2025 年 5 月第 1 次印刷
字　　数：	210 千字	**定　　价**：	78. 00 元

ISBN 978-7-5130-9960-8

前　　言

近年来，随着科技的快速发展，知识和创新成果的价值日益凸显，知识产权作为国家发展战略性资源对保持经济持续健康发展至关重要，以知识产权保护为核心的知识产权制度成为提高国家经济竞争力强大的激励。与此同时，侵犯知识产权犯罪日益猖獗，成为跨国（境）犯罪的主要形式之一。[1] 有效打击侵犯知识产权犯罪，不仅关涉知识产权人的合法权益，也关系到对国家知识产权管理秩序和社会创新动力的维护。加强知识产权刑法保护已成为我国刑法在新时代的一项重要任务。

我国对侵犯知识产权犯罪的系统化规制始于 1997 年《中华人民共和国刑法》（以下简称《刑法》）。1997 年《刑法》在分则第三章“破坏社会主义市场经济秩序罪”设立第七节“侵犯知识产权罪”予以专门规制，包括侵犯商标权犯罪、侵犯专利权犯罪、侵犯著作权犯罪和侵犯商业秘密犯罪四种类型，共七个罪名。随着网络时代、数字时代的到来，网络空间的虚拟性加之知识产权的非物质性，使得侵犯知识产权犯罪更加容易发生，犯罪人以更

[1] 杨燮蛟，陈南成．知识产权犯罪学的建构及其应用［M］．杭州：浙江大学出版社，2021：206.

低的犯罪成本获取更大的犯罪收益，加剧了对知识产权人的损害，给国家的知识产权秩序带来更大的破坏。2020 年公布的《刑法修正案（十一）》对侵犯知识产权犯罪作出全面调整，增设商业秘密犯罪领域的罪名，严密知识产权刑事法网，扩大侵犯知识产权犯罪的处罚范围，加大刑事处罚力度。[1]《刑法修正案（十一）》对侵犯知识产权犯罪的重大修改，一方面是考虑到与前置法的规定相协调，专利法、商标法、著作权法、反不正当竞争法等知识产权法律法规进行了多次修改，强化了知识产权民事、行政保护力度；另一方面是落实 2020 年 1 月达成的《中华人民共和国政府和美利坚合众国政府经济贸易协议》（以下简称《中美第一阶段经贸协议》）的需要，提高我国知识产权的刑法保护水平。因此，基于促进与前置法的衔接协调，加强对知识产权的刑法保护，以及落实《中美第一阶段经贸协议》的客观需要，《刑法修正案（十一）》对侵犯知识产权罪作出大幅度调整。

现有关于侵犯知识产权罪的研究多是针对侵犯知识产权罪的具体罪名展开，对侵犯知识产权罪进行全面系统性的研究成果较少，[2]《刑法修正案（十一）》施行后，关于侵犯知识产权罪整体

[1] 2023 年公布的《刑法修正案（十二）》涉及行贿犯罪和民营企业内部人员腐败犯罪的进一步完善问题，并未就侵犯知识产权犯罪作出规定。因此本书以《刑法修正案（十一）》作为规范依据。

[2] 据不完全统计，关于侵犯知识产权罪全面研究的著作有：赵瑞罡，邓宇琼．侵犯知识产权犯罪司法适用［M］. 北京：法律出版社，2006；柏浪涛．侵犯知识产权罪研究［M］. 北京：知识产权出版社，2011；李兰英，高扬捷，等．知识产权刑法保护的理论与实践［M］. 北京：法律出版社，2018；杨夔蛟．知识产权刑法学的建构及其应用［M］. 杭州：浙江大学出版社，2018.

的专门研究成果中论文居多。[1] 本书立足于《刑法修正案（十一）》对侵犯知识产权罪修改后的刑法规定，围绕侵犯知识产权罪的疑难问题展开分析，力求理论与实践紧密结合。本书章节布局合理，遵循总论与分论的结构安排，从理论到实践层层推进，逻辑清晰。在总论部分对侵犯知识产权罪的保护法益、立法沿革、认定及处罚进行较为详尽的阐述。在分论部分运用法教义学原理，按照侵犯商标权犯罪、侵犯专利权犯罪、侵犯著作权犯罪、侵犯商业秘密犯罪的类型对侵犯知识产权罪的八个具体罪名涉及的理论和司法实践中的争议问题展开较为深入的探讨研究。面对侵犯网络知识产权犯罪尤其是侵犯网络著作权犯罪给知识产权刑法保护带来的挑战，本书在各个侵犯知识产权犯罪类型的专题研究中，结合侵犯知识产权犯罪的经典案例和新型侵犯网络知识产权犯罪的具体形态作出前瞻性理论思考，突出问题意识，对案件的焦点问题予以分析。

尽管在写作过程中殚精竭虑、字斟句酌，但由于笔者水平有限，难免存在疏漏或谬误之处，敬请学界和实务界的学者专家及读者批评指正、不吝赐教。唯愿本书能够对侵犯知识产权罪的理论研究和司法实务提供些许参考和助益。

任学婧　吕　哲

2025 年 4 月 10 日

[1] 董涛．全球化时代侵犯知识产权犯罪治理研究［J］．知识产权，2023（10）：43-70；于波，李雨佳．侵犯知识产权犯罪逐级回应制度研究［J］．青少年犯罪问题，2023（4）：97-112.

目　　录

导　论

一、知识产权的概念、性质和特征

知识产权是指智力成果的创造人或者工商业标记的所有人依法享有的权利的统称。知识产权的客体具有非物质性，包括智力成果、商誉等。《中华人民共和国民法典》（以下简称《民法典》）第123条第2款规定，知识产权是权利人依法就法律规定的客体享有的专有的权利。法律规定的客体包括作品，发明、实用新型、外观设计，商标，地理标志，商业秘密，集成电路布图设计，植物新品种等。与上述客体相对应的知识产权包括著作权、专利权、商标权、地理标志权、商业秘密权、集成电路布图设计权、植物新品种权等。随着科技和经济社会不断发展，不断有新的非物质客体被纳入知识产权的保护范围，各种新形式的知识产权会被不断地创造出来。

知识产权属于智力创造成果。首先，这是一种“成果”，必须获得智力创造性劳动成果，没有成果的，不能称为知识产权。其次，知识产权必须是一种“创造成果”，而不是通过劳动所获得的所有“成果”，即只有在劳动并产生成果基础之上，又附加了创造性的成果才能被称为知识产权。“创造”意味着人类运用知识不仅是用来认识世界，也是改造世界的过程。最后，知识产权是智力活动的产物，是“基于知识依法享有的权利”❶。劳动包括智力劳动、体力劳动等人类活动，纯粹重复成熟技艺的简单动作虽然也能生产出成果，但其成果因为没有“知识”的成分和缺乏创造性而不能被称为知识产权。智力成果有创造性与非创造性之分，无创造性的智力成果本质上是劳动成果。非创造性成果排除在知识产权的保护对象之外。知识是知识产权及其客体产生的前提和手段。工商业标记创造活动虽然不是典型、传统意义上的劳动，但因为其中蕴含了大量知识因素，是创作人知识的集中展现，有些标记需要耗费一定智力劳动才能被创造出来。即使是灵感闪现的结果，也必须以创作人已经掌握了一定的知识为基础，而知识的获取、掌握需要大量智力劳动。

知识产权是一种民事权利。《民法典》第 123 条规定：“民事主体依法享有知识产权。”《与贸易有关的知识产权协定》（以下简称《TRIPs 协定》）开宗明义指出：知识产权是私权。尽管专利权是国家授予的，但并不影响专利权的私权属性。知识产权调整的主要是民事主体之间等价有偿的财产关系，民事主体之间的意思自治决定权利的行使。知识产权属于民事权利中的绝对权，与同为绝对权的物权相比，知识产权具有自己的特征：（1）知识产权的客体具有非物质性，不管是作品、发明创造还是商标、商业秘密等，不发生有形控制的占有，其处分也与有体物不同。（2）知识产权具有专有性。未经知识产权人许可或者法律特别规定，他人不得对知识产权的客体加以特定方式的利用。这种特定

❶ 刘春田．知识产权法［M］．北京：中国人民大学出版社，2022：9.

的方式是受知识产权专有权控制的行为。例如，未经著作权人许可，擅自将他人的作品上传至网络供公众下载，就是侵犯了著作权人的著作权（信息网络传播权），因为这一行为是受信息网络传播权控制的。（3）知识产权具有地域性。除非有国际条约、双边或者多边协定的规定，否则，知识产权的效力只限于本国境内。因为知识产权是法定权利，是公共政策的产物，权利的范围和内容取决于本国法律的规定。因此，一国的知识产权不能在他国获得自动保护。（4）知识产权具有时间性。多数知识产权是有保护期限的，超过法律规定的保护期限就不再受保护，相关知识产品成为社会的共同财富。不过，商业标志、商业秘密等可以一直受到保护。知识产权具有时间限制，因为知识产权是公共政策的产物，一方面，为了激励人们创作和创造，法律创设知识产权；另一方面，知识产权的客体原本是自由流动的信息，过度保护知识产权会妨碍公众进行新的创作和创造。概言之，知识产权制度既要促进文化知识的广泛传播，又要保护创作者和创造者的合法利益。

当今社会，知识产权能为权利人带来巨大经济收益，知识产权已然成为市场主体的一种重要资产，也是国家战略发展的未来所在。为了保护和鼓励知识创新，现代世界各国普遍通过立法加强对知识产权保护，制定了专利法、商标法等法律法规。在知识产权法律保护下，人类在认识世界过程中不断发明、创造出先进的科学技术，推动历史的车轮滚滚向前。

二、我国知识产权保护概览

知识产权制度旨在鼓励和保护创新、推动社会进步和经济发展，其核心是知识产权保护。以提高创新能力和市场竞争为目的的知识产权保护是提高我国经济竞争力的有力激励。我国知识产权保护起步较晚。1978 年改革开放前实行计划经济，认为专利发明等知识产权是垄断的产物，是技术推广和进步的巨大障碍，自然谈不上知识产权保护。例如，我国 1963 年《发明奖励条例》第 23 条规定："所有的发明都是国家的财产，任何人、组织都不能申请将其垄断。全国范围内的所有组织包括集体组织都可以利用它们。"随着我国大量引进国外先进生产技术和对外经济活动频繁，知识产权保护成为必须要考虑的重大课题，知识产权法律保护制度开始被创建。虽然有保护知识产权的外在动力，但由于当时我国科技、经济不发达，既要保护知识产权促进自主创新，又要吸收借鉴国外先进技术，在这种矛盾和困难的历史背景下，我国知识产权保护开始了艰难起步。近年来，我国陆续制定和修正《中华人民共和国商标法》（以下简称《商标法》）、《中华人民共和国专利法》（以下简称《专利法》）、《中华人民共和国著作权法》（以下简称《著作权法》）、《中华人民共和国反不正当竞争法》（以下简称《反不正当竞争法》）等法律，❶ 知识产权法律保护体系基本建立。2008 年制定《国家知识产权战略纲要》，把保护知识产权提升为国家战略，之后中央多次强调加强知识产权保护，例

❶ 我国 1982 年制定和通过《商标法》后，分别于 1993 年、2001 年、2013 年和 2019 年进行了四次修正。《专利法》于 1984 年制定通过，分别于 1992 年、2000 年、2008 年和 2020 年进行了四次修正。《著作权法》于 1990 年制定通过，分别于 2001 年、2010 年和 2020 年进行了三次修正。《反不正当竞争法》于 1993 年制定通过，后于 2017 年、2019 年历经二次修改。2022 年 11 月国家市场监管总局起草《反不正当竞争法（修订草案征求意见稿）》，向社会公开征求意见。

如，党的二十大报告指出，“加强知识产权法治保障，形成支持全面创新的基础制度”。[1]《知识产权强国建设纲要（2021—2035年）》强调要加大知识产权犯罪的刑事打击力度。随着一系列法律法规、司法解释、制度政策的出台与推进，我国知识产权保护力度和质量不断加大和提升。

在“保护知识产权就是保护创新”的理念深入人心的同时，侵犯知识产权的违法犯罪行为也甚嚣尘上。侵犯知识产权行为首先构成民事侵权，承担民事责任。当特定侵犯知识产权行为同时损害公共利益时，可能需要承担行政责任。由于刑法遵循罪刑法定原则，某些严重侵犯知识产权的行为只有明确规定为犯罪，纳入刑法处罚范围，才可能构成侵犯知识产权犯罪，承担刑事责任。我国《著作权法》和《商标法》对严重侵犯著作权和注册商标专用权的行为规定了刑事责任，《专利法》对假冒专利的行为规定了刑事责任。1997年修改《刑法》时在第三章“破坏社会主义市场经济秩序罪”设立“侵犯知识产权罪”一节来规制侵犯知识产权的犯罪行为，通过刑事制裁维护权利人的知识产权和正常的市场经济秩序。相较于知识产权民事和行政保护，知识产权刑事保护侧重惩罚和威慑功能，尤其是在侵权人将侵害知识产权的民事赔偿作为日常经营成本的时候，民事责任难以起到救济作用，此时，追究侵权人的刑事责任显得更为重要。[2]

在进行知识产权国内立法的同时，我国自20世纪80年代起相

[1] 习近平．高举中国特色社会主义伟大旗帜为全面建设社会主义现代化国家而团结奋斗：在中国共产党第二十次全国代表大会上的报告［M］．北京：人民出版社，2022：35.

[2] MASON J D. The Economic Espionage Act：Federal Protection for Corporate Trade Secrets［J］．16 Computer Law 14，1999（15）．

继加入主要知识产权保护公约、条约等。1985 年 3 月我国成为《保护工业产权巴黎公约》（以下简称《巴黎公约》）的成员国，1992 年 10 月我国成为《保护文学和艺术作品伯尔尼公约》（以下简称《伯尔尼公约》）和《世界版权公约》的成员国，1993 年 4 月我国成为《保护录音制品制作者防止未经许可复制其录音制品公约》的成员国。这些国际条约都规定了知识产权的民事和行政救济措施，关于刑事保护规定则经历了逐渐发展的历程：《巴黎公约》和《伯尔尼公约》没有规定明确的刑事制裁；《保护录音制品制作者防止未经许可复制其录音制品公约》第 3 条开始明确规定刑事保护措施；1995 年《TRIPs 协定》明确规定各成员方为知识产权提供刑事保护义务。

三、知识产权保护应当遵循法秩序统一性原理

法秩序统一性原理要求，“不同法领域的基本取向、规范目的是统一和共通的”。[1] 贯彻法秩序统一性需要处理好刑法与其他部门法的关系，刑法与其他部门法组成的整体法秩序应当没有矛盾。刑事犯罪尤其是法定犯的认定不仅要遵守刑法规定的成立条件，还同时需要关注民法、行政法等其他相关部门法，否则可能不当扩大刑法的处罚范围。前置法上的合法行为在刑法中不能被认定为犯罪，这是由法秩序统一性原理决定的。因此，避免将知识产权法上的合法行为认定为侵犯知识产权犯罪，是法秩序统一性的必然要求。当然，法秩序统一并不意味着不同部门法的违法性也保持一致，刑法具有自己固有的违法性判断，行为违反前置法并

[1] 周光权．刑法谦抑性的实践展开［J］．东方法学，2024（5）：131-144.

不构成刑事犯罪的情况大量存在。例如，侵犯商业秘密的行为没有达到情节严重的程度，尽管违反《反不正当竞争法》构成商业秘密侵权，但不符合侵犯商业秘密罪的构成要件，不构成侵犯商业秘密罪。

商标法、专利法、著作权法、反不正当竞争法等其他部门法是刑法的前置法，刑法作为其后置法、保障法，具有“第二次法”的属性。知识产权法规定了一系列知识产权，禁止他人在未经权利人许可或者法律没有特殊规定的情况下以受专有权规制的方式实施利用商标、发明创造、作品、商业秘密等行为。行为人实施了此类行为即为侵犯知识产权的行为，应当依法承担法律责任，包括民事责任、行政责任和刑事责任，知识产权保护体系呈现民事、行政和刑事救济措施层层递进的关系。具体而言：(1)《商标法》第 67 条规定了三种侵犯注册商标专用权的行为，“构成犯罪的，除赔偿被侵权人的损失外，依法追究刑事责任”。这三种商标侵权行为损害了商标权人的利益，致使其商品或者服务的竞争力下降，行为人需要承担民事赔偿责任。与此同时，这三种商标侵权行为对应《刑法》第 213 条、第 214 条、第 215 条侵犯商标权犯罪描述的构成要件行为，达到入罪标准，构成犯罪的话也需要承担刑事责任。(2)《专利法》第 68 条规定假冒专利的行为需要承担民事责任、行政责任，“构成犯罪的，依法追究刑事责任”。假冒他人专利，情节严重的，构成《刑法》第 216 条假冒专利罪。因此，严重的假冒他人专利行为不仅需要承担民事、行政责任，还可能构成假冒专利罪，承担刑事责任。(3)《著作权法》第 53 条规定著作权侵权行为，应当根据情况，承担民事责任；侵权行为同时损害公共利益的，承担行政责任；构成犯罪的，依法追究刑事责任。《著作权法》第53条规定的较为严重的侵权行为同时损害公共利益的，由行政执法机关对行为人进行行政处罚。这里的“损害公共利益”是指“构成不正当竞争，危害经济秩序的行为即可认定为损害公共利益”。[1] 换言之，这种侵权行为在侵犯他人著作权的同时，还损害了市场竞争秩序。当严重侵犯著作权的行为构成犯罪时，还需要承担刑事责任。特别是在网络化、数字化时代，著作权侵权导致的社会危害日益严重，加强刑事保护成为国际趋势。需要注意的是，并不是《著作权法》第53条列举的所有侵权行为都被纳入刑法规制范围，换言之，《刑法》没有对这些侵权行为实现全覆盖，只将其中部分社会危害性大、值得动用刑法的行为规定为犯罪行为。(4)《反不正当竞争法》第9条列举了侵犯商业秘密的行为，第31条规定，“违反本法规定，构成犯罪的，依法追究刑事责任”。侵犯商业秘密构成犯罪对应的是《刑法》第219条侵犯商业秘密罪，该罪的实行行为选取《反不正当竞争法》第9条列举的部分社会危害性大、值得科处刑罚的侵犯商业秘密行为。

总之，侵犯知识产权犯罪以行为构成民事侵权行为为前提，亦即，行为必须首先符合前置法规定的相关侵权行为的构成要件。对于其中部分严重侵犯知识产权的行为，前置法的处理不能和行为的社会危害性相当，难以达到预防效果，于是立法者将其规定为侵犯知识产权罪。质言之，前置法上的违法行为，只有少部分

[1] 《国家版权局关于查处著作权侵权案件如何理解适用损害公共利益有关问题的复函》(2006年11月2日国权办〔2006〕43号)。

可能被作为犯罪处理，其余多数不能成立犯罪。前置法上的违法行为并不一定构成刑事犯罪，二者不具有对应关系。所以，刑法和其他部门法的处罚范围并不完全相同，这是由刑法谦抑性尤其是刑法不完整性决定的。行为违反前置法，构成知识产权侵权是刑事犯罪成立的前提，刑事犯罪的成立需要根据刑法规定的犯罪成立条件进行判断，还要看行为有无实质的法益侵害性。只有当行为对刑法保护的法益产生侵害或者危险，才需要给予刑事制裁。构成侵犯知识产权罪的行为限定在知识产权法律规定的可构成犯罪的侵权行为范围内，应当避免将只是知识产权民事侵权的行为认定为侵犯知识产权犯罪。

侵犯知识产权犯罪作为典型的法定犯，❶ 具有民事、行政不法和刑事不法的双重属性。侵犯知识产权的行为只有在民事、行政法律中被确认为不法，才有可能成为刑法中的犯罪。反之，在民事、行政法律中的合法行为不可能成为刑法中的犯罪。此即法秩序统一性原理。刑法的谦抑性或补充性，是指只有当法益受到严重侵害时，才需要动用刑法对行为进行处罚。❷ 虽然有人认为，泛泛地将刑罚斥之为“恶”在逻辑上难以自洽，“必要的恶”不是真

---

❶ 我国刑法学界通说观点一般认为法定犯与行政犯是大体相同的概念，或者就是等同概念。张明楷. 自然犯与法定犯一体化立法体例下的实质解释［J］. 法商研究，2013（4）：46-58；陈兴良. 法定犯的性质和界定［J］. 中外法学，2020（6）：1464-1488. 当然，亦有观点认为，法定犯与行政犯的概念不同，不应完全混同。谭兆强. 法定犯理论与实践［M］. 上海：上海人民出版社，2013：43-44. 本书对法定犯与行政犯的概念不作区分，在等同意义上使用二者。

❷ 王勇. 法秩序统一视野下行政法对刑法适用的制约［J］. 中国刑事法杂志，2022（1）：124-138.

正的“恶”，而是一种善。[1] 但学界一般认为，“刑法是一种不得已的恶……对于刑法之可能扩张和滥用，必须保持足够的警惕。不得已的恶只能不得已而用，此乃用刑之道”。[2] 对此，本书认为，对刑罚是恶是善的讨论，不可偏颇，视角不同，结论自然迥异。刑罚对个体而言因为剥夺了其财产、自由乃至生命，给其精神和肉体上带来巨大痛苦，确实是一种“恶”，但这种“恶”就像对于生病的人手术切除病变一样，虽然会造成一定痛苦，但也不得不如此，因而对其本人、家庭而言也是一种善，对一定族群、社会和国家而言则更多的是以善的面目出现在世人面前。既然刑罚是一种恶，那就必须要慎重适用，只有迫不得已时才能动用。此即刑法的谦抑性。换言之，只有在民法、行政法等其他法不能处理时，刑法作为其他法的保障法、后盾法才有适用的空间，反之只能交由其他法规制。因此，法秩序统一性和刑法谦抑性具有内在一致性，处理侵犯知识产权犯罪应当贯彻法秩序统一性和刑法谦抑性。

知识产权是法定权利，权利人享有的专有权利是知识产权法明确规定“赋权”产生。知识产权保护必须以知识产权法的规定为前提，没有知识产权法的赋权，也就无所谓知识产权。基于刑法的补充性和最后手段性，知识产权保护应当贯彻刑民衔接理念，对侵犯知识产权罪相关罪状进行解释时，应当与知识产权法中相同术语的含义保持一致，而不能脱离知识产权法对特定术语的界定而自行解释。例如，对侵犯著作权罪的“发行”的界定，有观

[1] 孙国祥．反思刑法谦抑主义［J］．法商研究，2022（1）：85-99.

[2] 陈兴良．刑法的价值构造［M］．北京：中国人民大学出版社，1998：10.

点提出刑法可以自行定义“发行”，无须遵从《著作权法》的解释。[1]这样会造成知识产权民事责任与刑事责任的完全分裂，导致参与知识产权“三审合一”的法官无所适从。因此，对侵犯知识产权罪的认定应当与知识产权法对相关术语的解释保持一致。

[1] 李小文，杨永勤．网络环境下复制发行的刑法新解读［J］．中国检察官，2013（6）：20-22.

第一章　侵犯知识产权罪总论

我国现行《刑法》分则第三章“破坏社会主义市场经济秩序罪”第七节专节规定了“侵犯知识产权罪”，从第 213 条到第 220 条八个条文，[1] 规定了假冒注册商标罪（第 213 条）、销售假冒注册商标的商品罪（第 214 条）、非法制造、销售非法制造的注册商标标识罪（第 215 条）、假冒专利罪（第 216 条）、侵犯著作权罪（第 217 条）、销售侵权复制品罪（第 218 条）、侵犯商业秘密罪（第 219 条）和为境外窃取、刺探、收买、非法提供商业秘密罪（第 219 条之一），共八个罪名。第 220 条只是规定了对单位犯罪的处罚原则，未规定具体罪状和独立的法定刑。

第一节　侵犯知识产权罪的保护法益

一、法益界定

讨论法益，就不能脱离犯罪论体系的语境。因此，需要首先

---

[1] 从形式上看，我国《刑法》第 219 条既有第 219 条，也有第 219 条之一，从条文编号上后者没有独立性，不属一个独立的条文。但是，该条实际上规定了独立的罪状、罪名和法定刑，具有独立性。

说明法益指向的内容是什么，其在犯罪论体系中居于何种地位。

（一）法益的概念

在学说史上，随着概念法学的日渐式微，概念的重要性越来越低。我们讨论概念，并不是给某个名词准确地加以界定，而是通过介绍这个概念让读者知道这个概念所指向的对象是什么，让读者了解概念的外在轮廓、大致形象，在此基础上再通过更深一步的叙说，从而达到全面掌握的目的。

众所周知，目前在我国刑法学界，有人赞成“传统”[1] 的“四要件”犯罪论体系，有人赞成以德日刑法学为代表的“三阶层”犯罪论体系。在前者看来，构成犯罪需要具备犯罪客体、犯罪客观方面、犯罪主体和犯罪主观方面四个条件。在后者看来，犯罪成立需要经过三个阶层、环节的检验，即构成要件符合性、违法性和有责性。

传统观点认为，犯罪客体是“刑法所保护而为犯罪行为所侵犯的社会主义社会关系”[2]。有学者认为“传统的犯罪客体理论除了重复犯罪概念的内容外，不可能具有犯罪构成要件应有的定罪功能”[3]。犯罪客体“不过是一个为了政治需要而被一些偏离法学应当具有的价值中立的学者人为地吹起来的理论泡泡”，是“一个

---

[1] 之所以加引号，是因为我国在1949年以前，刑法学界学习、使用的是“三阶层”犯罪论体系，“四要件”犯罪论体系只是在这之后随着我国刑法全面苏俄化倾向而成为主流甚至唯一学说。改革开放以后，现在越来越多的学者又倾向“三阶层”体系。如果说传统，“三阶层”体系才更久远、更传统。

[2] 高铭暄，马克昌．刑法学［M］．10版．北京：北京大学出版社，2022：48.

[3] 杨兴培．论我国传统犯罪客体理论的缺陷［J］．华东政法学院学报，1999(1)：10-16.

巨大而空洞的价值符号”和“刑法理论的累赘”，必须对犯罪客体理论进行全面和彻底的否定，结束它在我国无限风光的历史命运。❶ 即“在犯罪构成要件中，没有必要设置犯罪客体这样一个要件”❷，犯罪论体系必须与传统的“犯罪客体”理论彻底决裂。

即便是赞成犯罪客体概念的肯定论者，也认为由于“社会关系”是一个空洞的、抽象的、待证的事实，❸ 是“一种精神的现象”，可以任由评价者自由摆布，❹ 于是有人对犯罪客体的内核进行了改造，提出了生产力说、法益说、社会利益说、社会秩序说等观点。在这些观点中，法益说无疑是最有力的观点。现在，因为将犯罪客体理解为利益的时候，犯罪客体已经与大陆法系刑法理论中的法益相当接近了，❺ 甚至可以直截了当地说，犯罪客体就是刑法的保护客体，即刑法所保护的法益。❻ 正因为二者都是对行为的本质所作的一种评价，❼ 越来越多的学者开始否定传统观点，并以法益理论取代犯罪客体理论。

---

❶ 杨兴培．犯罪客体：一个巨大而空洞的价值符号：从价值与规范的相互关系中重新审视“犯罪客体理论”［J］．中国刑事法杂志，2006（6）：3-9.

❷ 陈兴良．社会危害性理论：一个反思性检讨［J］．法学研究，2000（1）：3-18.

❸ 付立庆．中国传统犯罪构成理论总检讨［M］//陈兴良．刑事法评论．北京：北京大学出版社，2010：20.

❹ 杨兴培．犯罪客体：一个巨大而空洞的价值符号：从价值与规范的相互关系中重新审视“犯罪客体理论”［J］．中国刑事法杂志，2006（6）：3-9.

❺ 付立庆．中国传统犯罪构成理论总检讨［M］//陈兴良．刑事法评论．北京：北京大学出版社，2010：20.

❻ 张明楷．刑法学（上）［M］．6版．北京：法律出版社，2021：130.

❼ 刘明祥．我国的犯罪构成体系及其完善路径［J］．政法论坛，2023（3）：81-94.

简单地说，法益就是法所保护的合法利益、[1]"值得法律保护的利益"[2]，或者说"凡是以法律手段加以保护的生活利益，即称为法益"[3]。法益是前实定法还是实定法概念？法益的内容是状态还是利益？法益的归属主体是个人、国家、社会，还是兼而有之？对这些问题的不同回答，决定了论者所持有的基本立场。也正因如此，学界对于何为法益、某种及某个具体犯罪的法益是什么等问题众说纷纭，难有定论。

按照张明楷教授的理解，法益是"根据宪法的基本原则，由法所保护的、客观上可能受到侵害或者威胁的人的利益"。虽然国家、社会利益与个人利益并不完全相同，但这些利益都是建立在个人的利益基础之上，可以还原为个人利益，因此也可以成为法益。[4]

所谓法益的机能，就是法益概念在犯罪论中所起的作用。一般认为，法益概念具有刑事政策机能、违法评价机能、解释论机能等。法益的刑事政策机能是指导刑事立法的机能，即只能把严重侵害法益的不法行为规定为犯罪，同时根据罪刑均衡原则为这种犯罪限定适当的刑罚。违法评价机能是指只有行为侵害或者威胁了法益，才可能具有实质的违法性，进而才可能构成犯罪。反之，将那些形式上侵害了法益，但实质上保护了更大法益的行为

---

[1] 大塚仁．刑法概说（总论）［M］．3版．冯军，译．北京：中国人民大学出版社，2003：25.

[2] 山口厚．刑法总论［M］．3版．付立庆，译．北京：中国人民大学出版社，2018：4.

[3] 张明楷．法益保护与比例原则［J］．中国社会科学，2017（7）：88-108，205-206.

[4] 张明楷．刑法学（上）［M］．6版．北京：法律出版社，2021：78.

不认为具有违法性。解释论机能是指法益具有作为构成要件解释目标的机能，即通过对某罪或某类罪所保护法益的合理界定，指引对构成要件的理解。即对某种犯罪的违法构成要件的解释结论，必须使符合这种犯罪的违法构成要件的行为确实侵犯了刑法规定该犯罪所要保护的法益，从而使刑法规定该犯罪、设立该条文的目的得以实现。[1] 例如，对于拐卖妇女、儿童罪法益的理解不同，对该罪构成要件的解释也就不同。如果认为本罪侵害的法益是“监护人对被拐卖者的监护权或者人与人之间的保护关系”，那么父母出卖亲生婴幼儿的行为，因为没有侵害监护权、人身保护关系而不构成本罪；如果侵害的法益是“被拐卖者的人身自由和人格尊严”，上述行为则可以构成本罪。

刑法的功能在于保护法益，刑法因此有法益保护法之称。但这并不意味着刑法保护所有的法益。法益既存在于民法、行政法中，也存在于刑法之中。虽然总体上可以将这些由不同法律所共同保护的利益称为法益，但在其内部，又可以分为刑法上的法益、民法上的法益、行政法上的法益等，并非只有科处刑罚才是保护法益的手段。“刑法的保护领域也就是犯罪化的领域，并非所有的法益侵害都被包括在内，而必然是片段性的。”[2] 换言之，刑法作为其他法律的保障法地位[3]和刑法谦抑性原则决定了刑法保护

---

[1] 张明楷．刑法分则的解释原理（上）［M］．2 版．北京：中国人民大学出版社，2011：349.

[2] 山口厚．刑法总论［M］．3 版．付立庆，译．北京：中国人民大学出版社，2018：5-6.

[3] 虽然学界主流观点认为刑法是民法等其他部门法的保障，似乎不是作为根本性法律和刑法母法的宪法的后盾法，但笔者认为刑法仍是宪法的后盾，对宪法的实施也起到保障作用。因此，刑法是其他法律，而不仅仅是其他部门法的保障法。

的范围虽然广泛，但只有其他法律不足以保护法益时，刑法才能发挥作用。因此，刑法所保护的法益是“补充性”的。

（二）法益在犯罪论中的地位

对犯罪客体是否作为犯罪构成要件，虽然有一定争议，但现在越来越多的学者主张犯罪客体不是犯罪构成的要件之一。

任何犯罪都侵犯客体，但不等于犯罪客体本身是构成要件。犯罪客观方面、犯罪主体、犯罪主观方面是认定行为是否构成犯罪要考虑的实体性标准，是一种事中判断。犯罪客体属于揭示已经构成犯罪的行为所具有的属性，是一种事后解释。[1] 因此，犯罪客体与犯罪构成的其他要件并不处于同一层次，犯罪客体是被反映、被说明的对象，[2] 说明的对象和被说明的对象不可能平起平坐。换言之，如果被说明的要素与其他说明自己的要素一起，共同说明自己是什么，那就是循环论证，同义反复，而这在逻辑上是完全错误的。

与犯罪客观方面、犯罪主体、犯罪主观方面内部分别存在行为、结果、身份条件、责任能力和故意、过失等要素不同，犯罪客体缺乏实质的内容，只是对客观事实（包括行为人主观心态，这对于评价者来说仍然是客观的）单纯的评价。将一个没有要素的要件交由法官评价，会有损罪刑法定主义机能。[3] 作为犯罪构成的要件，应当是犯罪的实体性存在，而犯罪客体不属于犯罪的实

---

[1] 付立庆．中国传统犯罪构成理论总检讨［M］//陈兴良．刑事法评论．北京：北京大学出版社，2010：20.

[2] 张明楷．刑法学（上）［M］．6版．北京：法律出版社，2021：130.

[3] 张明楷．刑法学（上）［M］．6版．北京：法律出版社，2021：130.

体内容，虽然与犯罪相关联，但不能纳入犯罪要件的体系之中。[1]

与犯罪客体性质几乎相同的法益，也不可能是犯罪成立的条件之一。国外刑法学理论十分重视法益概念，但没有任何一种学说将刑法所保护的法益本身作为犯罪成立的条件之一。说到底，"法益"不过是在评价一种行为是否应当构成犯罪过程中应当要依据的一种价值观念，它本身不是一种事实，也不具有特定的规范内容。"法益"只是用来解释刑事立法根据的一种理论性表达和体现刑法价值的一种标记性符号。[2]

法益和犯罪客体不是犯罪成立的条件之一或者在犯罪论体系中没有任何地位，[3] 但这并不意味着法益或犯罪客体在刑法学理论中没有任何地位。法益可以分为自由主义的法益（前实定法的法益、实质的法益）和实定的法益（形式的法益、方法论的法益），前者因为在实定法之前就已经存在，因此具有指导和批判立法的机能，即引导立法者将那些严重侵害法益的行为规定为犯罪，或者将那些没有侵害法益、侵害轻微法益的行为排除在犯罪之外；后者将法益理解为实定法所保护的利益，具有解释规制机能，即探究实定法法条的保护目的，该法条真正要保护的是哪种利益。[4]

[1] 陈兴良．本体刑法学［M］．北京：商务印书馆，2001：212.

[2] 杨兴培．中国刑法领域"法益理论"的深度思考及商榷［J］．法学，2015（9）：3-15.

[3] 用"犯罪构成"概念表述构成要件该当性、违法性和有责性这样一种犯罪成立条件，会混淆犯罪构成与构成要件之间的关系，"犯罪构成"概念应当摒弃。应采用"犯罪论体系"概念或者径直称之"犯罪成立条件"更加适当。如果仍然采用我国传统的"四要件"理论，犯罪构成这个概念还是能够成立的。陈兴良．刑法知识论［M］．北京：中国人民大学出版社，2007：302.

[4] 张明楷．刑法学（上）［M］．6版．北京：法律出版社，2021：78-79.

从这个角度上看，无论是赞成犯罪客体还是法益，也无论是形式还是实质的法益，都不是一种“事后解释”，甚至恰恰相反，是一种事前解释。详言之，形式的法益是解释者在接触具体案件之前，通过认真研究法条内容，准确把握该条文的规范目的，同时将该法条置于整个刑法乃至全部法规范之内综合衡量，分析得出该具体罪名的真正意指，然后在具体案件中将案件事实与法条、该法条所保护的法益相对照，得出行为是不是侵害了该具体的法益，进而得出构成该罪与否的结论。换言之，在分析具体法益时，必须与案件事实保持足够的距离，避免先入为主，在得出该法条所保护的利益结论之后，才能再与案件事实进行匹配性对比。因此，法益是一种事前解释。当然，人类认定事物性质的思维过程不是一次性、单向度的，而是往往需要经过反复对比、衡量后才能得出妥当的结论。在处理案件过程中，需要先对案件事实的各个要素，即对那些影响和决定案件性质的行为、结果、主体身份等事实构成要件要素逐一考察、反复分析之后，才能得出该行为侵害了某种法益的结论。从这个角度来看，认为法益是一种事后解释，有其道理。概言之，法益概念既是一种事前解释，也是一种事后解释。事前解释是对法条抽象分析、不考虑案件事实的解释，事后解释是必须结合具体案件事实的解释，只有两种解释结论完全一致，才能得出行为人构成某罪的最终结论。正因如此，法益概念在刑法理论和实践中的作用不可谓不重要——虽然它不是犯罪成立的条件之一。

在刑法学界内部，也有部分学者不赞成法益概念，认为“法益”具有概念不确定性和内容抽象性的特征，“法益”的内涵日益从物质的载体向精神层面、从现实"法益"向未来"法益"延伸，它的内涵变动不居，难以确定"法益"叙述的到底是什么内容，事实上成为一个可以无限扩容的口袋，完全忘记了规范意义上的罪刑法定原则的约束，在司法实践中更像脱缰的野马，随意解释。❶因为"法益"内容空洞化，边界不明且高度抽象，就是在"法益"概念的发源地——德国，也并未起到限制犯罪化的作用，法益理论的实际效力被高估了。❷

法益概念的抽象性、空洞化是一种客观事实，在刑法学理论界，与法益理论分庭抗礼的社会相当性理论，也存在同样的问题，还不足以让我们断然舍弃法益概念而引进社会相当性概念。当然，反之亦然。法益概念虽然独立于犯罪成立条件之外，但对具体法条所规定的犯罪成立条件的理解具有宏观指引作用，对于已经认定构成犯罪的具体案件具有"复查"和检验作用。虽然存在种种不足，但目前还没有一种更完美的概念、理论可以取代它。与其完全弃之不用，不如在加以限制基础上继续保留。但是，对于法益的作用和意义，也不宜过分夸大。

二、侵犯知识产权罪的法益

对于侵犯知识产权罪侵害的客体或者法益，学界争议较大。有学者提出，该类罪侵害的客体是复杂客体，既包括权利人的知识产权，同时也包括国家相关知识产权管理制度和秩序。在这两

---

❶ 杨兴培．中国刑法领域"法益理论"的深度思考及商榷［J］．法学，2015(9)：3-15.

❷ 刘仁文．再返弗莱堡［N］．法制日报，2017-12-27（3）.

种犯罪客体中，后者是主要客体，前者是次要客体。[1]

对此，本书认为，法益具有特定性特征，即法益具有专属性。详言之，此类犯罪的保护法益与彼类犯罪的保护法益不应相同，甚至一个具体犯罪的保护法益，不应与同类犯罪中的其他犯罪的保护法益相同，更不应与其他种类犯罪的保护法益相混同。[2] 目前，世界各国都在刑法分则中林林总总规定了不同的犯罪，形成一个“罪名的杂货铺”，为了便于检索和适用，需要对其进行科学分类并排列顺序，这就需要确定一个标准。综观各国，对具体犯罪分类的标准主要有客体（法益）分类法和行为分类法两种。前者以该类犯罪所侵害的相近的客体为标准对犯罪分类，优势是能够充分体现该类犯罪的危害性特征，充分体现了各罪的共同性质，但对准确把握各个犯罪的行为特征不利。后者以犯罪的行为特征为标准对犯罪进行分类，不足在于虽然行为相同，但各罪的性质迥异。[3] 我国显然采取的是客体（法益）分类法，即我国《刑法》分则主要依据这些犯罪所侵害的共同法益，将其分别归类为十章。我国《刑法》将侵犯知识产权罪规定在了分则第三章“破坏社会主义市场经济秩序罪”当中，这类犯罪所侵害的共同法益、类法益是“破坏社会主义市场经济秩序，危害国家市场经济发展”。[4] 刑法对类罪的同类法益内容都作了明确或提示性规定，明确了具

[1] 刘宪权．刑法学名师演讲录（分论）［M］．3 版．上海：上海人民出版社，2021：548.

[2] 张明楷．具体犯罪保护法益的确定标准［J］．法学，2023（12）：70-86.

[3] 王新．刑法分论精解［M］．北京：北京大学出版社，2023：10.

[4] 阮齐林．中国刑法各罪论［M］．北京：中国政法大学出版社，2016：69.

体犯罪所属的类罪。[1] 这就决定了侵犯知识产权罪的法益包括市场经济秩序这个类法益。与此同时，知识产权是民事权利，是私权，侵犯知识产权罪的保护法益必然包含权利人的知识产权。侵犯知识产权罪的成立以违反权利人的意志为前提，如果行为得到权利人的同意或者承诺，则该行为不可能成立侵犯知识产权罪。这足以表明权利人的知识产权是侵犯知识产权罪的法益。所以，本书采纳侵犯知识产权罪的法益是复合法益的观点，即权利人的知识产权和国家对知识产权的管理制度（秩序）均是侵犯知识产权罪的保护法益。对于两个法益的主次位置，"只要是被害人的同意或者承诺能够阻却犯罪的成立，就应将个人法益作为主要法益，而不能相反"[2]。亦即，权利人的知识产权是主要法益，国家对知识产权的管理制度（秩序）是次要法益。事实上，刑法规定侵犯知识产权罪首先保护的是权利人的知识产权，其次才是国家对知识产权的管理制度（秩序）。

有学者指出侵犯知识产权罪的法益是个人法益（权利人的知识产权），而不是公共法益（国家对知识产权的管理秩序）。[3] 在本书看来，侵犯知识产权罪的法益应当是复合法益。保护法益的确

[1] 张明楷．具体犯罪保护法益的确定标准［J］．法学，2023（12）：70-86.

[2] 张明楷．具体犯罪保护法益的确定依据［J］．法律科学，2023（5）：43-57.

[3] 侵犯知识产权的行为侵犯个人法益，就必然直接或者间接侵犯公共法益，而且如果没有侵犯个人法益就不可能成立侵犯知识产权罪，因此应当将其确定为对个人法益的犯罪，没有必要加入公共法益内容。因为在这样的场合，刑法对公共法益的保护只不过是对个人法益保护的反射效果或者附随效果，而且由于对个人法益的侵犯必然直接或间接侵犯公共法益，所以，公共法益是否受到侵犯是不需要判断的，也不需要以该公共法益为指导解释构成要件。张明楷．具体犯罪保护法益的确定方法［J］．现代法学，2024（1）：3-19.

定以法条的体系地位为重要依据，既然侵犯知识产权罪规定在刑法分则第三章“破坏社会主义市场经济秩序罪”，国家对知识产权的管理制度（秩序）理应属于侵犯知识产权罪的法益。构成侵犯知识产权罪的行为必须是严重侵犯知识产权的行为，一方面是民事侵权行为，侵害权利人的知识产权；另一方面这种行为不仅是民事侵权行为，还破坏国家对知识产权的管理制度。任何侵害某一“个人”的犯罪，同时也会侵害到“整体社会”的共同生活秩序，反之亦然。保护国家法益、社会法益最终都是为了保护个人法益。任何法律秩序，必须顾及人类（社会人）生活的保护。[1] 因此，侵犯知识产权罪侵害权利人的个人法益（知识产权），同时也侵犯国家的知识产权管理秩序。

也有学者认为，侵犯知识产权犯罪属于行政犯罪，具有行政违法性和刑事违法性的双重性质，行为进入刑法调控范围具有刑事违法性的本原即在于该种行为侵害到行政法所要保护的权利义务关系。所以，该种犯罪所侵犯的法益实质上也是该种行政违法行为所侵犯的行政法法益。[2] 对此，本书认为，从整体法秩序来看，所有的由不同部门法组成的法律共同形成一个总的法益，但这并不能说明某一部门法所保护法益的侧面完全相同。民事法、行政法和刑事法三者之间的具体价值目标不同，在内在性质、责任方式、目标以及程序设计等方面具有显著区别。[3] 因此，民法上有民法的保护法益，行政法上有行政法的保护法益，刑法上当

[1] 张明楷．刑法的解法典化与再法典化［J］．东方法学，2021（6）：55-69.

[2] 田宏杰，王然．中外知识产权刑法保护趋向比较研究［J］．国家行政学院学报，2012（6）：118-121.

[3] 黎宏．当代刑法的理论与课题［M］．北京：法律出版社，2022：88.

然也有刑法独立于民法、行政法的保护法益。认为侵犯知识产权罪的保护法益与行政违法行为侵害的法益相同的观点，并不妥当。

刑法具有谦抑性，只有在通过其他的法律不能进行充分保护时，才应认可刑法中的法益保护。[1] 如果认为侵犯知识产权罪的侵害法益可以和行政违法行为所侵害的法益相同，无疑是对刑法谦抑性的忽视。在行政不法和刑事不法的关系上，学界有质的区别说、量的区别说和质量区别说等争议，但不管是哪种观点，行政不法和刑事不法在质或者量上都存在一定区别。认为侵犯知识产权不法行为中的行政违法行为和刑事犯罪行为都侵害了行政法法益的观点，过于简单，没有说明是性质上都侵害了行政法法益还是程度上只限于行政法法益。

侵犯知识产权罪作为典型的法定犯集中体现法秩序统一性原理和刑法谦抑性原则。民事、行政和刑事不法是不法严重程度逐渐升高的三个等级，前者为后者划定适用的前提和判断的依据。下面以假冒专利罪为例进行说明。对于违反专利法的轻微民事不法行为，因为只侵犯到个人法益而不涉及公共法益，也就只能构成民事上的不法，还不能成为行政法上的不法；只有当民事不法溢出侵犯个人法益的边界，开始扰动专利秩序这个公共法益时，才能构成行政上的不法；只有当专利秩序被侵犯到严重程度，行政法的处罚手段不足以与不法的程度相匹配时，刑法才能介入，此时的行为才能构成刑法上的犯罪。如此理解，存在法律上的依

---

[1] 大塚仁．刑法概说（总论）［M］．3 版．冯军，译．北京：中国人民大学出版社，2003：25.

据。我国《专利法》第 65 条规定：“未经专利权人许可，实施其专利，即侵犯其专利权，引起纠纷的，由当事人协商解决；不愿协商或者协商不成的，专利权人或者利害关系人可以向人民法院起诉。”第 68 条规定：“假冒专利的，除依法承担民事责任外，由负责专利执法的部门责令改正并予公告，没收违法所得，可以处违法所得五倍以下的罚款；没有违法所得或者违法所得在五万元以下的，可以处二十五万元以下的罚款；构成犯罪的，依法追究刑事责任。”由此可以看出，对于侵犯专利权纠纷，因为只是侵害了个人专利权、个人法益，这是典型的民事不法行为，矛盾还限于双方当事人之间，由双方协商或者通过诉讼解决，行政机关不予介入。当行为人冒用他人专利标识时，就会误导消费者陷入严重认识错误，降低了消费者对技术创新的信赖，此时的假冒专利行为侵害的不仅仅是专利权利人的个人财产，而且侵权行为对知识产权管理制度与以此形成的良好的市场竞争秩序造成破坏，[1] 即侵害了专利管理秩序，此时就需要行政部门及时介入处理，给予行政处罚，不再任由双方自行解决。当假冒专利行为情节严重，值得科处刑罚时，才能构成假冒专利罪。

---

[1] 王志远．网络知识产权犯罪的挑战与应对：从知识产权犯罪的本质入手［J］．法学论坛，2020（5）：114-123.

第二节　侵犯知识产权罪的创制和完善

一、侵犯知识产权罪初步建设阶段（1979—1996 年）

中华人民共和国自 1949 年成立以后，在长达 30 年时间里，除了《惩治反革命条例》《妨害国家货币治罪暂行条例》《惩治贪污条例》等单行刑法，刑事案件的立案、侦查、起诉和审判，主要依靠政策，没有刑法典。

我国第一部刑法于 1979 年 7 月 1 日由第五届全国人民代表大会第二次会议审议通过，1980 年 1 月 1 日正式实施，此即 1979 年《刑法》。1979 年《刑法》受到当时历史条件和立法经验的限制，不论在体系结构、规范内容还是在立法技术上，都还存在一些缺陷。❶ 彼时，《刑法》分则第三章“破坏社会主义经济秩序罪”只有 15 个条文，13 个罪名。在知识产权领域只规定了一个假冒注册商标罪，不涉及其他知识产权，即 1979 年《刑法》第 127 条规定：“违反商标管理法规，工商企业假冒其他企业已经注册的商标的，对直接责任人员，处三年以下有期徒刑、拘役或者罚金。”

当时我国刚刚处于改革开放起步阶段，没有个体工商户等民营经济形式存在，个人从事工商活动被严格限制，因此 1979 年《刑法》将假冒注册商标罪规定为身份犯，限于“工商企业”。❷ 该罪罪

❶ 高铭暄．中华人民共和国刑法的孕育诞生和发展完善［M］．北京：北京大学出版社，2020：3.

❷ 该规定也与 1982 年《商标法》一致，是《商标法》受到早于其公布实施的《刑法》影响，还是当时立法者思想局限所致，并无定论。

状也只是简单地规定“假冒其他企业已经注册的商标”，“假冒”行为是不是以同一种或类似商品为必要[1]、假冒的商标是与他人注册商标相同还是近似即可，均未明确。1988年《最高人民法院关于假冒商标案件两个问题的批复》（现已失效）认为，企业事业单位、个体工商业者和没有营业执照的个人，假冒他人注册商标，可直接依照假冒商标罪定罪处罚。该规定明显扩大了该罪的行为主体，实质上该罪由身份犯悄然变成了非身份犯。在行为对象上，《最高人民法院关于假冒商标案件两个问题的批复》规定，假冒他人注册商标，包括非法制造或者销售他人注册商标标识，也可以按假冒商标罪论处，将该罪的对象由“商标”扩大到商标和“商标标识”。最高人民法院该批复虽然起到了严密法网、加大商标权保护的作用，但明显僭越了刑法规定，有违反罪刑法定原则之嫌。

在理论和司法实务中一般认为，在类似商品上使用与他人注册商标相同的商标以及在同一商品上使用与他人注册商标类似商标的行为的危害明显要小一些，对这些行为以商标侵权行为，由工商行政管理部门作出行政处罚，同样可以实现对这种行为的惩治和预防。[2] 1993年2月22日全国人大常委会修改《商标法》，第40条规定，依法追究刑事责任的行为除假冒他人注册商标外，扩展到伪造、擅自制造他人注册商标标识或者销售伪造、擅自制造的注册商标标识，销售明知是假冒注册商标的商品。同日，全国人大常委会通过的《关于惩治假冒注册商标犯罪的补充规定》（现

---

[1] 我国1979年《刑法》只是规定“已经注册的商标”，至于商标是不是商品上的注册标识并未明确，对服务商标是不是属于此处的“商标”同样未明确。

[2] 高铭暄. 中华人民共和国刑法的孕育诞生和发展完善［M］. 北京：北京大学出版社，2020：248.

已失效）还增加了销售假冒注册商标的商品罪和非法制造、销售非法制造的注册商标标识罪两个罪名。[1]

我国1984年3月12日通过的《专利法》第63条规定："假冒他人专利的，依照本法第六十条的规定处理；情节严重的，对直接责任人员比照刑法第一百二十七条的规定追究刑事责任。"我国在大部分附属刑事法律规范中，普遍只是笼统地规定"构成犯罪的，依法追究刑事责任"，没有依照处理的刑法条文，当然不存在具体罪状和法定刑，这样的附属刑法不是严格意义上的附属刑法。而1984年《专利法》直接规定"比照刑法第一百二十七条"，考虑到我国1979年《刑法》不仅没有明文规定罪刑法定原则，相反却规定了类推制度的历史背景，加之当时刑法分则各条所规定的具体罪名不仅没有实现立法化，连司法化都难以完成的历史，[2] 1984年《专利法》第63条明确了假冒专利罪的刑事责任，填补了我国刑法侵犯专利犯罪的空白，是实质上的附属刑法，是对我国刑法规定的重要补充。

1990年《著作权法》并未规定著作权侵权的刑事责任，全国人大常委会1994年7月5日通过《关于惩治侵犯著作权的犯罪的决定》（现已失效），规定了侵犯著作权罪和销售侵权复制品罪两

---

[1] 由于当时最高人民法院和最高人民检察院并未以规范性法律文件的形式明确该补充规定的罪名，使得在司法实践中各地司法机关使用的罪名并不统一，但这不能否认补充规定设置了这样两个犯罪。

[2] 我国至今未实现罪名的立法化，而是在立法中没有规定具体罪名，交由司法机关确定罪名。目前，我国最高人民法院和最高人民检察院通过联合发布司法解释的形式确定刑法分则具体罪名，一定程度上实现了罪名的法定化。

个犯罪。[1] 最高人民法院1995年1月16日印发《关于适用〈全国人民代表大会常务委员会关于惩治侵犯著作权的犯罪的决定〉若干问题的解释》（现已失效），确立了侵犯著作权罪、销售侵权复制品罪的定罪量刑标准。

我国1979年《刑法》未规定侵犯商业秘密罪，无法对侵犯商业秘密行为动用刑法手段应对，只能对既是商业秘密又构成国家秘密的侵权行为构成犯罪的，作为涉及国家秘密犯罪处理，保护范围极其狭窄。最高人民检察院、国家科学技术委员会1994年6月17日施行的《关于办理科技活动中经济犯罪案件的意见》（现已失效）第5条规定，对非法窃取技术秘密情节严重的，以盗窃罪追究刑事责任。1994年9月29日公布施行的《最高人民法院关于进一步加强知识产权司法保护的通知》（现已失效）第3条规定，对盗窃重要技术成果的，应当以盗窃罪依法追究刑事责任。然而，揭发、披露权利人商业秘密的行为充其量只是一种破坏他人占有的经济利益，不符合盗窃罪对行为对象排除占有和建立占有的客观特征，也不符合非法占有目的这一主观不法构成要件要素，侵犯商业秘密的行为以盗窃罪追究刑事责任，名不副实，有违民众一般认知，也违背罪刑法定原则。

二、侵犯知识产权罪系统化完善阶段（1997—2007年）

1997年3月14日第八届全国人民代表大会第五次会议大规模修订1979年《刑法》，并于1997年10月1日起施行，基本形成现

[1] 罪名同样既未在法条中确定，也未有统一的司法解释明确，仍由各地司法机关掌握。

行刑法的罪名、罪状和法定刑。

具言之，我国1997年修订《刑法》的指导思想是“要制定一部有中国特色的、统一的、比较完备的刑法典”，还要注意保持刑法的连续性与稳定性，对原来比较笼统的规定，尽量具体化。[1] 因此，这次刑法修订对侵犯知识产权罪一改过去附属刑法、单行刑法的体例，而是将其作为一类独立的犯罪，置于《刑法》分则第三章“破坏社会主义市场经济秩序罪”第七节“侵犯知识产权罪”之中。彼时，1997年《刑法》在侵犯知识产权罪一节规定了七个罪名。

1997年《刑法》所规定的商标犯罪与1993年《商标法》第40条基本相同。《刑法》第216条对假冒专利罪的描述非常简明，虽无“违反专利管理法规”或类似规定，但理论界和实务界均毫无争议地认为该罪属于行政犯，认定犯罪时仍需依照《专利法》及其实施细则等法律法规。[2] 与假冒注册商标罪、假冒专利罪等在1979年《刑法》或全国人大常委会单行刑法中有所规定不同，1997年《刑法》第219条增设了侵犯商业秘密罪，对于我国规制侵犯商业秘密行为具有里程碑意义。

2001年12月11日，中国正式加入世界贸易组织（WTO），加强知识产权保护，成为我国加入WTO后的重要义务，开始实行影

---

[1] 参见王汉斌1997年3月6日在第八届全国人民代表大会第五次会议上所作的《关于〈中华人民共和国刑法（修订草案）〉的说明》，转引自张明楷．刑法学（上）［M］．6版．北京：法律出版社，2021：28.

[2] 我国2000年《专利法》将假冒专利区分为假冒他人专利和冒充专利两种情形，但基于刑法的谦抑性原则，我国《刑法》只将“假冒他人专利”作为犯罪处理，冒充专利的行为交由行政或民事手段处理。

响力和保护力都极高的《与贸易有关的知识产权协定》。随后，最高人民法院联合最高人民检察院分别于2004年、2007年出台了《关于办理侵犯知识产权刑事案件具体应用法律若干问题的解释》（以下简称《侵犯知识产权刑事案件法律解释》）和《关于办理侵犯知识产权刑事案件具体应用法律若干问题的解释（二）》（以下简称《侵犯知识产权刑事案件法律解释（二）》），细化了各个侵犯知识产权犯罪的具体适用条件。

三、侵犯知识产权罪进一步强化阶段（2008年至今）

2007年，美国就我国是否存在打击侵犯知识产权犯罪力度不够、相关刑罚门槛过高等问题诉诸WTO，开启了“中美知识产权纠纷案”的序幕。[1] 在这场国际纠纷中，虽然我国据理力争，但美国多年来依据其《综合贸易与竞争法》，将其认为知识产权保护不力的国家列入“观察国家”或“重点观察国家名单”，继而展开贸易报复等对我国施加了巨大压力。为加强知识产权保护，避免国际争端，基于中国从知识产权消费国转变为生产国的现状，为保护改革开放以来在知识产权领域取得的巨大成就，国务院于2008年6月通过《国家知识产权战略纲要》，承诺通过“修订惩处侵犯知识产权行为的法律法规，加大司法惩处力度”，以加强知识产权保护和防止知识产权滥用。全国人大常委会2008年12月对《专利法》进行了第三次修改，2010年2月对《著作权法》进行了第二次修改。

[1] 张燕龙．CPTPP侵犯著作权犯罪刑事责任条款及我国的应对［J］．华东政法大学学报，2023（4）：103-117.

随着中国知识产权刑事立法保护的完善，美国对中国知识产权保护不力的指责更多地集中于执行层面。[1] 或许是为了缓解美国压力，最高人民法院于2009年3月30日发布《关于贯彻实施国家知识产权战略若干问题的意见》，要求各级法院“充分发挥司法保护知识产权的主导作用，为建设创新型国家和全面建设小康社会提供强有力的司法保障”。2011年，最高人民法院、最高人民检察院和公安部联合印发《关于办理侵犯知识产权刑事案件适用法律若干问题的意见》（以下简称《知识产权案件意见》），细化了侵犯知识产权罪案件的管辖、证据收集与效力、定罪量刑等方面的规定，明确了部分司法实践中争议较大的问题。

党的十八大以来，国家高度重视知识产权保护工作，出台一系列政策文件和行动方案，坚决打击侵犯知识产权犯罪行为，强化知识产权刑事保护。在深化知识产权司法保护工作体制机制方面不断加强知识产权专门化审判体系建设：2014年，北京、广州、上海知识产权法院相继成立，2019年1月1日正式设立最高人民法院知识产权法庭，2020年12月，海南自由贸易港知识产权法院揭牌办公。推动知识产权“三审合一”审判机制，将涉及知识产权的民事案件、行政案件和刑事案件全部集中到知识产权审判庭统一审理，有利于人民法院在各类知识产权案件审判中统一执法标准，正确适用法律，消除分散审理带来的法律适用标准不统一等问题，有效激励保障科技创新，维护市场公平竞争。

2018年，中美贸易摩擦再次升级，美国频繁推动知识产权国

[1] 田宏杰，王然．中外知识产权刑法保护趋向比较研究［J］．国家行政学院学报，2012（6）：118-121.

际出口管制体系革新，不断强化对华技术出口管制力度。❶ 这轮纠纷表明两国对贸易纠纷的关注点已经从最初单纯的贸易逆差转向技术转让、商业秘密、知识产权等更为制度性、结构性的问题。❷ 2020 年 1 月达成的《中美第一阶段经贸协议》第一章就强调知识产权保护，彰显出知识产权在中美纠纷中的地位和作用。协议就商业秘密保护、药品知识产权、专利、电子商务平台上的盗版与假冒产品地理标志和商标等全部涉及知识产权保护的内容都作了较为详细的约定。其中第 1.7 条、第 1.8 条还规定了知识产权侵害行为刑事执法的启动门槛、刑事程序和处罚等内容。

受此影响，最高人民法院 2020 年 9 月 10 日发布《关于审理侵犯商业秘密民事案件适用法律若干问题的规定》，最高人民法院联合最高人民检察院 2020 年 9 月 12 日公布《关于办理侵犯知识产权刑事案件具体应用法律若干问题的解释（三）》（以下简称《侵犯知识产权刑事案件法律解释（三）》），2020 年 4 月 15 日最高人民法院发布《关于全面加强知识产权司法保护的意见》，2020 年 9 月 14 日最高人民法院发布《关于依法加大知识产权侵权行为惩治力度的意见》，2020 年 9 月 17 日最高人民检察院、公安部发布《关于修改侵犯商业秘密刑事案件立案追诉标准的决定》，等等。这些司法解释及司法解释性质文件对知识产权民事、刑事案件的具体法律适用问题进行了更加详细的规定。

---

❶ 杨依楠，黄玉烨．知识产权国际出口管制体系的发展变革与风险应对［J］．东南学术，2023（6）：237-245.

❷ 吴佩乘．拒绝许可商业秘密的反垄断法规制［J］．竞争法律与政策评论，2022（00）：189-204.

从2019年起，我国开始了《著作权法》、《专利法》、《反不正当竞争法》和《商标法》等法律法规的新一轮修改，进一步完善我国知识产权法律法规。我国早在2013年《商标法》、2015年《中华人民共和国种子法》等涉及知识产权的法律中率先确立了惩罚性赔偿规则。2019年《反不正当竞争法》、2020年《专利法》和2020年《著作权法》等知识产权相关法律也相继对侵犯知识产权行为规定了惩罚性赔偿规则，2020年5月28日通过的《民法典》对故意侵害他人知识产权情节严重的行为规定了惩罚性赔偿规则。至此，惩罚性赔偿规则在知识产权领域实现了全面覆盖。虽然立法上已经明确，但由于立法的抽象性和司法实务人员的认识观念限制，具体司法过程中对此尚有所欠缺。最高人民法院2021年2月11日公布《关于审理侵害知识产权民事案件适用惩罚性赔偿的解释》，对全部涉及知识产权侵权案件适用惩罚性赔偿作出具体部署。

民法、行政法是前置法，刑法作为后置法是民法、行政法的制裁力量，对强化保障知识产权具有重要意义。侵犯知识产权犯罪作为法定犯，一是遵循法秩序统一性原理，前置法的修订完善必然影响到刑法相关条款的修正，重视侵犯知识产权民行刑责任的衔接，形成打击侵犯知识产权犯罪合力；二是遵循罪刑均衡原则，确保侵犯知识产权犯罪刑罚配置的层次性。为进一步强化知识产权刑事保护，与知识产权立法最新修改相衔接，2020年12月，全国人大常委会通过《刑法修正案（十一）》，对侵犯知识产权犯罪进行重大修订，降低入罪门槛，扩大入罪范围，严密侵犯知识产权犯罪的刑事法网。2023年1月，最高人民法院、最高人民检察院公布《关于办理侵犯知识产权刑事案件适用法律若干问题的解释（征求意见稿）》（以下简称《征求意见稿》），整合之前公布实施的《侵犯知识产权刑事案件法律解释》、《侵犯知识产权刑事案件法律解释（二）》、《侵犯知识产权刑事案件法律解释（三）》并与《刑法修正案（十一）》相衔接，明确侵犯知识产权罪相关罪名的入罪和量刑标准，新增了关于未遂的内容，对司法实践中存在争议的一些重点问题作出了厘清和回应。

第三节　侵犯知识产权罪的最新立法修正

一、我国《刑法修正案（十一）》对侵犯知识产权罪的主要修改

2020 年 12 月 26 日通过的《刑法修正案（十一）》对侵犯知识产权罪七个罪名中除假冒专利罪之外的六个罪名均有修改，又增加了第 219 条之一“为境外窃取、刺探、收买、非法提供商业秘密罪”，目前共有八个罪名。《刑法修正案（十一）》是在网络时代、数字时代背景下，面对侵犯知识产权犯罪出现的新情况新问题进行的全面、系统性的修订，以加大对侵犯知识产权犯罪的打击力度，强化我国知识产权的刑法保护。具体表现有以下几个方面。

（一）提高部分侵犯知识产权罪的法定最低刑和最高刑

《刑法修正案（十一）》取消了假冒注册商标罪、销售假冒注册商标的商品罪和非法制造、销售非法制造的注册商标标识罪、

侵犯著作权罪、销售侵权复制品罪和侵犯商业秘密罪六个罪的拘役和管制刑。[1] 目前，管制刑已经全面退出侵犯知识产权罪的舞台。除假冒专利罪之外，其他所有侵犯知识产权罪的法定最低刑均为有期徒刑6个月。不仅如此，《刑法修正案（十一）》还提高了六个罪的法定最高刑，即将假冒注册商标罪、销售假冒注册商标的商品罪、非法制造、销售非法制造的注册商标标识罪、侵犯著作权罪和侵犯商业秘密罪共五个罪的最高刑从有期徒刑7年提高到10年，将销售侵权复制品罪的法定最高刑由有期徒刑3年提高到5年。

（二）扩大侵犯知识产权罪的保护范围

《刑法修正案（十一）》将服务商标纳入假冒注册商标罪的行为对象，摆脱了原来只能保护商品商标、适用范围狭窄的限制，对假冒服务商标行为也由过去只能给予行政处罚变更为可以动用刑罚手段予以治理。

《刑法修正案（十一）》将侵犯著作权罪的保护对象由“电影、电视、录像作品”修改为“视听作品”。“视听作品”可以将非音乐类视听作品，如现场表演的相声、绕口令、魔术等包括在内，同时又新增了“表演”及“表演的录音录像制品”，明显扩大了适用范围。将美术作品纳入著作权的保护范围，用“法律、行政法规规定的其他作品”兜底，将破坏“保护著作权或者与著作

[1] 《刑法修正案（十一）》修订前，只有第215条非法制造、销售非法制造的注册商标标识罪规定了管制刑，其他犯罪的法定最低刑都是拘役以上刑罚。因此，《刑法修正案（十一）》只对该罪删除了管制刑，其他五个罪只是删除了拘役刑。

权有关的权利的技术措施”行为入罪，避免了著作权保护可能出现的漏洞。

（三）降低侵犯知识产权罪的入罪标准

《刑法修正案（十一）》将销售假冒注册商标的商品罪“销售金额”修改为“违法所得”，虽然入罪门槛有所提高，但同时又增加了“情节严重”的入罪标准，数额不再作为定罪的唯一标准，从而将那些虽然销售金额或者违法所得不大但表明法益侵害程度事实的严重情节纳入该罪的规制范围。❶ 我国履行在2020年《中美第一阶段经贸协议》中“取消任何将商业秘密权利人确定发生实际损失作为启动侵犯商业秘密刑事调查前提的要求”的承诺，将侵犯商业秘密罪“给商业秘密的权利人造成重大损失”修改为“情节严重”。以衡量市场经济秩序为指标，通过侵权产品销售量、商业秘密的披露范围、手段恶劣、多次实施犯罪行为、曾因此受过前置法处罚等因素综合认定情节，❷ 既包括造成他人经济利益受损，也包括导致权利人破产、倒闭，还包括致使权利人诚信声誉受损甚至是导致权利人死亡后果等情形❸。《刑法修正案（十一）》将侵犯商业秘密罪修改为情节犯，扩大了侵犯商业秘密罪

❶ 石聚航．侵犯公民个人信息罪“情节严重”法理重述［J］．法学研究，2018（2）：62-75；余双彪．论犯罪构成要件要素的“情节严重”［J］．中国刑事法杂志，2013（8）：30-37.

❷ 刘科．侵犯商业秘密罪刑事门槛修改问题［J］．法学杂志，2021（6）：87-95；吴允锋，吴祈泫．侵犯商业秘密罪“情节严重”的内涵诠释［J］．上海法学研究，2021（21）：23-30.

❸ 赵秉志，田宏杰．侵犯知识产权犯罪比较研究［M］．北京：法律出版社，2004：345.

的规制范围，为企业商业秘密提供更周延的保护。

（四）增加侵犯知识产权罪的行为方式

《刑法修正案（十一）》对数字时代网络知识产权犯罪作出了积极回应，将“通过信息网络向公众传播”“未经表演者许可，复制发行录有其表演的录音录像制品，或者通过信息网络向公众传播其表演”和“未经著作权人或者与著作权有关的权利人许可，故意避开或者破坏权利人为其作品、录音录像制品等采取的保护著作权或者与著作权有关的权利的技术措施”等行为纳入侵犯著作权罪的行为方式；将侵犯商业秘密罪的行为方式中的“利诱”修改为“贿赂、欺诈”，增设“电子侵入”，将“违反约定”修改为“违反保密义务”，增设“允许他人使用”这种间接侵犯商业秘密的方式，使之与直接侵权相互观照。

（五）增设为境外窃取、刺探、收买、非法提供商业秘密罪

《刑法修正案（十一）》增加第219条之一“为境外窃取、刺探、收买、非法提供商业秘密罪”，规定“为境外的机构、组织、人员窃取、刺探、收买、非法提供商业秘密的，处五年以下有期徒刑，并处或者单处罚金；情节严重的，处五年以上有期徒刑，并处罚金”。本罪与侵犯商业秘密罪、间谍罪和故意泄露国家秘密罪形成法条竞合关系。[1] 即，对于既属商业秘密，又是国家秘密的，适用故意泄露国家秘密罪；对明知是间谍组织而为其窃取、

[1] 为境外窃取、刺探、收买、非法提供商业秘密罪属于故意犯罪，与过失泄露国家秘密罪因主观心态不同，不存在竞合关系。

刺探、收买、非法提供商业秘密的，适用间谍罪；对国内组织和个人提供商业秘密构成犯罪的，适用侵犯商业秘密罪。对于为境外组织和个人窃取、刺探、收买、非法提供商业秘密的行为不再以侵犯商业秘密罪处理，而是直接适用本罪。因为商业秘密泄露于境外，不仅扰乱了市场秩序，侵害了权利人的利益，还可能造成国家在对外贸易中处于不利地位，损失重大，因此其加重犯的法定刑较侵犯商业秘密罪加重犯的法定刑更重，前者的法定最低刑和最高刑为 5 年和 15 年，后者为 3 年和 10 年。

2021 年 9 月 22 日，中共中央、国务院颁布《知识产权强国建设纲要（2021—2035 年）》。在国家知识产权保护顶层设计政策的引领下，立法机关密集修改刑法等法律后，最高司法机关也对涉知识产权问题迅速作出反应。例如，最高人民检察院 2023 年 4 月 26 日发布《人民检察院办理知识产权案件工作指引》，对检察机关参与涉知识产权案件的诉讼和监督提出具体要求。再如，最高人民法院 2023 年 10 月 21 日发布《关于修改〈最高人民法院关于知识产权法庭若干问题的规定〉的决定》，修改和完善了最高人民法院 2018 年 12 月 3 日《关于知识产权法庭若干问题的规定》。

二、对知识产权刑法保护最新修正的整体述评

总体而言，我国的知识产权立法工作尽管起步较晚，但立法速度之快在知识产权史上是独一无二的。[1] 如果说在 21 世纪之初

[1] 国务院新闻办公室．中国保护知识产权现状［M］．北京：五洲传播出版社，1994：5.

我国就已经“基本建立起知识产权法律保护体系”[1]，到今天随着《刑法》《著作权法》《专利法》《商标法》《反不正当竞争法》等法律的逐步修改完善，我国知识产权法律保护体系已经搭建完成。

知识产权法律保护如同“双刃剑”，在鼓励知识创新、促进知识生产的同时必然带来阻碍技术推广和进步的不足。世界各国在不同历史时期的知识产权保护战略选择上，是采取强保护主义还是弱保护主义策略从来不是一成不变的，[2] 而是在国家现代化目标引领下，随着国家经济社会发展程度因时而异。一般来说，科技发达、经济繁荣的国家和地区往往采取强保护主义立场；相反，科技落后、经济发展缓慢的区域则采取弱保护主义立场。即便是公认的采取强保护主义的美国也并不是在全部知识产权领域采取强保护主义。例如，美国曾经集中整治了一系列网络著作权犯罪，随之引起民间团体的强势反弹，甚至为此发动民众对被判刑人捐款。[3] 美国作为典型的判例法国家，其陪审团制度堪称世界刑事司法制度中的典范，没有取得由普通民众组成的陪审团全部成员的一致赞同，绝不可能判决被告人有罪。如果民众对网络空间侵犯著作权犯罪普遍抵触，其入罪难度可想而知。换言之，作为世界范围内知识产权强保护主义旗手的美国，在网络领域的著作权保

---

[1] 田宏杰．论我国知识产权的刑事法律保护［J］．中国法学，2003（3）：143-154.

[2] 强弱是相对的，按照法律经济学的观点，将是否可以使知识资产生产者的私人成本依靠国家法律正当程序得以回收作为划分二者的标准。刘茂林．知识产权法的经济分析［M］．北京：法律出版社，1996：83；赵国玲．知识产权犯罪调查与研究［M］．北京：中国检察出版社，2002：307-312.

[3] 约翰·冈茨，杰克·罗切斯特．数字时代盗版无罪？［M］．周晓琪，译．北京：法律出版社，2008：101.

护并非全部采取强保护主义，而是相对的弱保护主义。

（一）知识产权最新刑法立法是国内现实需要和国外压力双重作用下的结果

有观点认为，我国涉知识产权法律修改之频繁、间隔之短，在世界范围内是极为罕见的。这种短期内立法剧烈变动，与其说是来自知识产权保护自身的需要，毋宁说是由于外来经济和政治压力的结果。[1] 中国走上法治现代化之路，并非出自完成现代文明转型的自觉，而完全是仓促因应时局的一种应急策略选择，此种现代化属于“外源的现代化”（modernization from without）。[2]

对此，本书认为，《刑法修正案（十一）》对知识产权犯罪的修订，既有因应《著作权法》《商标法》《反不正当竞争法》等前置法已经发生调整变化，需要刑法与之协调和统一的形式需求，也是基于信息化社会知识产权犯罪的对象、行为方式等发生了重大变化，反映中国知识产权产业发展状况的现实需要。世界知识产权组织（WIPO）发布的《2022 年全球创新指数报告》显示，中国排名第 11 位，是世界各国中唯一持续快速上升的国家。[3] 随着经济发展和在科技领域的进步，我国由科技落后国家逐步成长成为科技大国。依据法社会学理论，社会经济基础决定包括法律

---

[1] 曲三强．被动立法的百年轮回：谈中国知识产权保护的发展历程［J］．中外法学，1999（2）：119-122.

[2] 舒国滢．中国法制现代化道路上的“知识联结难题”：一种基于知识联结能力批判的观察［J］．法学，2022（12）：3-21.

[3] 周子勋．以高质量金融服务助力实体经济持续恢复向好［N］．中国经济时报，2023-11-02（4）.

在内的上层建筑。我国所采取的知识产权法律保护强度必然要与当今的科技、经济发展程度相匹配，修改《商标法》《专利法》《著作权法》等知识产权保护法律就成为内在必然需求。可以预见，我国今后必将随着国家由科技大国向科技强国的转变而逐渐强化对知识产权的法律保护力度。认为我国知识产权法律保护变化完全是受到域外压力的结果，观点失于偏颇。

虽然我国加强知识产权法律保护是内在需求和国际压力双重作用下的结果，但这两种动力的关系并非等量齐观，而是在不同历史时期所发挥的作用时大时小，共同推动着我国知识产权法律保护体系的逐步发展和完善。具言之，20 世纪 70 年代末，我国刑法、民法等基本法律尚未制定，要“修改和制定各种法律、法令和各方面的工作条例、规章制度”[1]，迫切需要基本法律尽快制定出来。在当时思想仍然不够解放、计划经济体制依然运行的历史时期，1979 年《刑法》存在各种问题，对知识产权保护立法粗疏也就不足为奇了。1978 年党的十一届三中全会召开，我国揭开了改革开放的大幕，大量国外先进技术、资金被引入国内，需要对国外技术知识产权予以法律保护，这导致我国《商标法》《专利法》等法律相继出台。彼时，引进的技术和设备比较低端，对知识产权保护的要求不高。可以说，我国当时制定知识产权保护法律主要是基于内在需求，对外展示保护知识产权的态度，打消国际顾虑，以保障改革开放顺利进行。随着我国经济规模日渐发展壮大和科技不断创新，世界顶尖技术开始涌入我国，立法的滞后

[1] 高铭暄．中华人民共和国刑法的孕育诞生和发展完善［M］．北京：北京大学出版社，2020：3.

性、学习先进技术的实际需求和严格保护知识产权的外在压力之间的矛盾开始迸发，这直接导致了 2008 年和 2018 年中国和美国两轮知识产权纠纷发生。在这一阶段，我国修改《著作权法》《商标法》《专利法》等法律，主要是迫于国际压力。随着我国更加重视知识产权保护和由知识产权输入国向输出国的过渡完成，我国必然基于内生需求，主动强化对知识产权的保护力度。刑法作为民法、行政法等其他部门法的保障法，犯罪圈的扩大与缩小，必然会与前置法同步变化。

有观点认为，我国近年来与知识产权相关的违法犯罪活动日益严重，[1] 这是知识产权法律和刑法修改频繁的原因。在本书看来，我国现阶段知识产权犯罪增多是客观事实，但把这种变化完全归咎于事实的犯罪数量上的增加并不全面。知识产权犯罪增多既有商品经济活动活跃而产生的实在的不法行为增多使然，也有我国加大知识产权保护力度而被建构出来的因素。我国目前刑事犯罪的数量总体上是在增加，但增加的是那些过去按一般违法处理现在被纳入刑法规制范围的犯罪，如危险驾驶罪等。随着我国对知识产权保护力度的增强，过去交由行政处罚、民事纠纷处理的案件现在按刑事犯罪处理，导致知识产权犯罪数量增加。

（二）知识产权最新刑法立法是与前置法协调衔接的产物

任何国家的知识产权刑事法律保护战略都不可能脱离本国的历史文化传统与政治、经济、文化、风俗习惯而孤立存在，我国

[1] 刘宪权．刑法学名师演讲录（分论）［M］．3 版．上海：上海人民出版社，2021：548.

知识产权刑事法律保护战略的选择，必须立足于国情。[1] 某些侵犯知识财产的行为在有的国家只是侵权行为，在有的国家则可能被认为是合法的。[2] 在英国历史学家梅因（Henry Sumner Main，1822—1888）看来，古代社会的刑法不是犯罪法，而是不法行为法、侵权行为法。[3] 受此影响，我国民法学者王利明教授也认为，刑法和民法等部门法之间并不存在天然的鸿沟，最原始的刑法乃是侵权行为法，刑法是从侵权法中分离出来的法律。[4] 在刑法学内部，张明楷教授提出，"'民事的'和'刑事的'标签标示的不是法的不同类型，但是它们的确包含了由法承担的不同的基本任务"。[5] 因此，民事、行政和刑事责任在某种意义上是数量、程度上的差异。例如，民法中的惩罚性赔偿与刑法中的罚金、没收财产，除财产数额多少、是将财产交付被害人还是国家之外，从根源上追溯都是国家剥夺不法行为人的合法财产权。

刑法是民法、行政法等其他法律的后置法、保障法，具有二次法的属性。民法、行政法是刑法的前置法。只有在前置民法、行政法无法给予充分、有效保护时，刑法才能介入，这是刑法谦抑性的

---

[1] 田宏杰．论我国知识产权的刑事法律保护［J］．中国法学，2003（3）：143-154.

[2] 孙万怀．侵犯知识产权犯罪刑事责任基础构造比较［J］．华东政法学院学报，1999（2）：73-80.

[3] 梅因．古代法［M］．沈景一，译．北京：商务印书馆，1996：208-214.

[4] 王利明．论完善侵权法与创建法治社会的关系［J］．法学评论，1992（1）：14-19.

[5] 张明楷．刑法的解法典化与再法典化［J］东方法学，2021（6）：55-69. 我国于改之教授也持此观点。于改之．刑事犯罪与民事不法的分界：以美国法处理藐视法庭行为为范例的分析［J］．中外法学，2007（5）：593-605.

必然要求。基于法秩序统一性原理，只有行为违反前置法规范时，才可能构成犯罪。《刑法修正案（十一）》有关侵犯知识产权罪的立法修正既是基于当前的实践需要，也是为了与近年来不断修正的《著作权法》《商标法》等法律法规最新规定保持协调，同时预测和反映未来社会发展趋势，富有前瞻性而作出的修正。

1. 与《商标法》相衔接

与《刑法》一样，限于当时的经济和社会条件，我国 1982 年《商标法》立法粗疏，仅对“商品商标”作出了规定，未将“服务商标”纳入其中。1993 年修改《商标法》时，明确“企业、事业单位和个体工商业者对其提供的服务项目，需要取得商标专用权的，应当向商标申请服务商标注册”“本法有关商品商标的规定，适用于服务商标”。

遗憾的是，1997 年《刑法》并未根据修改后的《商标法》将“服务商标”纳入规制范围，仍是将假冒注册商标罪的对象限于“商品商标”之上，使得《商标法》因为缺乏刑法的保障而刚性不足。实践中，虽然绝大部分商标犯罪针对的是实体的商品商标，但对服务商标的不法行为也绝非“稀罕之事”。《刑法修正案（十一）》将“服务商标”纳入假冒注册商标罪的规制范围，实现与商标法的有效衔接。

2. 与《著作权法》相衔接

我国 2020 年《著作权法》将“电影作品和以类似摄制电影的方法创作的作品”简化为“视听作品”，将“法律、行政法规规定的其他作品”修改为“符合作品特征的其他智力成果”。《刑法修正案（十一）》将原来表述“电影、电视、录像作品”相应修改为“视听作品”，与2020年《著作权法》保持协调。但在“作品”的兜底性规定中，将原来的“其他作品”明确为2020年《著作权法》之前的“法律、行政法规规定的其他作品”，并未与2020年《著作权法》的规定相协调。

《刑法修正案（十一）》还对信息社会背景下侵犯著作权的行为方式进行了修改，增加“通过信息网络向公众传播”他人享有著作权的作品和故意规避或者故意破坏保护著作权或者与著作权有关的权利的技术措施的行为，体现了立法的时代性和一定的前瞻性。

3. 与《反不正当竞争法》相衔接

我国1997年《刑法》第219条所规定的侵犯商业秘密罪条文几乎完全是对我国1993年《反不正当竞争法》第10条侵犯商业秘密行为的复制，或许正因如此，侵犯商业秘密罪与非罪的界限，即“重大损失”的计算与认定、罪过形式是故意还是过失等问题在刑法学界众说纷纭。《反不正当竞争法》经历2017年和2019年两次修改，《刑法修正案（十一）》完全吸收了《反不正当竞争法》的规定，对侵犯商业秘密罪作出了相应调整。此外，《刑法修正案（十一）》还删除了“商业秘密”的定义条款，避免与前置法重叠。[1]

---

[1] 有观点认为，在《刑法》中删除了商业秘密的定义条款，在判断时是否可以援引《反不正当竞争法》中关于商业秘密的界定，缺乏明确的立法和司法解释（刘仁文．立体刑法学［M］．北京：中国社会科学出版社，2018：274.），但本书认为，删除定义条款，不会带来商业秘密认定上的困难，定义的意义非常有限。作为《反不正当竞争法》等法律的保障法，《刑法》适用时需要参照、援引其他法律的规定，这是应有之义，这在理论和实务上都没有争议。

三、本书对《刑法修正案（十一）》侵犯知识产权犯罪规定之立场

知识产权刑法保护的种类和程度等问题是学界论争的焦点之一，《刑法修正案（十一）》的出台一定程度上可以平息理论争议，但这并不意味着现行刑法完美无缺——事实上这样的法律也是不可能存在的。对于其中有些批评、质疑，是非常有见地的，本书对此持赞成态度，但也不认可一些观点，有必要作出回应。

（一）我国《刑法》对知识产权保护范围并非过于狭窄

有观点认为，我国《刑法》对知识产权保护范围过窄，刑法只保护商标权、专利权、著作权和商业秘密权四种。四种知识产权内部，也有部分权能不在刑法保护范围之内，如非署名的美术作品等。按照我国《著作权法》第53条的规定，只要是“制作、出售假冒他人署名的作品”就侵犯权利人的著作权，而刑法却将其限缩为“制作、出售假冒他人署名的美术作品”，使刑法对著作权的保护范围狭窄。

我国知识产权犯罪各个罪名和条款虽然都没有出现“违反国家规定”或者类似的限制性条件，但学界几乎没有争议地认为知识产权犯罪属于法定犯，即侵犯知识产权犯罪首先是违反了知识产权民事法律，在此基础上再具备刑事违法性时，才能按照犯罪处理。刑法作为保障法，其犯罪成立的范围当然要以前置法为依据，不可能在刑法上构成犯罪而民法、行政法上连违法都不是，这是法秩序统一性原理的体现。但是，不能反过来说违反前置法

的行为就必然构成犯罪，因为刑罚恶的属性决定了其参与社会治理的范围和程度必须要小于民法、行政法等法律，二者不能完全等同。因此，虽然《著作权法》将“假冒他人署名的作品”纳入保护范围，但刑法未必就同等保护，认为刑法保护著作权的范围过小的批评，没有把握刑法的谦抑性特征，并不具有合理性。

（二）“以营利为目的”主观要件的保留

狭义的目的犯是指刑法中要求具备某种目的才能构成的犯罪。目的犯以立法上有无明文规定分为法定和非法定目的犯，前者如拐卖妇女、儿童罪，构成该罪须以“出卖为目的”，后者如盗窃罪等，虽然我国刑法上并没有规定“以非法占有为目的”，但学界一致认为具备非法占有目的是区分盗窃和盗用行为的关键，“非法占有目的”是盗窃罪不成文的构成要件要素。

侵犯著作权罪和销售侵权复制品罪是法定的目的犯，这两种犯罪的成立均要求“以营利为目的”这一构成要件要素。对于侵犯著作权犯罪要求营利目的的刑法规定，反对的观点认为，在数字经济领域，非营利情况下也可能存在侵犯他人著作权的情况，立法上规定的营利目的不利于版权保护法的适用。[1] 世界上一系列经贸协定，例如《自由贸易协定》（FTA）、《区域全面经济伙伴关系协定》（RCEP）和《全面与进步跨太平洋伙伴关系协定》（CPTPP）对侵犯著作权犯罪的主观心态只需“故意的”（wilful）、“故意地”（wilfully）即可，为了便于国际经贸往来，未来应修改

[1] 赵秉志，田宏杰．侵犯知识产权犯罪比较研究［M］．北京：法律出版社，2004：267-268.

侵犯著作权犯罪“以营利为目的”的主观要件。[1]“营利目的”削弱了刑事法网的严密性，阻碍了刑法保障功能的发挥，成为司法实践中的认定难题，通过网络方式侵犯著作权体现得尤其明显，因此应将其从立法上删除。[2]赞成的观点认为，对“以营利为目的”无须作任何改动。[3]也有观点认为，在现实环境中保留“以营利为目的”而在网络环境中取消“以营利为目的”要素。[4]

笔者认为，对行为人是否具有营利目的应作整体性、综合性判断，不能限定在局部、简单地考察个别行为是否具有营利性。例如，生产、销售伪劣产品罪只要行为人实施生产、销售不符合国家规定的质量的产品行为且达到了扰乱市场秩序的程度（销售金额较大）即可，不需要具备营利目的，这是我国学界通说。但果真如此吗？纵然个别行为人出于损害商业信誉、商品声誉目的，生产标识为商业竞争对手的伪劣产品后以低于生产成本的方式销售的行为也可以构成本罪，但行为人只是在销售伪劣产品这个环节形式上不具备营利目的，在损害对手商业信誉、商品声誉后，可以扩大自己产品的销量和价格，仍然最终间接营利。可以说，天下熙熙，不为利来者甚寡。“法不理会极其稀罕之事”，即使实

---

[1] 宋建立．著作权刑事保护趋势与实践思考［J］．中国应用法学，2023（4）：138-146.

[2] 赵秉志，田宏杰．侵犯知识产权犯罪比较研究［M］．北京：法律出版社，2004：267-268.

[3] 卢建平．在宽严和轻重之间寻求平衡：我国侵犯著作权犯罪刑事立法完善的方向［J］．深圳大学学报，2006（5）：37-40；刘科，朱鲁豫．侵犯著作权犯罪中“以营利为目的”要素的规范阐释与完善方向［J］．中国刑事法杂志，2012（9）：54-58.

[4] 贺志军，袁艳霞．我国侵犯著作权犯罪“营利目的”要件研究：TRIPS 协定和因特网条约的视角［J］．成都理工大学学报（社会科学版），2011（3）：37-43.

践中确实存在这种情形，按照一般违法行为处理即可，仍然可以有效治理这种不法行为，不以犯罪论处反倒更加有利于刑法目的的实现。[1] 侵犯著作权犯罪中，只要行为人的整体行为存在营利目的，即可视为“以营利为目的”[2]。在信息网络时代，行为人复制发行侵权作品可能并不营利，但通过提升浏览量扩大网站的影响力，可以吸引更多的广告投放，其最终目的仍然是营利。因此，侵犯著作权即使不能即刻取得非法利润，但通过发行、出售该复制作品等后续行为实现营利目的的，也应被认定为侵犯著作权犯罪。[3]

保留营利目的实践意义在于便于司法，限缩犯罪圈，保持刑法的谦抑性。目的是区分罪与非罪、此罪与彼罪的重要因素。对于侵犯著作权犯罪而言，如果行为人不是用以营利，而是用于教学或者研究等其他非营利目的，并不会侵犯他人著作权，当然不构成犯罪。即使侵犯了他人著作权，但这种行为不是经济活动中的行为，不会破坏市场秩序，将其排除在属于破坏市场秩序犯罪的侵犯著作权犯罪之外，完全正当、合理。反过来说，这种行为不仅没有侵害他人著作权，反而通过课堂传授，宣传、扩大了权利人的知名度、美誉度，甚至会扩大权利人的影响和产品销量，将其纳入犯罪范围匪夷所思。

---

[1] 关于刑法的目的，学界争议较大，有法益保护说、法秩序保护说等纷争，法益保护说是学界主流观点。

[2] 张明楷．论刑法中的“以营利为目的”［J］．检察理论研究，1995（4）：40-44.

[3] 张阳．论“以营利为目的”犯罪的形态认定［J］．政法论坛，2020（3）：114-124.

即使将营利目的排除出侵犯著作权犯罪之外，并非否定论者所主张的那样就可以扩大犯罪圈，起到“有利于”著作权保护的效果。关闭了营利目的主观心态“这道门”，必然要通过对复制、发行的扩大化理解为不法行为开启“另外一扇窗”，以保证处罚公正和合理。与其如此，不如保留营利目的，从主观和客观两个侧面限制处罚范围，以最大限度保证刑罚之恶不会过于放纵。

（三）知识产权保护的刑事立法模式选择

世界知识产权组织 1971 年 10 月 29 日《保护录音制品制作者防止未经许可复制其录音制品公约》率先确立了知识产权可以“通过刑事制裁的方式加以保护”的原则。世界贸易组织（WTO）的前身关税和贸易总协定（GATT）在 1994 年《与贸易有关的知识产权协定》中，也提出对侵犯商标和版权的行为进行刑事制裁的原则要求。因此，对严重侵犯知识产权的行为动用刑事手段予以应对，已经成为当今世界各国的通例。

当今世界各国对包括规定侵犯知识产权犯罪在内的法定犯的立法模式主要有三种：散在型、结合型和集中型。[1] 散在型模式是指侵犯知识产权犯罪并不是规定在刑法当中，而是在《商标法》《专利法》等知识产权专门法律中规定罪状、罪名和法定刑。司法适用时，引用的不是刑法条文，而是知识产权法条文。这种立法模式是当今世界较为普遍的立法体例，发达国家和发展中国家都

[1] 孙万怀．侵犯知识产权犯罪刑事责任基础构造比较［J］．华东政法学院学报，1999（2）：73-80.

广泛采纳。[1] 结合型模式是指侵犯知识产权犯罪的构成要件、法定刑分别在刑法和知识产权法律中都作了规定，司法者需要同时兼顾刑法和知识产权法律。集中型则是采取我国立法体例，侵犯知识产权犯罪只规定在刑法中，集中专章或专节统一规定。

我国知识产权犯罪被集中规定在《刑法》分则第三章“破坏社会主义市场经济秩序罪”第七节“侵犯知识产权罪”中，属于典型的集中型立法模式。对于这种立法模式，有观点认为将侵犯知识产权罪集中规定在刑法之中，可能使知识产权的刑事法律保护体系陷入两难境地：及时修改知识产权刑事法律保护的内容导致刑法的稳定性削弱和因维护刑法的稳定性而不能根据社会经济生活的变迁及时调整知识产权刑事法律之间，存在难以调和的矛盾。[2]

知识产权刑事法律保护模式是采取集中型还是散在型的观点分歧，与我国当下刑法宜采取一元化还是多元化立法模式的争论如出一辙。赞成法典化、一元化立法模式的观点认为，我国应像《民法典》那样，制定一部系统的、体系化的刑法典。赞成多元化立法模式的学者则主张，应在刑法之外，将部分刑法规范的内容置于附属刑法中。这场争论目前方兴未艾，双方力量旗鼓相当。

不同的立法模式对比，利弊共存。集中型（统一刑法典）立法模式的优势在于：（1）有利于充分揭示知识产权犯罪的共性特征，便于综合比较分析各种知识产权犯罪的区别与联系，罪刑设

---

[1] 孙万怀．侵犯知识产权犯罪刑事责任基础构造比较［J］．华东政法学院学报，1999（2）：73-80.

[2] 田宏杰．论我国知识产权的刑事法律保护［J］．中国法学，2003（3）：143-154.

置比较系统化。[1]（2）法律之间条文协调一致、易于适用，司法者引用条文不会发生困难。不会产生法律之间的矛盾和冲突，避免法规竞合时适用“特别法优于普通法”原则造成的尴尬。（3）利于公民知法守法，维护刑法典的权威性。

集中型立法模式的不足在于会出现大量空白刑法规范，自然犯与法定犯一体化的立法体例不符合法律保留原则、明确性原则与比例原则等宪法原则。表面上没有肢解刑法典，但肢解了由不同部门法共同构建的行政犯刑法规范，有损法律之间的协调统一性，导致行刑衔接困难。[2]

反观散在型立法模式，其优点在于：（1）现在变动剧烈的主要是行政犯，传统自然犯基本稳定，我国之所以近年来刑法修正频繁，主要是对行政犯的修改。将行政犯从刑法典中分离，能够保持刑法的稳定。[3]（2）现代社会分工越来越细，特定知识越来越掌握在该领域从业人员手中。在知识产权法律中规定刑法规范条款，便于从业和执法人员掌握和了解，便于刑法规范的作用发挥。（3）知识产权犯罪是典型的行政犯，而行政犯具有典型的二次违法性，即第一层次违反的是商标法等知识产权法律，只有在违反行政法、民法前提下，该行为的不法性被刑法再一次确认，才能构成犯罪。我国大量行政犯适用时，需要反复查阅前置法规范和

---

[1] 田宏杰．论我国知识产权的刑事法律保护［J］．中国法学，2003（3）：143-154.

[2] 张明楷．刑法修正案与刑法法典化［J］．政法论坛，2021（4）：3-17.

[3] 按照张明楷教授的理解，刑法和刑法典不是同一概念。附属刑法属于刑法但不属于刑法典，分散式立法保证的是刑法而不是刑法典的稳定。张明楷．刑法修正案与刑法法典化［J］．政法论坛，2021（4）：3-17.

刑法典，效率低下。散在型立法模式下，民事、行政和刑事违法都在同一部法律当中，一旦案件涉及某专业领域法律时，只需查阅该专门法律即可，具有司法上的经济性。

散在型立法模式的不足是：不同时期的附属刑法处罚不平衡、不协调，容易导致重刑化趋势；行政法不断增加或修改，立法时难以抑制规定罪刑关系的冲动，所设置的罪名可能较多，容易造成“特别刑法肥大症”现象；公众熟悉附属刑法也较为困难，不利于实现犯罪预防；普通刑法和附属刑法的关系较为复杂，立法思想不统一、立法方式不协调，增加了法官准确裁判的难度。[1]

就知识产权刑法规范的立法模式选择而言，本书倾向于赞成一元式、集中型立法模式。主要理由在于：（1）空白刑法规范的存在，并不在于是集中型还是散在型立法模式，空白刑法、开放性刑法是刑法规范的特点之一。刑法的保障法、二次法规范属性决定了任何一种犯罪的成立，都以违反民法、行政法等法律为前提，不存在不违反其他法律直接违反刑法规范的犯罪，自然犯和法定犯皆如此。例如，故意杀人罪作为典型的自然犯，似乎没有违反前置法，但我国《民法典》第990条规定“人格权是民事主体享有的生命权、身体权、健康权、姓名权、名称权、肖像权、名誉权、荣誉权、隐私权等权利”之后，第991条规定“民事主体的人格权受法律保护，任何组织或者个人不得侵害”。因此，故意杀人行为首先违反了民法规范，在此基础上再次违反刑法规范。换言之，任何犯罪都存在对前置法规范的违反，刑法的谦抑性决定了只有在其他法律规范不能有效保护某种权益时，刑法才有适

[1] 周光权．法典化时代的刑法典修订［J］．中国法学，2021（5）：39-66.

用的余地。前置法的规范内容对于刑法而言，都属空白罪状，这并非行政犯独有的特征。对任何行为的犯罪认定，必然需要参考、引用其他法规范的内容。如果采取散在型立法模式，则必然会导致刑法的全面瓦解。（2）行刑衔接困难，主要是司法、执法实务中对法规范的理解偏差所致，与哪种立法模式没有必然联系。即使存在一定联系，也主要是由行政违法和刑事犯罪之间的复杂关系所决定的，即便把所有行政犯都规定在行政法中，行刑衔接的难题也丝毫不会降低。[1]（3）我国立法和司法实践证明，散在型立法模式在我国难以施行。1979—1997 年，我国除 1979 年《刑法》之外，还有 24 个单行刑法和少量附属刑法，这些刑法规范之间多有矛盾之处，各规范在立法体例、用语和指导思想上并不统一，法官在适用时无所适从，甚至难以确定到底是该引用哪部法律、哪个条文。我国地域辽阔，司法人员业务能力参差不齐，分散立法导致法条关系复杂，准确“找法”及理解法条竞合关系等，都使得实务中运用起来困难重重。[2] 甚至可以说，散在型立法实践的失败，是导致我国 1997 年对刑法进行大刀阔斧式修订的主要原因。

（四）我国侵犯知识产权罪的法定刑

1. 法定刑的轻重

除未修正的假冒专利罪之外，《刑法修正案（十一）》取消了其他侵犯知识产权罪的管制、拘役刑，其他罪的法定最低刑是

---

[1] 周光权．法典化时代的刑法典修订［J］．中国法学，2021（5）：39-66.

[2] 周光权．我国刑法立法和理论研究的重大进展［J］．中国法治，2023（12）：23-27.

有期徒刑。通过提高法定最高刑，目前除假冒专利罪的法定最高刑是有期徒刑3年、销售侵权复制品罪的法定最高刑是有期徒刑5年、新增的为境外窃取、刺探、收买、非法提供商业秘密罪的法定最高刑是有期徒刑15年之外，其他侵犯知识产权犯罪加重犯的法定最高刑均为10年，加大了对知识产权犯罪的处罚力度。

对此，学界仍然观点不一。有观点认为，虽然《刑法修正案（十一）》提高了多个侵犯知识产权犯罪的法定刑，但总体上仍比侵犯财产罪的法定刑要低很多。[1] 受传统财产观的影响，我国刑法对非物质产权的保护力度、介入程度明显弱于物质产权，法定刑偏低，刑法应以更高的力度介入。[2]《刑法》对网络知识产权犯罪构成界定不合理，司法认定标准不完善，量刑和处罚力度有待加强。[3] 也有观点认为，我国知识产权犯罪的法定刑基于平等保护理念，应当同等地设置知识产权犯罪的法定最高刑，为保持侵犯知识产权犯罪刑罚体系协调，应当提高假冒专利罪的法定刑。[4]

相反的观点认为，我国侵犯知识产权犯罪与部分破坏金融管理秩序类犯罪、妨害文物管理罪以及破坏环境资源保护罪等纯正行政犯相比其法定刑较重，法定最高刑普遍为5年或3~10年，[5]

---

[1] 时延安．数据安全的刑法保护路径及方案［J］．江海学刊，2022（2）：142-150，256.

[2] 陈金林．民营企业产权刑法保护问题及其根源与对策：兼评《刑法修正案（十一）》相关条文［J］．武汉大学学报（哲学社会科学版），2022（3）：161-171.

[3] 撖子杨，于君刚．互联网时代知识产权刑法保护的不足与完善［J］．陕西理工大学学报（社会科学版），2022（6）：10-16.

[4] 梅传强，盛浩．《专利法》修正背景下专利犯罪的刑法规制调整［J］．重庆理工大学学报（社会科学版），2020（1）：109-119.

[5] 张继．纯正行政犯轻刑化初论［J］．时代法学，2023（4）：70-81.

使得我国知识产权刑事保护似脱缰野马，过分倚重刑罚威慑效应，大有背离宽严相济刑事政策之嫌。[1]

虽然根据法教义学、解释学立场，不宜动辄批判立法，但这并不意味着不能评价立法。批评和评价的区别在于前者是对现有立法的批判性评价，后者只是立场中立的客观评述。对于知识产权法律保护，不能脱离立法时国家对知识产权保护所采取的总体策略这个框架。科技创新繁荣、经济规模较大的国家和地区，为鼓励创新，同时防止其他竞争对手剽窃自己的知识产权，往往采取强保护主义立场，相反则采取弱保护主义立场。对全部知识产权是采取平等保护原则还是区别化原则，也与其知识产权保护策略密切相关。

对于我国知识产权刑法保护的力度而言，法定刑基本是合理的。我国《刑法》将侵犯知识产权罪置于分则第三章“破坏社会主义市场经济秩序罪”而不是第五章“侵犯财产罪”中，由于二者侧重的保护重点、法益不同，用财产犯罪的法定刑和破坏社会主义市场经济秩序犯罪的法定刑作对比，有“稻草人谬误”[2]之嫌。

对于侵犯知识产权犯罪法定刑的高低比较分析，应置于破坏社会主义市场经济秩序犯罪这个范围内对比才有意义。《刑法》分则第三章“破坏社会主义市场经济秩序犯罪”第八节“扰乱市场秩序罪”中，合同诈骗罪的法定最高刑为无期徒刑，组织、领导

---

[1] 于波，李雨佳．侵犯知识产权犯罪逐级回应制度研究［J］．青少年犯罪问题，2023（4）：97-112．

[2] “稻草人谬误”是一种错误的论证方式，指人在论辩中有意或无意地歪曲论题的意思以便能够更容易地攻击对手，或者回避对手较强的论证而攻击其较弱的论证。

传销活动罪和非法经营罪的最高刑是有期徒刑 15 年，提供虚假证明文件罪的最高刑是有期徒刑 10 年，其他犯罪的最高刑是有期徒刑 7 年或者 3 年，甚至损害商业信誉、商品声誉罪和虚假广告罪的最高刑是有期徒刑 2 年。

合同诈骗罪等罪法定刑较高，有其深刻原因。合同诈骗罪与诈骗罪属法条竞合关系，前者是后者的特别法，是合同签订、履行环节中的特殊诈骗罪。既然诈骗罪最高刑是无期徒刑，合同诈骗罪规定无期徒刑是完全妥当的。组织、领导传销活动罪并非适用于全部传销活动，而只适用于诈骗型传销活动，对于经营型传销活动，不按本罪处理。[1] 因此，组织、领导传销活动罪带有诈骗的性质，最高刑为有期徒刑 15 年，以与诈骗罪等相协调，也是合理的。不仅要求具备扰乱市场秩序这个必要条件，还要情节严重才能构成非法经营罪，而且该罪主要是那些违反专营、专卖或者倒卖批准文件等行为，其最高刑也仅 15 年。概言之，我国《刑法》分则第三章第七节“侵犯知识产权犯罪”和第八节“扰乱市场秩序罪”的法定刑相比，前者并不比后者轻。

同样的犯罪，甚至是同样的刑罚，给不同犯罪人带来的负面影响并无不同。侵犯知识产权犯罪属于“智力犯罪”“白领犯罪”，行为人往往是受社会关注度较高的“公众人物”，其一旦被判处刑罚，会造成一定程度的轰动性，民众会失去对他的信任感，给其带来的羞耻感较强，负面效应较大。反观盗窃等传统财产犯罪，这些犯罪人往往处于社会底层，对其判处刑罚影响相对较轻。因

[1] 陈兴良．组织、领导传销活动罪：性质与界限［J］. 政法论坛，2016（2）：106-120.

此，即使对侵犯知识产权的犯罪人判处的刑罚相对于财产犯罪较轻，但给犯罪人带来的实际惩罚、预防效果，未必要弱于后者。

在刑罚的目的问题上，虽然报应刑论和目的刑论展开了激烈论战，但目前随着将二者融合的并合刑论被广泛接受而偃旗息鼓，即刑罚的目的既是对以往犯罪的报应，也要承担教育、改造犯罪人的功能。在目的刑论看来，“刑罚的目的仅仅在于阻止犯罪再重新侵害公民，并规诫其他人不要重蹈覆辙”[1]。目前科技发展迅猛，一旦知识产权犯罪人被判处刑罚、被投放到监狱，与世隔绝一段时间，回归社会后很难再跟上技术前进的脚步，其利用原来储备的知识再实施侵犯知识产权行为非常困难，刑罚目的已经达至。既然短期自由刑也能达成刑罚目的，长期自由刑就毫无必要，过剩的刑罚反而会产生南橘北枳的负面效果。

从法经济学角度来看，刑罚并非越重执行效果就越好，执行长期自由刑对犯罪人惩罚的边际效应会随着刑期的增长而递减。有研究表明，对犯罪人执行超过 10 年的自由刑之后，给犯罪人造成的痛苦反而降低。当惩罚达到一定强度后，再提高惩罚强度，对于犯罪率的影响就会很小。主张提高知识产权犯罪法定刑的观点，过分夸大了刑罚的威慑力和犯罪预防的效能。

基于以上分析，我国对侵犯知识产权罪所规定的法定刑总体是妥当的，既不需要提高，也不需要降低。侵犯知识产权行为多发且危害严重，其中一个重要原因在于刑事司法与行政执法、民事司法的衔接不畅，大量的犯罪案件没有被及时移送，与我国刑

[1] 切萨雷·贝卡里亚．论犯罪与刑罚［M］．黄风，译．北京：北京大学出版社，2008：29.

法对侵犯知识产权罪规定的法定刑高低并无必然联系。❶

不赞成修改知识产权犯罪的法定刑，并不意味着全部8个罪的法定刑都是妥当的。我国互联网时代下侵犯知识产权犯罪频发并非因为我国的刑罚配置不够严厉，而是因为我国的刑罚配置不够合理，不能及时地发挥刑罚的惩罚功能以及预防功能。❷ 我国《刑法修正案（十一）》对侵犯知识产权罪普遍提高了法定刑，但对假冒专利罪维持不变，其最低刑是拘役，最高刑只是有期徒刑3年。与其他同类的侵犯知识产权犯罪相比，法定刑偏低，确实不利于知识产权的平等保护。如果再考虑到我国《专利法》已经将许可和转让等专利实施纳入保护范围，但在《刑法》领域内，立法者继续保持谨慎态度，仍然没有对专利权本身侵权进行刑事立法保护，仅保护专利的标识权，而未将非法实施专利行为纳入刑事制裁范围这个现实，❸ 我国有必要在今后完成由专利大国转型成为专利强国后，适时扩大假冒专利罪的保护范围，❹ 提高其法定刑。

---

❶ 刘科，高雪梅．刑法谦抑视野下的侵犯知识产权犯罪［J］．法学杂志，2011（1）：125-127.

❷ 朱刚灵．互联网时代下知识产权刑法保护的应对策略［J］．北京政法职业学院学报，2017（1）：38-43.

❸ 在对专利权的许可权和转让权予以刑法保护上，学界观点不一，赞成者多从刑法规范体系和成例、犯罪基本理论、信息网络技术保护和专利权保护现实需求等多个角度论证非法实施专利行为入刑的必要性和可行性。但反对者认为将非法实施专利行为入罪会违反刑法的谦抑性原则，专利权的绝对性较弱、客体不够确定，缺乏刑法保护所需要的财产权上的绝对性和犯罪构成要件上的确定性，不宜将侵犯专利权的行为都规定为犯罪。《刑法修正案（十一）》采纳了后一种观点。

❹ 当然，假冒专利罪的罪名可能就不再合适，而是相应的刑法把罪名修改为侵犯专利权罪或者在保留假冒专利罪的同时增设侵犯专利权罪。

2. 刑罚的种类

有观点认为，目前我国侵犯知识产权犯罪刑罚系统中的中轴与核心是自由刑，尚未配置资格刑，重刑威慑色彩较为浓厚。尤其是在大部分罪名的起刑点被提升至有期徒刑后，罪刑失衡问题更加需要警惕。[1]

我国刑法所规定的作为剥夺犯罪人某种参与社会活动的资格刑只有剥夺政治权利和驱逐出境[2]两种，在总则没有增设资格刑的前提下，分则不可能独立规定侵犯知识产权犯罪的资格刑。“法律必须被信仰，否则它将形同虚设”“法不是嘲笑的对象”等格言告诫我们，与其一味批判，不如合理解释立法。动辄认为立法存在漏洞、要增设某个犯罪或者变更刑罚的主张，因违背法教义学、解释学立场而被学界逐渐抛弃。我国《刑法》第 37 条之一、第 73 条分别规定了从业禁止和禁止令，对于那些符合条件的犯罪人，法院完全可以在对其宣告刑罚的同时，判决其在一定期限内禁止从事一定职业或某种特定活动。在信息技术、知识产权更新迭代迅速的当下，5 年内禁止从事与知识产权相关的业务活动，这实质上是剥夺了犯罪人的资格。

（五）侵犯知识产权罪的罪量因素

除《刑法修正案（十一）》增设的为境外窃取、刺探、收买、非法提供商业秘密罪系行为犯外，侵犯知识产权罪的其他七大罪

---

[1] 于波，李雨佳．侵犯知识产权犯罪逐级回应制度研究［J］．青少年犯罪问题，2023（4）：97-112.

[2] 刑法中的驱逐出境的法律性质是刑罚还是保安处分，是不是一种资格刑，学界仍有争议。

名中，仅有销售假冒注册商标的商品罪、侵犯著作权罪、销售侵权复制品罪三罪采用数额与情节二元选择模式，其他均以单一的情节要素评价法益受侵害程度，情节要素在侵犯知识产权犯罪定罪量刑标准体系中的主导地位显而易见。因此有观点主张在立法上全面回归情节犯属性，取消侵犯知识产权各罪罪状中的“违法所得数额较大”“违法所得数额巨大”的表述。❶

一般认为，情节犯中对情节的要求，不同于量刑情节，而是定罪的前提条件。“情节严重”于情节犯之作用，与结果于结果犯之作用一致，其所影响的是罪与非罪的认定，是一种表征行为社会危害性程度的“量的构成要件要素”。

与国外“立法定性、司法定量”模式不同，我国刑法采取的是“定性+定量”的立法模式，刑法分则具体罪状规定往往同时涉及“定性”与“定量”内容。❷ 我国刑法中有大量的犯罪是以数额或者数量较大或者一定严重情节作为犯罪成立的要素，❸ 这已经成为我国刑法的特征之一。刑法分则采用“情节严重”“数额较大”或者类似规定的条文中，是通过情节、数额或者其他罪量要素使行为达到值得科处刑罚的程度。一旦达到刑法所规定的严重程度，就在违反前置法的基础上，具备刑事可罚性。

对于以数额或者情节为要素的犯罪中，形式上看数额和情节

---

❶ 于波，李雨佳．侵犯知识产权犯罪逐级回应制度研究［J］．青少年犯罪问题，2023（4）：97-112.

❷ 储槐植，汪永乐．再论我国刑法中犯罪概念的定量因素［J］．法学研究，2000（2）：34-43.

❸ 我国刑法中使用的违法所得、销售金额等，虽然用语不同，但实质上仍然是对数量、数额的要求，情节恶劣也与情节严重意义相同。

是两个独立的要素，但二者并无本质上的区别。因为无论是涉案数额还是情节，都是表明行为严重程度的因素，二者在犯罪论体系中的地位、作用完全相同。虽然有一定争议，但理论上一般认为，从广义上来讲，数额犯也是情节犯的一种，达到一定数额就已经表明行为的情节达到了一定程度，只是由于数额更加客观、直接，便于司法掌握，而情节需要考虑行为手段、不法行为次数、行为的特定时空条件等，是对构成要件“整体的评价要素”。[1] 概言之，情节是作为可以涵盖“犯罪数额”难以发挥作用的兜底条款，二者是种属关系。如此理解，为什么立法者在刑法中既有数额又有情节规定？对此的回答是：把数额和情节并列在特定犯罪当中，数额的性质是注意性规定，并没有独立意义。即使只规定情节严重要素，也不影响该罪的成立。立法者同时规定数额和情节，是因为数额较易认定，可以直接指导司法适用。我国刑法中这样的立法并不鲜见，例如我国《刑法》第22条对犯罪预备的规定便是如此。为犯罪准备工具的，自然是制造条件，因为准备工具是为犯罪制造条件的常见情形而被立法者独立规定在了刑法当中。既然数额是情节的下位概念，我国刑法对侵犯知识产权罪同时规定情节和数额，就没有多大的差别，也就没有必要取消“违法所得数额较大”“违法所得数额巨大”的规定。

其实，真正需要讨论的是，在侵犯知识产权不同具体罪名当中，对情节严重是作同一把握还是区别认定。即，同样是情节严

---

[1] 张明楷．犯罪构成体系与构成要件要素［M］．北京：北京大学出版社，2010：253.

重，侵犯商标权犯罪中的“情节严重”和假冒专利罪、侵犯著作权罪中的“情节严重”是否为同样的标准。甚至，在侵犯商标权犯罪内部，假冒注册商标罪、销售假冒注册商标的商品罪和非法制造、销售非法制造的注册商标标识罪中的“情节严重”是不是也应采用相同的标准。对此，我们初步认为，作为整体评价要素的情节，在不同的犯罪中表现各不相同，因此虽然都以“情节严重”为必要，但各罪的“情节严重”不应完全一致，而是存在一定差别。

需要说明的是，虽然删除数额不影响该罪的成立，但如果只保留数额而不规定情节，则只能以刑法所规定的数额作为犯罪成立的条件，不能再以行为手段等用来评价犯罪程度。

第四节　侵犯知识产权罪的认定

立法与司法是有机统一的，二者协调配合，共同实现法治目标。在刑法立法扩大侵犯知识产权罪的处罚范围，严密刑事法网的同时，刑事司法应当合理解释和适用刑法规范，防止处罚不当罚的行为。我国实行的是刑事处罚与行政处罚分立的二元立法模式，根据定量因素差异，一般违法行为与犯罪行为具有各自的评价半径，情节严重的犯罪行为由刑法规制，行政法则规制情节轻微的一般违法行为。为此，对于情节较轻的违法行为，予以行政处罚；对于情节严重的违法行为，则予以刑事处罚。

犯罪是严重侵害法益的行为，行为不具有严重法益侵害性，在司法层面应当认定为一般违法行为而非犯罪。侵犯知识产权犯罪是法定犯，[1] 司法实践中入罪容易、出罪渠道不畅在法定犯中表现得尤为明显。正当防卫和紧急避险作为法定的出罪事由在自然犯中有所适用，但在法定犯领域适用空间极其有限。[2]《刑法》第13条但书规定具有极大的开放性，在司法实务中作为出罪事由存在被过度适用的情形。[3] 理论界关于如何运用但书来限缩司法犯罪圈存在不同观点，因而有必要厘清但书的功能定位。要发挥但书的限制入罪功能，在犯罪认定过程中必须坚持对构成要件进行罪刑法定原则下的实质解释与判断，将表面上符合犯罪成立条件但是行为没有法益侵害性或者法益侵害性相当轻微的行为排除出犯罪圈。

一、《刑法》第13条但书的功能定位

西方国家对犯罪的界定通常秉承“立法定性+司法定量”的模式，成立犯罪只有行为类型的要求，而没有程度上的明文要求。我国对犯罪的界定则采取“立法定性+定量”模式，犯罪成立有定性和定量两方面的要求。《刑法》第13条本文（但书前的内

---

[1] 法定犯是相对于自然犯而言的。古罗马法将犯罪分为自体恶与禁止恶。自体恶是行为违反伦理道德，即使法律没有规定，也是一种恶，这种犯罪是超越法律的。禁止恶是行为没有违反伦理道德，只是由于法律的禁止性规定，而将某种行为规定为犯罪。显然，法定犯来源于禁止恶，自然犯来源于自体恶。现代意义的法定犯与自然犯形成于19世纪后期意大利学者加罗法洛的犯罪学思想。法定犯具有行政违法性和刑事违法性的双重属性，首先违反行政法，以行政违法性为前提，然后违反刑法，行政违法行为严重侵害法益，才可能进入刑法评价规定为犯罪，行政违法性与刑事违法性之间既存在“量”的差异，也存在“质”的差异。

[2] 杜文俊，陈超．行政犯出罪机制的反思与功能实现［J］．国家检察官学院学报，2023（3）：106-125.

[3] 刘艳红．实质出罪论［M］．北京：中国人民大学出版社，2020：21.

容）从正面规定了什么是犯罪，但书规定“情节显著轻微危害不大的，不认为是犯罪”，被称为犯罪的定量因素则从反面说明了什么不是犯罪。据此，我国刑法中的犯罪概念是定性与定量的统一，但书具有限制犯罪成立范围的功能。关于但书的功能，刑法理论上存在“出罪标准说”与“入罪限制条件说”。“出罪标准说”认为但书发挥出罪功能，行为符合犯罪构成要件，但因其情节显著轻微危害不大，不认为是犯罪。即认定犯罪先看行为是否符合犯罪成立条件，不符合则不是犯罪；再看是否符合但书，符合“情节显著轻微危害不大”则不是犯罪，反之则是犯罪。[1]“入罪限制条件说”认为但书是对入罪的限制，行为符合但书规定原本就不符合犯罪成立条件。以行为不符合犯罪成立条件为由宣告无罪，不能直接根据但书宣告无罪。[2]实际上，两种观点的区别在于是否坚持犯罪成立条件是认定犯罪的唯一标准。“出罪标准说”否认犯罪成立条件是认定犯罪的唯一标准，将犯罪成立条件降格为犯罪成立的必要条件，犯罪成立条件只是入罪标准，而非出罪标准。[3]这是从形式上理解我国刑法中的犯罪成立条件，将行为符合犯罪成立条件看作表面或者形式上符合，没有从形式和实质相统一的角度解读犯罪概念，这就可能使罪刑法定原则受到冲击。“入罪限制条件说”坚持犯罪成立条件是判断行为是否犯罪的唯一标准和终局性标准。《刑法》第 13 条犯罪概念的规定不是认定犯罪的具

[1] 储槐植，张永红．善待社会危害性观念：从我国刑法第 13 条但书说起［J］．法学研究，2002（3）：87-99.

[2] 张明楷．刑法学（上）［M］．6 版．北京：法律出版社，2021：119.

[3] 王昭武．犯罪的本质特征与但书的机能及其适用［J］．法学家，2014（4）：65-82，178.

体标准，只是犯罪的轮廓形象；但书规定不是排除出犯罪圈的具体标准，只是出罪的指导原则，应当以行为不符合犯罪成立条件为由出罪。我国司法实务界广泛接受“出罪标准说”，裁判文书以但书规定作为总括性出罪标准，存在滥用但书规定“架空其他出罪事由，堵塞正常的出罪渠道”❶ 的倾向。

相较而言，“入罪限制条件说”更具有合理性。入罪与出罪的标准是行为是否符合犯罪成立条件，而不是以但书为依据，既然行为符合某个具体的犯罪成立条件，成立犯罪，就不能再以情节显著轻微危害不大为由宣告无罪，否则在逻辑上是自相矛盾的。行为不成立犯罪，是因为行为不符合刑法分则规定的各罪的具体犯罪成立条件。处理好犯罪成立条件与但书规定的关系，有助于正确理解但书的功能定位。那么，如何实现但书规定限制入罪的功能？有学者主张对犯罪成立条件进行实质解释，❷ 有学者主张将但书及其涵摄罪量要素融入刑法分则具体罪名的构成要件中，据以进行实质性判断。❸ 本书赞同上述观点，将但书规定融入犯罪成立条件的解释之中，内化于犯罪成立条件，使其在犯罪成立条件的评价框架之内，而不能凌驾于犯罪成立条件，通过实质解释犯罪成立条件挖掘出罪事由，实现“微罪不举”的出罪目的。如此，犯罪成立条件的实质解释与但书规定具有内在的一致性，二者都将情节显著轻微危害不大的行为排除出犯罪圈，二者是互相契合

❶ 杜治晗．但书规定的司法功能考察及重述［J］．法学家，2021（3）：142-154，195-196.

❷ 刘艳红．入出罪走向出罪：刑法犯罪概念的功能转换［J］．政法论坛，2017（5）：66-78.

❸ 梁根林．但书、罪量与扒窃入罪［J］．法学研究，2013（2）：131-150.

的。如果能够使但书的功能在犯罪成立条件内部实现，亦即，将但书的规范内涵贯穿于犯罪成立条件的解释之中，法院判决书中援引但书规定作为出罪的法律依据也未尝不可。只是在刑事司法实践中直接援引但书规定出罪俨然成为一种大而化之的做法，存在说理不足、个别情形下错用和滥用、适用标准不统一等问题。❶在具体案件处理过程中，对具体犯罪的构成要件进行实质解释，对于不值得科处刑罚的行为，以行为不符合构成要件为由宣告无罪，使出罪的判断标准相对规范与明确，相比直接以《刑法》第13条但书规定为根据宣告无罪更为理想。当然，如果司法实务中一定要适用但书规定，也必须考虑逻辑顺序，应当在判断行为不符合犯罪构成要件、存在违法阻却事由或者责任阻却事由之后有限适用。❷

《刑法》第13条但书规定体现了我国刑法对犯罪定义采取“立法定性+定量”的一元化定罪模式，“但书”作为概括性的出罪条款体现了定量评价对犯罪认定的实质意义。有学者通过考察但书规定的司法功能，发现但书条款为部分司法解释的出罪规定提供了规范支撑，为破解“入罪容易出罪难”进行功能供给。❸实际上，但书规定作为刑法总则的罪量要素，是建构我国出罪体系的规范资源，为出罪事由提供了概括性的规范指引，将没有达到不法和罪责程度的行为排除犯罪，从而在量的维度上完成犯罪认

❶ 刘树德，潘自强．裁判文书说理视角下的“但书”研究：基于157份无罪裁判文书的分析［J］．中国应用法学，2020（1）：133-149.

❷ 周光权．论刑事一体化视角的危险驾驶罪［J］．政治与法律，2022（1）：14-30.

❸ 杜治晗．但书规定的司法功能考察及重述［J］．法学家，2021（3）：142-154，195-196.

定。[1] 因而，对于《刑法》第 13 条但书规定，应当从定量方面实现与出罪事由的沟通，特别是在当下建立中国特色社会主义刑法学理论体系的背景下，但书规定作为我国刑法的本土规范资源，应当充分挖掘其对于发展我国多元化的出罪事由体系的重要意义，发挥其限制司法犯罪圈的作用。

二、对构成要件的实质合理解释

发挥但书规定限制入罪的功能，需要在犯罪认定过程中进行实质可罚性的判断，通过实质解释构成要件挖掘出罪事由，从而将“情节显著轻微危害不大的”行为排除犯罪。在刑法解释中，曾经引发形式解释论与实质解释论的学术争论。形式解释是基于法律文本进行的解释，解释边界限制在法律文本可能的语义范围内。实质解释是以保护法益为指导在刑法用语可能具有的含义内进行解释，使刑法规定的行为仅限于值得科处刑罚的行为。[2] 对构

[1] 王华伟．刑法知识转型与“但书”的理论重构［J］．法学评论，2016（1）：69-78.

[2] 形式解释以陈兴良教授、邓子滨教授等学者为代表，实质解释以张明楷教授、刘艳红教授、苏彩霞教授等学者为代表。形式解释与实质解释的分歧很多，例如，对构成要件的形式判断与实质判断的位阶、何谓刑法漏洞和如何填补刑法漏洞、对刑法条文的字面含义理解、对不利于被告人的扩大解释的态度等方面。不过二者也存在相同点，例如，形式解释与实质解释都认可构成要件符合性的判断既涉及形式判断又涉及价值判断，形式解释也不反对通过实质解释将缺乏处罚必要性的行为出罪。一方面，风险社会背景下，现代刑法强化社会保护，回应公众的安全需求，实质解释论有其出现的必然性；另一方面，实质解释论追求实质妥当性或者实质正义，对其过于倚重存在威胁个体自由的危险，需要认真对待形式解释的批判和担忧。本书认为，对构成要件坚持实质解释的立场，实现对字面上符合构成要件，实质上不值得科处刑罚的轻微违法行为出罪，平衡刑法的法益保护与自由保障机能。

成要件进行实质解释与构成要件实质化密切相关，构成要件不是价值中立的行为类型，而是实质的犯罪类型，符合构成要件的行为具有实质的违法性。刑法立法中存在大量规范的构成要件要素与概括性条款，必然要求从实质上、价值上理解，实际上，不管是记述的要素还是规范的要素都是构成要件要素，对构成要件不可避免要进行实质的解释与判断。构成要件符合性的判断不可能由单纯的事实判断完成，是既包含事实判断，又包含价值判断的过程。对构成要件进行实质解释，坚持在罪刑法定原则之下的实质判断，有利于将形式上符合犯罪构成，但实质上不具有处罚必要性的行为出罪。合理的、妥当的解释应当既不违反罪刑法定原则，也保护法益。正如曲新久教授所言，刑法解释应当是“在形式与本质之间深思熟虑，力求合乎正义的具有实质意义的解释方案，合理地解决刑法规范的适用问题”❶。就法定犯而言，区分行政违法与刑事犯罪必然要求在司法适用中对构成要件进行实质解释和判断。根据法秩序统一性原理，行政法上的合法行为，在刑法上同样也是合法行为，排除犯罪的成立，换言之，“无行政违法则无刑事犯罪”❷。具有行政违法性的行为，是否也具有刑事违法性，需要结合刑法规定对构成要件作出实质判断：行政违法与刑事犯罪的差异蕴含在构成要件的“质”与“量”的方面，需要以保护法益为指导实质解释构成要件，将不值得刑罚处罚的行政违法行为出罪。例如，虚开增值税专用发票罪是法定犯，虚开增值

❶ 曲新久．刑法形式解释与实质解释的本质把握：兼评实质解释论与形式解释论之争［J］．国家检察官学院学报，2023（4）：99-110.

❷ 马春晓．法秩序统一性原理与行政犯的不法判断［J］．华东政法大学学报，2022（2）：33-45.

税专用发票行为违反发票管理制度，属于一般税收违法行为，具有行政违法性，是否构成虚开增值税专用发票罪，要基于刑法规定对该罪的构成要件进行实质判断。如果行为人有实际生产经营活动，只是为虚增公司业绩虚开增值税专用发票，没有抵扣联，行为人并非出于骗税目的而且也没有造成国家增值税款损失的，不能以虚开增值税专用发票罪定罪，违反税法规定的，税务机关可以给予行政处罚。虚开增值税专用发票罪的保护法益是国家的增值税专用发票管理秩序以及国家税款安全，虚开增值税专用发票罪的构成要件行为必须既侵害国家税收征管秩序，又侵害国家税款安全，如果虚开行为仅侵犯增值税专用发票管理秩序，但未实际侵害国家税款安全，则只能属于一般行政违法行为，具有行政违法性，但不具有刑事违法性，不构成刑事犯罪。[1] 司法机关应当对虚开增值税专用发票罪的构成要件进行实质的目的性限缩解释，行为人实施了虚开增值税专用发票行为，但没有造成国家增值税税款损失，而且主观上也不具有骗取国家税款目的的，则行为人的行为只能被评价为行政违法，不构成虚开增值税专用发票罪。

当然，形式解释坚守以形式理性为基础的形式思维，有制约刑罚权的作用，符合目的性限缩入罪的初衷，在特定场合下，也能限制刑法处罚范围，从而为行为出罪提供解释路径。因而，应当肯定形式解释具有一定的现实意义，有利于树立法律至上的理念，在某些情形下需要采用形式解释。例如，我国《刑法》第 17

[1] 任学婧．虚开增值税专用发票的责任竞合与行刑衔接［J］．行政与法，2023（6）：121-129.

条和第 17 条之一关于刑事责任年龄的规定只能进行形式解释，不能因为一个人身体很健康，在过完 75 周岁生日第二天犯罪（生日次日即为“已满”）就将其实质解释为不满 75 周岁。问题是，形式解释虽然在某些情况下会限制处罚范围，但更多则是将形式上符合刑法分则条文规定、实质意义上没有侵害法益的合法行为或者没有严重侵害法益的轻微违法行为认定为犯罪，导致处罚不当罚的行为。这种机械适用刑法规定的做法很可能滑向形式解释初衷的反面——形式入罪。例如，行为人醉酒后深夜在没有车辆、行人的道路上驾驶机动车，如果从形式上理解《刑法》第 133 条之一危险驾驶罪的构成要件，行为人的行为符合危险驾驶罪的文字表述。但是，行为人的行为不具有抽象危险，没有侵害刑法保护的公共安全法益，不能认定为犯罪。司法机关运用实质解释对实质上不值得科处刑罚的行为出罪，制约国家刑罚权的行使，保障国民自由。因此，在司法层面正确适用侵犯知识产权犯罪，需要在不违反罪刑法定原则的前提下，对构成要件进行实质解释，防止不当扩大处罚范围。形式解释只是在个别情形下发挥出罪功能，鉴于形式解释入罪化倾向，对构成要件必须以实质解释和判断为主。

刑法条文所使用的语言不可避免具有模糊性、不确定性，“立法者不得不应用某种语言，但正如我们一再强调的，语言极少能够达到定义概念所要求的那种准确（精确）程度”❶。由于语言具有的多义性、变化性等特点致使刑法规范对犯罪的表述可能包含

❶ 卡尔·拉伦茨．法学方法论［M］．6 版．黄家镇，译．北京：商务印书馆，2020：568-569.

不值得科处刑罚的行政违法行为时，应当对刑法作出实质解释，使刑法规定的犯罪限定在严重侵害法益的行为之内，将不值得科处刑罚的行为排除出犯罪圈。为了界分侵犯知识产权的刑事犯罪与一般行政违法行为，刑法对多数侵犯知识产权犯罪规定了罪量要素，例如，“情节严重”“违法所得数额较大”，但是这种罪量要素具有概括性、模糊性，犯罪的成立仍有赖于司法裁量。例如，假冒注册商标行为情节严重的，成立假冒注册商标罪，立法者并没有规定何谓情节严重，只是框定了大致程度。当然立法者不采取明示做法，是由于司法实践中影响法益侵害程度的情节复杂多样，立法时可能难以预见未来多变的情况，因此用“情节严重”笼统描述罪量要素。随着社会生活不断地发展变化与人们观念的更新，过去被视为严重侵害法益的行为完全可能在今天不再被视为“情节严重”，这就需要司法人员对“情节严重”等罪量要素进行实质判断、价值判断。因为判断行为是否达到“情节严重”，具有值得科处刑罚的法益侵犯程度，不可能是单纯的事实判断和形式判断。

“情节严重”在侵犯知识产权罪中作为入罪门槛，为入罪与出罪，刑法与民法、行政法的衔接提供了空间，能够发挥限制刑法处罚范围的功能。“情节严重”具有一定的模糊性，有必要明确其体系地位与内容，从而为侵犯知识产权罪划定合理的犯罪圈。“情节严重”是定量要件，构成要件行为必须达到“情节严重”的程度才能定罪。可见，立法者有意通过“情节严重”在罪量上控制侵犯知识产权罪的成立范围，将其限于严重侵害法益的行为，从而将轻微违法行为排除在犯罪之外。要准确把握“情节严重”的具体内容有必要明确其体系定位。关于“情节严重”的体系定位，理论界观点不一，有主客观统一说❶、客观处罚条件说❷、整体的评价要素说❸。有学者深入评析了这些学说，指出其缺陷和不足，并提出违法构成要件要素说。该论者进一步指出整体的评价要素说与违法构成要件要素说在立场上一致，差异体现在对具体案件的认定上。❹ 不过在本书看来，违法构成要件要素说与整体的评价要素说并没有实质区别，二者的实质内涵是相同的，都承认“情节严重”是反映法益侵害程度的客观要素，单纯的动机卑鄙不属于情节严重。该论者指出的整体的评价要素说存在的问题其实是基于对“情节严重”的客观要素的范围理解不同造成的。为避免司法实践中对整体的评价要素说“整体”二字的望文生义，导致对客观要素的范围存在认识歧义的问题，本书采用违法构成要件要素说，将“情节严重”的范围限定在客观违法层面。

首先，“情节严重”是表明违法程度的客观要素，不包括表明责任程度的主观要素。增加“情节严重”这一定量要件是使得构成要件行为的违法性达到值得科处刑罚的程度，知识产权侵权行为需要达到情节严重的程度，才能入罪。违法性的实质是对法益的侵害与危险，法益侵害的有无与程度是基于行为人的行为及其结果等客观要素进行的判断，而不是由故意、过失等主观要素决

❶ 李翔．情节犯研究［M］. 2版．北京：北京大学出版社，2018：100.

❷ 柏浪涛．构成要件符合性与客观处罚条件的判断［J］. 法学研究，2012（6）：131-146.

❸ 张明楷．犯罪构成体系与构成要件要素［M］. 北京：北京大学出版社，2010：239.

❹ 石聚航．侵犯公民个人信息罪“情节严重”的法理重述［J］. 法学研究，2018（2）：62-75.

定的，主观要素是在责任评价中解决主观归责的问题，即能否将某种违法事实以及将何种范围的违法事实归责于行为人。反映法益侵害程度的“情节严重”的内容应当包括危害行为、行为对象、行为方式、行为结果等客观要素。“主客观统一说”认为“情节严重”涵盖主客观要素的混合范畴，使得主观恶性等主观要素作为定罪情节看待，这可能导致司法恣意问题，即行为人没有实施不法行为，仅因为内心卑劣就被定罪。按照阶层犯罪论体系，犯罪认定遵循先客观判断再主观判断、客观不法判断优先于主观责任判断的逻辑，而不能相反或者混合判断。不法与责任之间是阶层关系，不是相加关系，在行为成立客观不法之后，才有必要进一步评价行为人的有责性。当然，目的犯中的目的作为主观要素，[1]可以通过影响客观要素间接影响法益侵害程度。例如，《刑法》第 363 条制作、复制、出版、贩卖、传播淫秽物品牟利罪，要求主观上以牟利为目的，那么仅仅实施了符合构成要件的制作淫秽物品的行为并且只是供自己观看，显然不具有法益侵害性。由此可见，主观上的牟利目的确实会影响法益侵害的有无与程度。只是目的犯的目的有无已经转化表现为行为人的行为是否符合构成要件，进而影响法益侵害性。此时判断定罪阶段“情节严重”的内容主要依据客观要素，而不是单纯的主观要素或者主客观要素的混合。

其次，“情节严重”的内容不包括罪前与罪后的行为表现。“情

[1] 目的犯的目的是主观的违法要素还是责任要素，在国外刑法理论上存在争议。从目的能够促进行为人实施法益侵害行为的角度来看，目的属于主观的违法要素。从督促司法人员客观判断不法阶层来看，将目的归于责任要素更合适。本书对此不展开讨论，基于尊重我国的用语习惯，将目的犯的目的归于责任要素。

节严重”是具有一定模糊性与抽象性的表述，司法解释通常要对其进行细化规定。有关“情节严重”的司法解释往往将行为人曾经受过行政处罚又实施构成要件行为作为“情节严重”的情形。[1] 行为人曾经受过行政处罚再次实施违法行为的事实反映的是行为人的人身危险性和特殊预防必要性的大小，应当在犯罪成立之后的量刑阶段作为量刑因素考量，而不应当属于定罪阶段的罪量因素。一个侵害法益的行为的违法性没有达到值得科处刑罚的程度，不可能由于曾经受过行政处罚便成立犯罪。罪后情节是行为完成之后行为人的表现，例如，行为人犯罪后积极赔偿损失。一个已经造成法益侵害的行为，不可能因为行为人罪后态度较好，就可以否定行为构成犯罪。“衡量犯罪的唯一和真正的标尺是对国家造成的损害。”[2]这里“对国家造成的损害”，显然是指危害行为本身对国家产生的危害，是对罪中行为危害性的要求。根据行为与责任同在原理，应当以行为时为基准判断行为是否成立犯罪。所以，“情节严重”是表明行为对法益侵害程度的定量要素，其在内容上不能包括行为人实施行为之前和之后的表现，罪前是否受过行政

[1] 例如，2023 年最高人民法院、最高人民检察院《关于办理环境污染刑事案件适用法律若干问题的解释》第 10 条规定，承担环境影响评价、环境监测、温室气体排放检验检测、排放报告编制或者核查等职责的中介组织的人员故意提供虚假证明文件“二年内曾因提供虚假证明文件受过二次以上行政处罚，又提供虚假证明文件的”应当认定为《刑法》第 229 条第 1 款提供虚假证明文件罪的“情节严重”。这就意味着上述人员曾因提供虚假证明文件受过行政处罚又提供虚假证明文件的，可直接成立提供虚假证明文件罪。

[2] 切萨雷·贝卡里亚．论犯罪与刑罚［M］．黄风，译．北京：北京大学出版社，2008：20.

处罚与罪后行为的表现与行为本身的法益侵害程度无关。[1]

最后，“情节严重”作为构成要件要素需要行为人对其有认识（或者认识可能性）。“情节严重”是反映行为违法程度的客观要素，必须贯彻责任主义原则。亦即，只有行为人对“情节严重”的事实有认识（或者认识可能性）时，才能对其行为在主观上予以谴责，否则在故意犯的场合，行为人对情节严重的违法行为没有故意，在过失犯的场合，对此没有过失，则不能要求行为人对不具有非难可能性的严重情节承担责任。客观处罚条件说认为行为人无须对“情节严重”有认识，这是违反责任主义原则的，会不当扩大刑法的制裁范围。例如，丈夫采取殴打、侮辱、恐吓等手段对已经怀孕的妻子（丈夫对此不知情）的身体和精神进行摧残、折磨，致使妻子流产和精神抑郁。在该案中，由于丈夫没有认识到自己所实施的是情节恶劣[2]的虐待行为，就不能令其承担刑事责任。

---

[1] 《征求意见稿》对《刑法》第 213 条至第 215 条“情节严重”进行解释时，规定二年内因实施刑法第 213 条至 215 条规定的行为受过行政处罚，对入罪数额的要求便降低；对《刑法》第 216 条、第 217 条、第 218 条“情节严重”进行解释时也做了类似的规定；对《刑法》第 219 条“情节严重”进行解释时规定略有不同，“二年内因实施刑法第 219 条、第 219 条之一规定的行为受过行政处罚二次以上，又实施侵犯商业秘密行为的”。尽管《征求意见稿》尚未生效，但可以发现最高司法机关对“情节严重”解释的一贯立场没有改变。

[2] 在本书看来，“情节严重”与“情节恶劣”具有相同的含义。根据最高人民法院、最高人民检察院、公安部、司法部 2015 年发布的《关于依法办理家庭暴力犯罪案件的意见》第 17 条规定“具有虐待持续时间较长、次数较多；虐待手段残忍；虐待造成被害人轻微伤或者患较严重疾病；对未成年人、老年人、残疾人、孕妇、哺乳期妇女、重病患者实施较为严重的虐待行为等情形，属于刑法第二百六十条第一款规定的虐待‘情节恶劣’，应当依法以虐待罪定罪处罚。”

此外，《刑法》第219条之一为境外窃取、刺探、收买、非法提供商业秘密罪没有设置定量要素，只描述了构成要件行为，并没有规定罪量要求。但是在司法实务中不能认为只要行为人实施了为境外的机构、组织、人员窃取、刺探、收买、非法提供商业秘密的行为，就成立该罪。质言之，并不是任何为境外的机构、组织、人员窃取、刺探、收买、非法提供商业秘密的行为都值得科处刑罚。尽管立法者并未明示该罪的罪量要素，司法者也应当实质解释构成要件，将部分表面被涵摄在刑法条文规定的构成要件之内的行为，以侵害、威胁法益程度轻微为根据出罪，使构成要件反映实质的违法性，以合理限制刑法的处罚范围。

既然“每条法律规则的产生都源于一种目的”[1]，犯罪的构成要件是在保护某种法益的目的下设计的，那么对构成要件进行实质解释，必然是以保护法益为指导寻求规范目的的合理内涵。就法定犯而言，刑法与行政法的规范保护目的不同，这就决定了刑法所保护法益不同于行政法，二者不仅仅是法益侵害程度上量的差异。在入罪与出罪的判断中，必须根据刑法关于特定犯罪的保护法益，对构成要件要素进行实质解释，不能用行政违法判断代替刑事违法判断，而是要在参照行政法的基础上，依照刑法规范目的，对构成要件作出实质的独立判断，将轻微违法行为、不值得刑罚处罚的行为排除出犯罪圈，为畅通合理出罪的渠道提供可能。

---

[1] E. 博登海默．法理学：法律哲学与法律方法［M］. 邓正来，译．北京：中国政法大学出版社，2017：121.

第五节　侵犯知识产权罪的处罚

司法实践中处理侵犯知识产权罪的刑事案件，对犯罪人进行处罚时，应当注意缓刑、罚金刑以及非刑罚处罚方法的适用。

一、缓刑的适用

（一）司法解释对侵犯知识产权犯罪缓刑适用的限制规定

根据《侵犯知识产权刑事案件法律解释（二）》第3条，侵犯知识产权犯罪，有下列情形之一的，一般不适用缓刑：（1）因侵犯知识产权被刑事处罚或者行政处罚后，再次侵犯知识产权构成犯罪的；（2）不具有悔罪表现的；（3）拒不交出违法所得的；（4）其他不宜适用缓刑的情形。根据《侵犯知识产权刑事案件法律解释（三）》第8条，具有下列情形之一的，可以酌情从重处罚，一般不适用缓刑：（1）主要以侵犯知识产权为业的；（2）因侵犯知识产权被行政处罚后再次侵犯知识产权构成犯罪的；（3）在重大自然灾害、事故灾难、公共卫生事件期间，假冒抢险救灾、防疫物资等商品的注册商标的；（4）拒不交出违法所得的。对比《侵犯知识产权刑事案件法律解释（二）》和《侵犯知识产权刑事案件法律解释（三）》，在限制缓刑适用问题上，二者并不完全一致，而是存在一定差异，且由于《侵犯知识产权刑事案件法律解释（三）》并没有“其他不宜适用缓刑的情形”这种兜底条款存在，很难把《侵犯知识产权刑事案件法律解释（二）》有规定而《侵犯知识产权刑事案件法律解释（三）》已经删除的内容解释进来。例如，因侵犯知识产权被刑事处罚后，再次侵犯知识产权构成犯罪，又不构成累犯的，《侵犯知识产权刑事案件法律解释（三）》并未限制适用缓刑。根据《侵犯知识产权刑事案件法律解释（三）》第 11 条“本解释发布施行后，之前发布的司法解释和规范性文件与本解释不一致的，以本解释为准”，理论上上述情形仍有适用缓刑的可能。《征求意见稿》进一步放宽了缓刑适用的限制，其中第 21 条规定，一般不适用缓刑的情形只有三种：（1）主要以侵犯知识产权为业的；（2）在重大自然灾害、事故灾难、公共卫生事件期间，假冒抢险救灾、防疫物资等商品的注册商标的；（3）拒不交出违法所得的。与前面两个司法解释相比较，《征求意见稿》直接删除了“因侵犯知识产权被（刑事处罚或者）行政处罚后，再次侵犯知识产权构成犯罪”这种情形。通过司法解释对缓刑限制适用变化的梳理可知，我国刑法对侵犯知识产权犯罪缓刑适用的限制在逐渐放宽，但总体上刑罚趋重。实践中缓刑适用比例偏低，对假冒注册商标罪适用缓刑人数占比较之过去还有所下降。❶ 司法解释的这种变化是对重刑主义一定程度的纠正，有利于提高缓刑适用率，实现特殊预防的目的。

（二）提高缓刑适用率

缓刑适用于罪行较轻的犯罪分子，在定罪判刑的基础上，有条

❶ 陈琳．关于假冒注册商标罪之犯罪数额认定标准的反思与重构：以近 5 年 430 份假冒注册商标罪裁判文书为样本［J］．人民司法，2024（13）：15-19.

件不执行原判刑罚。缓刑不收监执行能够避免短期自由刑的弊端，[1] 同时保留执行自由刑的可能性，促使犯罪人改过自新，达到特殊预防的目的。因此，尽可能适用缓刑有利于实现刑事制裁的非监禁化，体现刑罚轻缓化、行刑人道化的刑罚理念。多年来，我国的缓刑适用率较低，2013—2022 年缓刑适用率维持在 30% 左右。[2] 与德国、日本 60%—70% 的缓刑适用率相比，我国的缓刑适用率还有较大的提升空间。造成我国缓刑适用率较低的原因，除司法者的重刑主义观念外，还在于两方面因素：一是缓刑的适用条件模糊。1997 年《刑法》与 1979 年《刑法》相比，只是表述上略有差异，没有实质变化。2011 年《刑法修正案（八）》对缓刑条件作了较大修改，目的是明确缓刑的适用条件，以便于司法裁量。然而，《刑法修正案（八）》对缓刑适用条件的修改仍过于原则和抽象，“没有再犯罪的危险”与《刑法修正案（八）》修改之前的“确实不致再危害社会”实质含义相同，都强调特殊预防目的，特别是“犯罪情节较轻”增加了缓刑适用的复杂性。因而，缓刑的适用条件仍然模糊，对司法者裁量缓刑的帮助不大。二是缓刑的适用效果难以保证。《刑法修正案（八）》规定对缓刑犯依法实行社区矫正，改变之前缓刑执行没有任何监督措施的情况，不过由于目前社区矫正流于形式，效果不尽如人意，宣告缓刑可能意味着“一放了之”，司法者存在此种顾虑因而不愿意适用缓刑。

---

[1] 学界一般认为，短期自由刑的弊端主要有：（1）短期自由刑的刑期短，威慑力不足，一般预防效果差；（2）短期自由刑的时间短，不足以改造受刑人，而且容易交叉感染，人身危险性增大；（3）短期自由刑给受刑人贴上罪犯标签，不利于其复归社会。张明楷．刑法学（上）［M］．6 版．北京：法律出版社，2021：691.

[2] 参见《中国法律年鉴》（2014—2022）和《2022 年全国法院司法统计公报》。

将社区服务（公益劳动）规定为社区矫正的强制性内容，可以为考察机关监督管理缓刑犯提供具体客观的标准，进而在一定程度上改善缓刑的适用效果。因而，提高缓刑适用率，主要应当明确缓刑的适用条件，增强其在司法实践中的可操作性。

其一，缓刑适用的主要条件是预防因素。缓刑的理论基础是特殊预防，缓刑适用的实质条件应主要考虑预防因素。不过在司法实践中，法院在适用缓刑时将责任刑与预防刑均作为缓刑适用的根据。❶ 换言之，缓刑适用条件包括社会危害性情节和人身危险性情节，采纳报应与预防兼具的立场，对“犯罪情节较轻”中犯罪情节作综合性理解。有学者详尽阐述了将“犯罪情节较轻”解释为包括社会危害性情节（责任刑情节）会造成体系性冲突的问题。❷ 缓刑本质上具有预防刑的属性，其适用应当主要考量预防因素。缓刑适用条件中的“犯罪情节较轻”如果包括社会危害性情节则违反禁止重复评价原则。反映社会危害性的情节用于确定犯罪人应判刑罚（刑种和刑量），如果在确定是否适用缓刑时再次被使用，显然会导致双重报应，故违反禁止重复评价原则和罪刑相适应原则。但是人身危险性情节在应判刑罚和缓刑裁量中重复使用不必然违反禁止重复评价原则。因为缓刑适用本身就是预防刑裁量问题，体现人身危险性的预防刑情节当然应当用于缓刑的裁量，况且预防刑情节不会导致双重报应，也就不会违反禁止重复评价原则。此外，这里的“犯罪情节较轻”如果包括社会危害性

❶ 刘崇亮．缓刑裁量模式实证研究：基于4238份危险驾驶罪裁判文书的实践检视［J］．环球法律评论，2023（5）：22-38.

❷ 赵兴洪．缓刑适用的中国图景：基于裁判文书大数据的实证研究［J］．当代法学，2017（2）：46-61.

情节会造成缓刑的适用条件过于严苛，进而导致缓刑适用率较低，不合理限缩缓刑的适用。反映社会危害性的情节事实上是犯罪构成事实，在刑罚裁量过程中作为考量因素，在缓刑裁量中再次被使用，致使缓刑适用条件过高，限缩缓刑的适用。因而，缓刑适用条件中“犯罪情节较轻”应当是指反映犯罪人人身危险性的情节，犯罪前的表现、犯罪后的态度、犯罪中的表现能够反映犯罪人的人身危险性，例如，前科、自首、坦白、赔偿被害人、立功、认罪认罚等预防刑情节，行为人基于特殊原因或者动机而犯罪。

其二，缓刑适用的核心因素是没有再犯罪危险。既然缓刑适用应主要考察预防因素，那么有无再犯罪危险就成为缓刑适用的核心条件。法院需要判断犯罪人没有再犯罪危险，才考虑对其适用缓刑。（1）设计定量的再犯罪危险评估工具。我国当前对再犯罪危险的判断基本采取定性方法，这种经验性的定性判断缺乏可操作性的评估工具，可靠性不强。而国际社会多采用定量性的再犯罪危险评估，大大提高再犯罪危险评估的可靠性。例如，英国、美国等国家广泛采用再犯罪风险评估工具，为准确预测再犯罪风险提供依据。❶ 从国外的评估工具来看，犯罪史、犯罪后态度及犯罪人的平时表现多被用来作为定量预测再犯罪危险的影响因子。事实上，定量性再犯罪危险评估工具与本国的犯罪情况、文化习惯等具有密切关系，直接“拿来”用容易“水土不服”，因而，我国在借鉴国外先进经验的基础上，必须对再犯罪危险评估工具进行本土化改造，特别是数字时代，随着智慧司法的推进，可以借

❶ James Bonta & D. A. Andrews. Risk - Need - Responsivity Model for Offender Assessment and Rehabilitation [J]. Public Safety Canada Report, 2007 (4).

助司法大数据，筛选出合适的再犯罪危险预测因子群，进而建立适合我国的定量化、科学化的再犯罪危险评估工具，从而准确把握有无再犯罪危险。（2）完善再犯罪危险评估程序。《中华人民共和国社区矫正法》（以下简称《社区矫正法》）第 18 条规定法院在决定是否适用缓刑时进行被告人再犯罪危险评估。这种缓刑再犯罪危险评估实际上是审前调查评估，为法院宣告缓刑实行社区矫正提供参考依据。[1]《社区矫正法》第 18 条规定较为粗疏，有必要明确缓刑再犯罪危险评估的法律性质、评估内容等问题，规范完善再犯罪危险评估对于提升缓刑适用率具有重要意义。一是再犯罪危险评估在法律性质上应当是刑事司法程序。再犯罪危险评估是由法院主导的，法院委托社区矫正机构或者有关社会组织进行调查评估，是否委托由法院根据案件的具体情况来决定，危险评估的目的是为法院判断是否宣告缓刑提供依据，最终是否宣告缓刑由法院决定。由此，危险评估应当是一种刑事司法程序，而非司法行政程序。二是调查评估的内容要能够反映被告人有无再犯罪危险，包括被告人的社会危险性和对所居住社区的影响，例如，行为人一贯表现、性格特点、个人经历、家庭状况、经济状况、违法犯罪经历。对于不同案件被告人具体调查评估的内容可以根据实际情形有所不同，以保证调查评估的有效性和针对性。而且，调查工作应尽量由专门人员进行，以确保调查评估的专业性。

其三，缓刑适用应当降低法官的裁判风险。法官在适用缓刑时，出于控制裁判风险的考虑，对于审前被羁押的被告人原则上

---

[1] 贾长森，窦磊．宽严相济视域下审前调查评估制度审查及完善［J］．刑法论丛，2021（2）：526-543.

不适用缓刑，存在“非监禁性强制措施=缓刑”的潜规则，可以说法官是否适用缓刑受制于侦查、起诉机关采用的强制措施，表现在司法实践中就是法官对被告人宣告缓刑对应的强制措施大多数是被告人被取保候审、监视居住。之所以法官根据强制措施决定缓刑适用，一个重要原因是法官规避裁判风险，将缓刑适用条件和适用效果不确定可能带来的风险转移给侦查、起诉机关。由于目前缓刑适用条件的抽象模糊以及再犯罪危险评估工具的缺失，根据强制措施来确定缓刑的适用成为法官转移风险的出路。因此，要规范缓刑的适用，推动缓刑适用率的提升，不仅需要明确缓刑的适用条件、设计中国特色的再犯罪危险评估工具，还需要从司法制度层面降低法官裁判风险，完善法官审判责任豁免制度，消除法官适用缓刑可能带来追究其审判责任的后果。❶ 此外，对于可以适用缓刑的案件，即使被告人已经被采取拘留、逮捕等羁押措施，也可以根据案件具体情况宣告缓刑。

就侵犯知识产权罪而言，《侵犯知识产权刑事案件法律解释（三）》第 9 条规定了四个“可以酌情从轻处罚”的情节，除第四个适用于侵犯商业秘密犯罪外，前三个可以适用于所有侵犯知识产权犯罪，即认罪认罚的、取得权利人谅解的、具有悔罪表现的。

---

❶ 当前我国关于法官审判责任豁免主要规定在最高人民法院发布的两个司法文件中，分别是：《人民法院审判人员违法审判责任追究办法（试行）》第 22 条规定了五种法官责任豁免的情形；《关于完善人民法院司法责任制的若干意见》第 28 条规定了八种不得作为错案进行追责的情形。现有规定存在效力层级较低、规定不明确的问题，首先应当提高法官审判责任豁免规定的法律位阶，以法律形式予以规定；其次，明确审判责任豁免的对象，尽管上述司法文件中列举了豁免情形，但免责标准仍然模糊，应当予以明确。就缓刑裁量而言，只要不存在违法审判行为或者不是基于故意或者重大过失的审判不当行为即可免责。

这是在 2004 年《侵犯知识产权刑事案件法律解释》、2007 年《侵犯知识产权刑事案件法律解释（二）》和 2011 年《知识产权案件意见》中从未有过的内容，在刑法提高侵犯知识产权罪法定刑的同时，司法解释明确规定从轻处罚情节，提醒司法者要注意从轻处罚的适用，宽严相济刑事政策在具体犯罪中得到充分体现。因此，司法者在办理侵犯知识产权刑事案件时，可以根据缓刑的适用条件和案件的具体情节，判断是否可以对犯罪人适用缓刑。

二、罚金刑的适用

《侵犯知识产权刑事案件法律解释（二）》第 4 条规定，对侵犯知识产权犯罪，人民法院应当综合考虑犯罪的违法所得、非法经营数额、给权利人造成的损失、社会危害性等情节，依法判处罚金。罚金数额一般在违法所得的 1 倍以上 5 倍以下，或者按照非法经营数额的 50% 以上 1 倍以下确定。《侵犯知识产权刑事案件法律解释（三）》与《侵犯知识产权刑事案件法律解释（二）》的规定区别不大，只是增加违法所得数额无法查清，或者违法所得数额和非法经营数额均无法查清时，罚金的数额如何确定，更加便于指导司法实践。《侵犯知识产权刑事案件法律解释（三）》第 10 条规定："对于侵犯知识产权犯罪的，应当综合考虑犯罪违法所得数额、非法经营数额、给权利人造成的损失数额、侵权假冒物品数量及社会危害性等情节，依法判处罚金。罚金数额一般在违法所得数额的一倍以上五倍以下确定。违法所得数额无法查清的，罚金数额一般按照非法经营数额的百分之五十以上一倍以下确定。违法所得数额和非法经营数额均无法查清，判处三年以下有期徒刑、拘役、管制或者单处罚金的，一般在三万元以上一百万元以下确定罚金数额；判处三年以上有期徒刑的，一般在十五万元以上五百万元以下确定罚金数额。”《征求意见稿》维持了《侵犯知识产权刑事案件法律解释（三）》的规定，未作任何修改。

我国无论是刑法所规定的法定刑还是司法中的实际判决，刑罚普遍偏重，且羁押率、监狱服刑率一直居高不下。罚金刑属于财产刑，是法院判处犯罪分子向国家缴纳一定数额金钱的刑罚方法。罚金刑的优点很明显：（1）罚金刑经济、便捷，可以避免短期自由刑“交叉感染”的弊端，弱化标签效应，与社会不隔离，不会妨碍犯罪人的工作、生活，有利于犯罪人的改造和特殊预防。（2）罚金刑成本低廉，不需要执行场所，增加国家财政收入，降低司法成本，体现刑罚效益的优越性。（3）罚金刑误判后容易及时纠正。（4）罚金刑可以应对单位犯罪和以经济利益为目的的犯罪。[1] 世界上许多国家基于财政动因重视并大量适用罚金刑，对可能判处短期自由刑的犯罪人易科罚金，罚金刑成为取代自由刑的理想刑种，并逐渐走向刑罚体系的中心。例如，德国“在判定有罪的被告人中，只有5%的人会被处以监禁刑。还有12%的人被处以缓刑，其他人则被处以罚金”[2]。再如，在日本，“罚金刑是被运用得最多的刑罚”[3]。因此，我国在侵犯知识产权罪案件中应当注意扩大罚金刑的适用。

事实上，司法实践中我国罚金（并处罚金）的适用率并不低，

[1] 马克昌．刑罚通论［M］．武汉：武汉大学出版社，1999：194-197.

[2] 托马斯·魏根特．德国刑事程序法原理［M］．江溯，等译．北京：中国法制出版社，2022：324.

[3] 佐伯仁志．制裁论［M］．丁胜明，译．北京：北京大学出版社，2018：50.

但执行率较低。有论者对 2018—2022 年 3 月全国刑事一审案件罚金刑的裁判和执行情况进行统计，其中罚金的适用率较高，判处罚金的案件占刑事案件的 73%，但是罚金执行情况并不理想，罚金执行案件终结本次执行程序的比例约为 45%。[1] 除去实践中为数不少的先缴后判“预交罚金”执行方式，[2] 以及部分犯罪人在判处罚金后主动履行的情况，[3] 大量罚金刑执行案件终结本次执行程序后不了了之，判处罚金刑案件的实际执行率很低，这也导致实践中单处罚金的适用率低。罚金判了之后不能执行的一个重要原因是在未查明犯罪人财产状况的情况下，法院即判处罚金刑，而法院判处的罚金数额又超出犯罪人的履行能力。《最高人民法院关于适用财产刑若干问题的规定》第 2 条规定，人民法院应当根据犯罪情节（如违法所得数额、造成损失的大小等），并综合考虑犯罪分子缴纳罚金的能力，依法判处罚金。[4]

为了对犯罪人的财产状况进行全面了解掌握，使罚金数额的确定更符合犯罪人的经济状况，需要建立财产调查保全制度。一

[1] 叶平，张露．财产刑执行难问题分析及可行性对策［J］．人民司法，2022（25）：44-49.

[2] 实践中罚金刑的执行很大程度上依赖犯罪人及其亲属在判决前的预先缴纳，犯罪人其他亲属主动配合罚金刑的执行，目的是获取对犯罪人自由刑量刑上的从宽处罚。

[3] 主动缴纳罚金主要是源于两方面：一是犯罪人因被列入失信被执行人名单和限制高消费，影响其出行、贷款等方面，为了尽快解除而主动缴纳；二是将罚金的缴纳作为减刑、假释的重要激励因素，犯罪人亲属为了让其减刑或者假释而主动代为缴纳。

[4] 事实上，法院一般根据违法所得数额、造成损失大小等犯罪情节判处罚金，很少对犯罪人进行财产状况调查，也无法进行调查。对于可能判处罚金刑的案件，侦查机关在侦查阶段没有调查犯罪人的财产状况，没有及时采取措施控制财产，造成犯罪人及其亲属转移、隐匿财产，到审判阶段法院必定难以查明犯罪人的财产状况，判处罚金后，犯罪人已无财产可供执行。

是侦查部门自立案起对可能判处罚金的犯罪嫌疑人的财产状况进行调查了解。数字时代，可以借助互联网，建立侦查机关与审判机关网络查控系统信息共享平台，数字赋能大大提高侦查机关的效率，从而降低侦查机关调查财产状况的难度，[1] 并将调查情况记录在案随卷移送，作为法院判处罚金刑的参考或者法院进一步调查的线索。二是及时采取财产保全措施。为了确保判处罚金刑的执行，侦查机关查询到财产后，发现犯罪嫌疑人及其亲属可能转移、隐匿财产的，应当及时采取保全措施。《中华人民共和国刑事诉讼法》（以下简称《刑事诉讼法》）第 144 条规定，人民检察院、公安机关根据侦查犯罪的需要，可以依照规定查询、冻结犯罪嫌疑人的存款等财产。《最高人民法院关于刑事裁判涉财产部分执行的若干规定》（法释〔2014〕13 号）第 4 条规定："人民法院刑事审判中可能判处被告人财产刑、责令退赔的，刑事审判部门应当依法对被告人的财产状况进行调查；发现可能隐匿、转移财产的，应当及时查封、扣押、冻结其相应财产。"这表明侦查机关和刑事审判部门都可以采取查封、扣押、冻结的财产保全措施，以保障未来罚金刑的执行。

三、非刑罚处罚方法的适用

非刑罚处罚方法是由我国《刑法》第 37 条明文规定，适用前提是行为构成犯罪，对犯罪人免予刑事处罚，但仍需承担一定

[1] 自正法，练中青．互联网时代罚金刑执行难的成因及其化解路径：基于 A 省 X 区法院的实证考察［J］．法治现代化研究，2020（2）：153-164.

的行政制裁与民事制裁。[1] 免予刑事处罚是指对犯罪情节轻微不需要判处刑罚的行为作有罪宣告，但对行为人不给予刑罚处罚。据此，对于侵犯知识产权刑事案件，如果犯罪情节轻微不需要判处刑罚，则可以免予刑事处罚。但免予刑事处罚，不等于免除责任、“一放了之”，还需要注重对行为人施加相应的非刑罚处罚措施，以实现非刑罚化的宽缓目的，同时又不至于导致报应与预防功能的丧失。

训诫、责令具结悔过、赔礼道歉、赔偿损失、行政处罚或者行政处分等非刑罚处罚方法（措施）是对侵犯知识产权刑事案件免予刑事处罚之后的法律后果。[2] 非刑罚处罚措施包括教育措施、民事制裁措施、行政制裁措施，不过非刑罚处罚措施不同于单纯的民事责任和行政责任，前者作为刑罚的替代措施是犯罪的法律后果之一，后者只是民事、行政违法行为的法律后果。非刑罚处罚方法与免予刑事处罚有效衔接，成为实现侵犯知识产权刑事案件处罚轻缓化的一剂良方。

其一，教育措施的公开化。《刑法》第 37 条规定的训诫、责

---

[1] 需要指出的是，非刑罚法律后果包括非刑罚处罚方法和保安处分。保安处分是基于特殊预防与防卫社会的考量，针对犯罪人的人身危险性而采取的安全或者矫治措施，包括专门矫治教育、强制医疗、禁止令、从业禁止等。从我国目前带有保安处分性质的措施来看，与危害公共卫生行为具有密切关系的是禁止令和从业禁止。实施危害公共卫生犯罪的犯罪人，被判处管制、宣告缓刑，根据犯罪情况，出于促进犯罪人教育矫正的实际需要，有必要作出禁止令时，才宜作出禁止令；为防止实施危害公共卫生犯罪的犯罪人利用特定职业再犯罪，法院可以对其适用从业禁止。由于禁止令和从业禁止等保安处分并不能体现处罚轻缓化趋势，因此这里对其不再进行论述。

[2] 史立梅．刑事一体化视野下的出罪路径探究［J］．法学杂志，2023（4）：92-104.

令具结悔过、赔礼道歉属于教育类措施。训诫是法院对犯罪人当庭予以批评、谴责，责令其改正、不再犯罪。责令具结悔过是法院责令犯罪人用书面方式保证悔改，不再犯罪。责令赔礼道歉是法院责令犯罪人公开向被害人认罪，表示歉意，反映了国家对犯罪人的谴责。此类教育悔过性质的措施威慑性较弱，容易流于形式，难以考察犯罪人是否真正认罪悔罪，因而效果差强人意。因而，有必要明确教育类措施的适用方式，以保证其发挥应有作用。在当今数字时代，通过互联网公开训诫、悔过的过程，在媒体上公开犯罪人向被害人赔礼道歉的过程、内容，这种社会性约束，更能起到对犯罪人惩罚、教育的作用。例如，对于侵犯知识产权刑事案件的行为人，借助网络公开承认罪错，公开法院对其训诫、悔过过程，一方面，将犯罪人置于社会公众的监督之下，督促犯罪人真正悔过自新，预防其再犯罪；另一方面，对于潜在犯罪人起到教育警示作用，知悉该种行为的犯罪属性，使其不敢犯罪，从而实现积极的一般预防效果。

其二，赔偿损失法律属性的明确化。《刑法》第 37 条责令赔偿损失是法院责令犯罪人向被害人给予一定经济赔偿的处理方法。责令赔偿损失作为一种独立的非刑罚处罚方法，以免予刑事处罚为前提，不管被害人是否提起民事诉讼，法院都可以根据案件的具体情况责令赔偿损失；即使当事人提起民事请求，法院也是责令赔偿损失。与“责令赔偿损失”相似的是《刑法》第 36 条规定的“判处赔偿经济损失”。《刑法》第 36 条“判处赔偿经济损失”是以对犯罪人给予刑事处罚为前提，只能发生在刑事附带民事诉讼中，是法院依当事人请求作出刑事附带民事判决，在附带民事部分“判处赔偿经济损失”，属于承担民事赔偿责任的方式，不是实现刑事责任的方式。可以说，“责令赔偿损失”是法院依职权的主动行为，“判处赔偿经济损失”是法院依请求的被动行为。进言之，法院在决定定罪免刑之后根据个案情况责令犯罪人赔偿损失，犯罪人在自己能力范围内积极赔偿被害人损失表明其悔罪态度良好，即使其赔偿损失的数额没有满足被害人的要求，也不能据此否定法院对犯罪人定罪免刑。

其三，行政处罚或者行政处分建议的有效性。法院认为需要对犯罪人予以行政处罚或者行政处分的，可以向主管部门提出给予犯罪人行政处罚或者行政处分的司法建议；由于法院不具有行政职能，因此这两种行政制裁措施不能由法院直接给予，法院只有向主管部门提出司法建议的权限。这里的主管部门是指有权作出行政处罚或者行政处分的部门，不是仅指犯罪人所在单位。例如，对侵犯商标权的刑事案件定罪免刑，法院认为需要给予行政处罚的，应当向国家知识产权局等行政机关提出司法建议；再如，对侵犯著作权的刑事案件定罪免刑，法院认为需要给予行政处罚的，应当向国家版权局等行政机关提出司法建议。为保障司法建议的适用效果，一是在司法建议内容上，法院应当向主管部门提出具体、有针对性的行政处罚、行政处分。相关主管部门应当就司法建议的执行情况及时向法院反馈，如果对司法建议的内容存在异议，主管部门应当与法院及时沟通，使法院对司法建议内容进行调整，以切实提高司法建议的有效性。二是在刑行衔接上，确立由刑事到行政的衔接。根据《中华人民共和国行政处罚法》（以下简称《行政处罚法》）第 27 条，对依法免予刑事处罚，但应当给予行政处罚的，司法机关应当及时将案件移送有关行政机关。需要注意的是，对于侵犯知识产权刑事案件免予刑事处罚的，并不是一律移送行政执法机关给予行政处罚，要结合个案中侵犯知识产权行为的性质、情节、社会危害程度等因素对行政处罚必要性进行实质审查，综合考量是否需要给予行政处罚。

第二章　侵犯商标权犯罪

第一节　侵犯商标权犯罪的立法演进

一、中华人民共和国成立前侵犯商标权犯罪立法

我国历史上第一部商标领域的法律可追溯到清末时期。1904年8月清政府颁布《商标注册试办章程》，对“意在使用同种之商品，而摹造他人注册之商标”“将商标摹造而使用于同种之商品者”“知他人之容器包封等有注册商标，而以之使用于同种之商品者”等规定为犯罪，但限于告诉才处理。1923年5月16日，北洋政府成立农商部商标局，管理全国商标事务。同月，《商标法》和《商标法实施细则》颁布，这是我国历史上第一部正式颁布实施的商标法。《商标法》不仅将侵犯商标权、以欺诈手段取得商标专用权、以未注册商标冒充注册商标等行为规定为犯罪，北洋政府还通过司法解释和补充规定，将行为主体由企业直接责任人员逐渐扩大到一般主体。1930年国民政府颁布新的《商标法》，直至1949年该法经过多次修订。1949年中华人民共和国成立，该法被废除。

二、中华人民共和国成立后侵犯商标权犯罪立法

我国于 1950 年 7 月颁布《商标注册暂行条例》《商标注册暂行条例实施细则》，明确实行商标统一注册制度。1979 年《刑法》开始对商标权展开刑法保护，其中第 127 条用一个条文规定了涉及商标的犯罪，即假冒注册商标罪，“违反商标管理法规，工商企业假冒其他企业已经注册的商标的，对直接责任人员，处三年以下有期徒刑、拘役或者罚金”。

1993 年 2 月 22 日全国人大常委会通过《关于惩治假冒注册商标犯罪的补充规定》（以下简称《补充规定》，自 1993 年 7 月 1 日起施行，现已失效）。《补充规定》第 1 条第 1 款对假冒注册商标罪进行了修改和完善：“未经注册商标所有人许可，在同一种商品上使用与其注册商标相同的商标，违法所得数额较大或者有其他严重情节的，处三年以下有期徒刑或者拘役，可以并处或者单处罚金；违法所得数额巨大的，处三年以上七年以下有期徒刑，并处罚金。”《补充规定》第 1 条第 2 款增设了销售假冒注册商标的商品罪：“销售明知是假冒注册商标的商品，违法所得数额较大的，处三年以下有期徒刑或者拘役，可以并处或者单处罚金；违法所得数额巨大的，处三年以上七年以下有期徒刑，并处罚金。”第 2 条增设了非法制造、销售非法制造的注册商标标识罪：“伪造、擅自制造他人注册商标标识或者销售伪造、擅自制造的注册商标标识，违法所得数额较大或者有其他严重情节的，依照第一条第一款的规定处罚。”至此，虽然后来在不同罪名的构成要件和法定刑上有所变动，但我国刑法对侵犯商标权犯罪的罪名一直延

续至今。

在 1997 年修订《刑法》时，对侵犯商标权犯罪的修订以《补充规定》为蓝本，历经三、四次修改稿，最终形成 1997 年《刑法》正式稿并获通过。[1] 1997 年《刑法》第 213 条规定："未经注册商标所有人许可，在同一种商品上使用与其注册商标相同的商标，情节严重的，处三年以下有期徒刑或者拘役，并处或者单处罚金；情节特别严重的，处三年以上七年以下有期徒刑，并处罚金。"与 1993 年《补充规定》相比，1997 年《刑法》由原来的"违法所得数额较大或者有其他严重情节""违法所得数额巨大"，分别修改为"情节严重"和"情节特别严重"，这主要是考虑到商标犯罪案件违法所得往往难以计算，即使没有违法所得或者所得甚少，但给商标权利人造成的损失可能很大，严重影响权利人的商品信誉，导致商标信誉受到无法挽回的损害。

为加强对知识产权的保护，与修改后的商标法相衔接，[2] 2020 年 12 月 26 日全国人大常委会通过《刑法修正案（十一）》，对假冒注册商标罪再次进行了修改："未经注册商标所有人许可，在同一种商品、服务上使用与其注册商标相同的商标，情节严重的，处三年以下有期徒刑，并处或者单处罚金；情节特别严重的，处三年以上十年以下有期徒刑，并处罚金。"与原规定相比，《刑法修正案（十一）》对假冒注册商标罪的修改主要有二：一是扩大

[1] 高铭暄．中华人民共和国刑法的孕育诞生和发展完善［M］．北京：北京大学出版社，2020：248-249.

[2] 全国人民代表大会宪法和法律委员会关于《〈中华人民共和国刑法〉修正案（十一）（草案）》审议结果的报告［EB/OL］.（2020-12-28）［2024-10-18］. http：//www. npc. gov. cn/npc/c2/c30834/202012/t20201228_ 309519. html.

了商标的范围，由过去单一的商品商标扩大到服务商标。虽然我国1993年《商标法》规定对需要取得商标专用权的服务项目，应当申请注册商标，且有关商品商标的规定适用于服务商标，2001年《商标法》已经将服务商标纳入保护范围，力度也逐渐加大，但行政法或民法等前置法上的违法行为，只是为犯罪提供了一个边界、前提，这样的违法行为只有得到了刑法的确认，明文规定为犯罪或因有更大的法益侵害性、更为实质的理由将其解释为犯罪时，[1]才能作为犯罪处理。刑法未将服务商标纳入保护范围，不能简单依据商标法等前置法就将假冒服务商标的行为认为构成假冒注册商标罪。只保护商品商标而不保护服务商标，既存在刑法保护不严密的疏漏，也与商标法将商品商标和服务商标并列、同等保护的立法原则相龃龉。对此，《刑法修正案（十一）》予以了完善。二是提高法定最低刑，将第一档刑罚由“三年以下有期徒刑或者拘役，并处或者单处罚金”修改为“三年以下有期徒刑，并处或者单处罚金”，法定最高刑也由7年有期徒刑修改为10年有期徒刑。提高法定刑既有强化知识产权保护的实践需要，也有来自国际压力的考虑。

1997年《刑法》第214条规定了销售假冒注册商标的商品罪：“销售明知是假冒注册商标的商品，销售金额数额较大的，处三年以下有期徒刑或者拘役，并处或者单处罚金；销售金额数额巨大的，处三年以上七年以下有期徒刑，并处罚金。”与1993年《补充规定》相比，1997年《刑法》用“销售金额”取代了“违法所得数额”，对于基本犯由授权性的“可以并处或者单处罚金”变更

[1] 周光权．刑法谦抑性的实践展开［J］．东方法学，2024（5）：131-144.

为“并处或者单处罚金”。2020 年《刑法修正案（十一）》对第 214 条销售假冒注册商标的商品罪修改为：“销售明知是假冒注册商标的商品，违法所得数额较大或者有其他严重情节的，处三年以下有期徒刑，并处或者单处罚金；违法所得数额巨大或者有其他特别严重情节的，处三年以上十年以下有期徒刑，并处罚金。”该修正案的变化主要是将犯罪成立条件之一的“违法所得数额”修改为“违法所得数额”和“其他严重情节”，完成了由数额犯向数额犯、情节犯并重的转身。虽然 2020 年《刑法修正案（十一）》和 1993 年《补充规定》都不同于 1997 年《刑法》的“销售金额”，而是“违法所得数额”，似乎又改回过去，但是 2020 年《刑法修正案（十一）》不再唯数额论。由于销售假冒注册商标的商品的行为人往往极力掩饰销售行为，一般不会建立清晰、完整的会计体系，无法查清具体的销售金额，这给司法实践带来巨大的举证和定罪上的困难。相反，违法所得数额的认定相对简单、容易。除此之外，对于那些虽然违法所得不多，但多次销售假冒注册商标的商品的行为，因为销售假冒注册商标的商品给商标权利人带来一定损失等行为，也可以本罪定罪处理。“违法所得加情节的犯罪成立标准，使得商标价值本身与假冒的商品价格相区分，司法实务将更加重视因侵犯注册商标所获得的利润，以及侵权行为的恶劣情节判断，由此，本罪犯罪门槛的修正，使得本条更加符合商标专用权的规范目的。”❶

根据 1993 年《补充规定》，“伪造、擅自制造他人注册商标标识

❶ 劳东燕．刑法修正案（十一）条文要义［M］．北京：中国法制出版社，2021：131.

或者销售伪造、擅自制造的注册商标标识，违法所得数额较大或者有其他严重情节的”，可以构成非法制造、销售非法制造的注册商标标识罪。由于《补充规定》只是笼统地规定对于该罪“依照第一条第一款的规定处罚”，而《补充规定》第1条第1款分别有“违法所得数额较大或者有其他严重情节”和“违法所得数额巨大”两个量刑幅度，分别对应着“三年以下有期徒刑或者拘役，可以并处或者单处罚金”和“三年以上七年以下有期徒刑，并处罚金”，非法制造、销售非法制造的注册商标标识罪的入罪标准只有“违法所得数额较大或者有其他严重情节”，因此对于“违法所得数额巨大”的情形，是只能解释为“违法所得数额较大或者有其他严重情节”，处“三年以下有期徒刑或者拘役，可以并处或者单处罚金”还是解释为“违法所得数额巨大”，处“三年以上七年以下有期徒刑，并处罚金”，并不明确，一定程度上有违罪刑法定原则。

1997年《刑法》第215条对1993年《补充规定》第2条进行了修改，将“违法所得数额较大或者有其他严重情节”修改为“情节严重”，法定最低刑降低至管制的同时，增加了“情节特别严重”情形，法定刑幅度相应地提高到“三年以上七年以下有期徒刑，并处罚金”，有效地解决了上述困惑。2020年《刑法修正案（十一）》在1997年《刑法》基础上，修改为“伪造、擅自制造他人注册商标标识或者销售伪造、擅自制造的注册商标标识，情节严重的，处三年以下有期徒刑，并处或者单处罚金；情节特别严重的，处三年以上七年以下有期徒刑，并处罚金”。此次修改，除删除了拘役和管制刑之外，法定最高刑提高到了十年有期徒刑，体现了我国法律对该罪“逐渐加重处罚的趋势”，但也带来了刑罚手段单一、过于严厉的担忧。[1]

第二节　假冒注册商标罪

根据我国《刑法》第 213 条规定，假冒注册商标罪是指未经注册商标所有人许可，在同一种商品、服务上使用与其注册商标相同的商标，情节严重的行为。本罪的保护法益是他人的注册商标专用权和国家的商标管理秩序。

一、假冒注册商标罪的行为对象

根据我国《商标法》第 3 条的规定，经商标局核准注册的商标，才是注册商标。无论假冒的是他人的商品商标还是服务商标，虚假的商标和真实的商标必须同属于一种商品或者服务项目上。如果假冒的不属于同一种商品或者服务，属于不正当竞争行为，但不能构成本罪。假冒他人尚未注册或者已经注销的商标，这样的商标不在法律的保护范围之内，不享有商标专用权，不能成立本罪。

根据我国《商标法》第 8 条规定，任何能够将自然人、法人或者其他组织的商品与他人的商品区别开的标志，包括文字、图形、字母、数字、三维标志、颜色组合和声音等，以及上述要素的组合，均可以作为商标申请注册。因此，商标主要由标志（文字、图形、声音等）、对象（商品或服务）和出处（经营者及其商

[1] 劳东燕．刑法修正案（十一）条文要义［M］．北京：中国法制出版社，2021：137-139.

誉）三个要素共同构成。商标具有识别功能，能够指向特定的商品及商品背后的经营主体，因此商标不仅指商标标志，而且指商标标志与对象、出处之间，对象与商品来源、经营者商誉之间的相互关系。[1] 单纯假冒商标标志不侵犯商标权，如果这样的商标图形、图案是一件美术作品的，可以构成对著作权的侵犯。既侵犯商标权，又侵犯著作权的，择一重处。由于二罪法定刑相同，假冒注册商标罪属特别法，一般应以假冒注册商标罪定罪处罚。

我国《商标法》规定，注册商标包括商品商标、服务商标和集体商标、证明商标。上述四种注册商标，均属于假冒注册商标罪的规制范围。[2] 集体商标和证明商标本来就是用于商品和服务的商标，属于商品、服务商标的一种存在形式。商品商标、服务商标和集体商标、证明商标不是非此即彼的互斥关系，而是由于分类标准不同而形成的具有交叉关系的商标。因此，只要假冒的是注册的商品商标和服务商标，无论这样的商标是集体商标还是证明商标，都可以构成本罪。

在 2020 年之前，我国刑法未明确将服务商标纳入保护范围，使得同样假冒他人注册商标的行为仅因为对象不同而法律后果相距甚远，一定程度上有悖于罪刑均衡原则。《刑法修正案（十一）》的出台，弥补了这一处罚漏洞。服务商标虽然使用在服务项目而不是商品上，但和商品商标一样，是把自己的服务业务区别于他人的标志，代表了服务的品质和保证，对保护企业的品牌、信誉和商誉的作用，与商品商标无异。服务商标被侵犯，对权利

[1] 吴汉东．知识产权法学［M］．8 版．北京：北京大学出版社，2022：273.

[2] 张明楷．刑法学（下）［M］．6 版．北京：法律出版社，2021：1064.

人所造成的危害本质上与商品商标被侵犯是一样的。随着我国现代服务业发展壮大，对其有必要予以刑法保护。

根据我国《商标法》第6条，“法律、行政法规规定必须使用注册商标的商品，必须申请商标注册，未经核准注册的，不得在市场销售”，我国对商标实行以自愿为主、强制为辅的注册原则。虽然已经实际使用，但未经注册或者虽然已经提出注册申请但还未被国家商标行政管理机构核准注册的商标，不属本罪对象。必须注册的商标的范围，既可以由法律，也可以由行政法规规定。在我国，行政法规包括狭义的、只能由国务院按照《行政法规制定程序条例》制定的各类法规，也包括广义的部门规章、地方性法规、地方行政规章等各类规范性文件。由于商品流通是全域性的，不能依据地方性法规和规章就简单限定商品注册的范围。根据我国1999年《商标法实施细则》（现已失效）第7条，国家规定并由国家工商行政管理局公布的人用药品和烟草制品，必须使用注册商标。国家规定必须使用注册商标的其他商品，由国家工商行政管理局公布。[1] 依据《中华人民共和国烟草专卖法》（以下简称《烟草专卖法》）、《商标法实施条例》等法律、行政法规，我国目前必须使用注册商标的商品主要包括食品、化妆品、医药、烟草制品、酒类、火柴、乐器、珠宝、钟表共九类。

---

[1] 国家商标局原隶属于国家工商行政管理总局，2018年根据《深化党和国家机构改革方案》将国家知识产权局的职责、国家工商行政管理总局的商标管理职责、国家质量监督检验检疫总局的原产地地理标志管理职责整合，重新组建国家知识产权局，现隶属于国家知识产权局（2023年《党和国家机构改革方案》将国家知识产权局由国家市场监督管理总局管理调整为国务院直属机构）。故，2002年《商标法实施细则》规定必须使用注册商标的其他商品，由国家工商行政管理局公布。

对于超过10年有效期但在6个月宽展期内的注册商标，由于商标权利人实际并未丧失对商标的权利，完全可以在法定期限内通过申请续展而再次获得商标权利，因此假冒此期限内的注册商标的，仍然可以构成本罪。但是，假冒超过宽展期的商标的，不能构成本罪，因为宽展期内未申请续展，其注册商标被注销，虽然商标局对与该商标相同或者近似的商标注册申请，不予核准，但原商标权利人的权利已经丧失，此时的商标与未申请注册的商标无异。

需要注意的是，注册商标不同于商品装潢、商号、商务口号、地理标志以及其他特殊标志。虽然装潢也有一定商品或者服务识别功能，受《反不正当竞争法》的保护，但其属于包装的组成部分主要起到吸引消费者注意和兴趣，激发购买欲望的作用，不具有唯一性和特定性等特征，因此假冒他人商品装潢的，不能构成本罪。商号是名称中突出企业特征的部分，一个商号之下可以注册多个商标，我国假冒注册商标罪所保护的对象只是商标而不包括商号。商业口号是用于产品或者服务宣传的标语，也可能广为人知，但难以与特定商品和服务对应，虽然可以成为《著作权法》《反不正当竞争法》的保护对象，但因为不是商标而不是本罪的行为对象。地理标志只是揭示商品或者服务的来源、特定质量、信誉等特征，它所对应的是某一类商品而不是针对特定商品，不能体现权利人对商品的特定、排他性关系，所以也不能成为本罪对象。奥林匹克五环旗、红十字会会徽等文化、体育、科学研究及社会公益活动中的特殊标志，由于这些标志不是用于商品或服务用途，因此也不能成为本罪对象。

假冒的不是注册商标，而是擅自使用知名商品或服务特有的名称、包装、装潢，造成和他人的知名商品或服务混淆，使购买者误认为是该知名商品或服务，或者擅自使用他人的企业名称或姓名，使人误认为是他人的商品或服务的，但不是假冒注册的商品商标或服务商标的，都不构成本罪。❶

二、假冒注册商标罪的行为方式

构成本罪，要求行为人实施了未经注册商标所有人许可，在同一种商品、服务上使用与其注册商标相同的商标，情节严重的行为。因此，本罪的实行行为主要包括以下几点。

（一）实施了“使用”的行为

本罪实行行为的“使用”，既包括将商标直接附于商品、商品包装或者容器上的直接使用，也包括用于商业广告、展览等间接使用。对于服务商标，在服务场所、招牌、工具或在其提供服务的其他物品上依附的，也是使用行为。依据《侵犯知识产权刑事案件法律解释》第8条，“使用”是指将注册商标或者假冒的注册商标用于商品、商品包装或者容器以及产品说明书、商品交易文书，或者将注册商标或假冒的注册商标用于广告宣传、展览以及其他商业活动等行为。换言之，无论行为人实施了什么样的举动，只要是侵害了商标权人对注册商标的专用权和使用许可权的行为，都可以认定为“使用”。❷ 对于将自己的商标替换成他人商品上的注

❶ 周光权．刑法各论［M］．4版．北京：中国人民大学出版社，2021：345.

❷ 吴汉东．知识产权法学［M］．8版．北京：北京大学出版社，2022：273.

册商标，然后将该更换商标后的商品再投入市场的反向假冒行为，行为人只是使用了他人的商品，而没有使用他人的商标，不应认定为本罪，符合损害商业信誉、商品声誉、生产、销售伪劣产品等其他犯罪成立条件的，可以其他犯罪论处。[1]

（二）使用他人注册商标以未经注册商标所有人许可为必要

关于注册商标的取得，世界范围内有使用取得和注册取得两种方式，我国实行的是以申请在先的注册取得方式。[2] 一般而言，注册商标所有人对注册的商标在法定期限内享有排他、独占使用该商标的权利，但根据《商标法》等规定，可以通过许可或者继承、企业合并等方式改变该注册商标上的权利归属。根据被许可人获得的使用权的大小不同，商标使用许可一般可以分为普通使用许可、排他使用许可和独占使用许可三种。普通使用许可是指许可人允许被许可人在一定区域、一定时间和在一定商品或服务上使用其注册商标，但许可人保留自己使用该注册商标和许可他人使用该注册商标的权利；排他使用许可是指许可人允许被许可人在一定区域、一定时间和在一定商品或服务上使用其注册商标，许可人可以自己使用该注册商标但不能许可他人在一定区域内使用该注册商标；独占使用许可是指许可人允许被许可人在一定区域、一定时间和在一定商品或服务上使用其注册商标，许可人自己不能也不能再许可他人在一定区域内使用该注册商标。在独占

[1] 张明楷．刑法学（下）［M］．6版．北京：法律出版社，2021：1064.

[2] 即使使用在先，但只要商标注册申请人遵守诚实信用原则，在不损害他人现有的权利，不是以不正当手段抢先注册优先提出商标注册申请，则该商标就属于申请人。

使用许可的情形下，被许可人可以是民商事诉讼适格的原告，[1]也就可以成为假冒注册商标罪的被害人。因此，应将“注册商标所有人”扩大解释为“注册商标权利人”或者“注册商标权人”，既包括注册商标所有权本人，也包括注册商标合法继承人、企业合并后的注册商标继受人、注册商标的独占使用被许可人等人。但是，独占使用许可有约定期限的，该期限内被许可人可以是注册商标权利人，超过该期限的不再是该注册商标的权利人。

已得到注册商标所有人的许可而使用其注册商标，只是未按法定程序办理有关手续的，不能构成犯罪。即使产生纠纷的，也只能按照民事程序处理，不构成假冒注册商标罪。超过约定的使用期限继续使用的，可以构成本罪。

需要讨论的是，在独占使用许可情形下，注册商标所有人使用该注册商标的，能不能构成假冒注册商标罪？在独占使用许可情形下，商标的所有人并未丧失注册商标的专用权，被许可人只是取得了注册商标的使用权，难以将商标所有人的行为解释为“未经许可”。我国《刑法》规定的是“未经注册商标所有人许可”，根据罪刑法定原则，注册商标所有人不能构成本罪。对于这样的行为，通过民事诉讼方式解决，有利于矛盾的解决和秩序的恢复，以犯罪处理不利于生产和生活。

构成本罪以“未经注册商标所有人许可”为必要，这与1979年《刑法》所规定的“违反商标管理法规”明显不同。是将“未经注册商标所有人许可”与“违反商标管理法规”作同一理解，

[1] 吴汉东．知识产权法学［M］．8版．北京：北京大学出版社，2022：273.

还是认为二者并不相同？换言之，取得“注册商标所有人许可”但“违反商标管理法规”的，能不能构成本罪？对此，学界鲜有论及。本书认为，行为是否构成犯罪应严格遵守刑法分则的规定，不能断章取义，不能在没有实质、充足的理由时就随意作“扩张解释”。根据我国《商标法》第43条规定，商标注册人通过签订商标使用许可合同，许可他人使用其注册商标。许可他人使用其注册商标的，许可人应当将其商标使用许可报商标局备案，由商标局公告。如果行为人与商标注册人签订了商标使用许可合同，但许可人未向商标局备案，行为人就使用他人的注册商标，此时行为人已经取得注册商标所有人许可，只是因许可人未办理备案手续而违反《商标法》的规定，虽属于“违反商标管理法规”，也不能构成本罪。因为《商标法》属于经济行政法，其规范保护目的是商标管理秩序和行政效率，这与本罪的规范保护目的是商标秩序和注册商标所有人、商标权利人对注册商标的独占权、专用权明显不同。因此，即使行为“违反商标管理法规”，但只要不是“未经注册商标所有人许可”，也不能构成本罪。

（三）必须是在同一种商品、服务上使用他人注册商标

构成本罪，要求假冒的注册商标必须用于与注册商标所有人注册商标时所申请、核准的商标种类相同，虽然假冒他人注册商标但与注册商标所有人的商品不属同一种类的，不能构成本罪。

2011年《知识产权案件意见》第5条规定，名称相同的商品以及名称不同但指同一事物的商品，可以认定为“同一种商品”。

“名称”是指原国家工商行政管理总局商标局在商标注册工作中对商品使用的名称，通常即《商标注册用商品和服务国际分类》中规定的商品名称。“名称不同但指同一事物的商品”是指在功能、用途、主要原料、消费对象、销售渠道等方面相同或者基本相同，相关公众一般认为是同一种事物的商品。认定“同一种商品”，应当在权利人注册商标核定使用的商品和行为人实际生产销售的商品之间进行比较。例如，将照明、加热、冷却、蒸汽发生、烹饪、干燥、通风、供水以及卫生用装置和设备列为《类似商品和服务区分表》第 11 类，插电式风力干发器未在《类似商品和服务区分表》中对应记载为电吹风，但相关公众一般认为两者是同一事物，可以认定为同一种商品。❶

对“同一种商品、服务”的认定，以国家有关部门颁发的商品、服务分类为标准。❷ 目前，《商标注册用商品和服务国际分类》（尼斯分类）将商品和服务分成 45 个大类，其中商品为 1～34 类，服务为 35～45 类。国家知识产权局商标局将尼斯分类的商品和服务项目划分类似群，制定了《类似商品和服务区分表》，对商品和服务名称、种类进行细分。我国刑法规定的构成假冒注册商标罪的条件之一是“同一种商品、服务”而不是“类”，“种”和“类”是不是作同一理解？对此，本书认为，虽然在生物学等学科

❶ 但涉嫌行为对象与注册商标核定使用的商品在《类似商品和服务区分表》中有各自对应名称的，且通常情况下相关公众也不会认为两者指向同一事物的，不应当认定为同一种商品。例如，雪橇属于《类似商品和服务区分表》第 28 类运动物品中的商品，雪橇刀虽对应的也是第 28 类，但通常情形下相关公众不会认为两者指向同一事物，因此两者不应当认定为同一种商品。

❷ 张明楷．刑法学（下）［M］．6 版．北京：法律出版社，2021：1064.

中“种”和“类”并不相同，“类”是比“种”更高一个层级的分类单位，但在法学上“种”和“类”可以不作区分，二者含义相同。刑法上之所以使用的是“种”而不是“类”，主要是考虑语感和语言习惯。只要是按照尼斯分类所确定的45类商品、服务即可属于“同一种商品、服务”，无须再进一步细分。

2023年最高人民法院、最高人民检察院《征求意见稿》第2条拟规定，具有下列情形之一的，应当认定为“同一种商品、服务”：(1) 行为人实际生产销售的商品名称、实际提供的服务名称与他人注册商标核定使用的商品、服务名称相同的；(2) 二者商品名称不同但在功能、用途、主要原料、生产部门、消费对象、销售渠道等方面相同且相关公众一般认为是同种商品的；(3) 二者服务名称不同但在服务的目的、内容、方式、提供者、对象、场所等方面相同且相关公众一般认为是同种服务的。该征求意见稿虽然尚未生效，正式的司法解释也未必与此相同，但从中可以发现其基本精神和立法、司法动向。与2011年《知识产权案件意见》相比，除了与《刑法修正案（十一）》相适应，增加服务商标的认定标准外，其体现出来的基本精神就是坚持对刑法、具体案件既进行形式解释又进行实质解释，只要二者居其一即可认定。即在形式上，只要假冒的商标用于的商品、服务与他人注册商标核定使用的商品、服务名称相同，就属于“同一种商品、服务”；反之，无论其名称是否相同，只要二者实质相同且被相关公众一般认为是同一种商品、服务的，也可以属于“同一种商品、服务”，体现了对注册商标从严保护的精神。

尼斯分类每年修订一次，这就可能出现某一种商品、服务此时属于某类彼时被划分到另外一类的情况。当出现种类的变动时，应以行为人实施假冒注册商标的行为时还是以商标注册时为标准认定是不是“同一种商品、服务”呢？例如，注册商标所有人申请商标注册时的商品、服务属于 A 类，商标被核准注册后被假冒时已经划分为 B 类，二者是不是“同一种商品、服务”，不无疑问。本书认为，犯罪是一种行为，当然应以实施假冒注册商标的行为时为标准。只要注册商标被用于按照当时的分类标准属于同一类商品、服务即可。

注册商标的种类应坚持法定标准，不能以普通民众的生活认知为标准。《商标注册用商品和服务国际分类》《类似商品和服务区分表》对注册商标进行了非常细致的分类、区分，只要严格对照这两个规定，是不是“同一种商品或服务”一般就不会出现困难。存在争议的，可由商标评审委员会审定，仍然不能确定的，依照存疑有利于被告人原则，按照无罪处理。

（四）使用的必须是与他人注册商标相同的商标

除了假冒注册商标的商品、服务与注册商标的商品、服务必须属于同一种商品、服务，所使用的商标与他人的注册商标还要相同。在相同商品、服务上使用近似的商标，在不同种商品、服务上使用与他人注册相同的商标或者近似的商标，都不能构成假冒注册商标罪。但是，只要假冒的商标和注册商标相同，即使装潢完全不同，也可能构成假冒注册商标罪。[1]

2020 年《侵犯知识产权刑事案件法律解释（三）》第 1 条规

[1] 张明楷．刑法学（下）［M］．6 版．北京：法律出版社，2021：1067.

定，具有下列情形之一的，可以认定为“与其注册商标相同的商标”：（1）改变注册商标的字体、字母大小写或者文字横竖排列，与注册商标之间基本无差别的；（2）改变注册商标的文字、字母、数字等之间的间距，与注册商标之间基本无差别的；（3）改变注册商标颜色，不影响体现注册商标显著特征的；（4）在注册商标上仅增加商品通用名称、型号等缺乏显著特征要素，不影响体现注册商标显著特征的；（5）与立体注册商标的三维标志及平面要素基本无差别的；（6）其他与注册商标基本无差别、足以对公众产生误导的商标。2023 年《征求意见稿》第 3 条规定，与被假冒的注册商标完全相同，或者与被假冒的注册商标基本无差别、足以对公众产生误导的商标，应当认定为“与其注册商标相同的商标”。具有下列情形之一的，应当认定为与被假冒的注册商标基本无差别、足以对公众产生误导的商标：（1）改变注册商标的字体、字母大小写或者文字横竖排列，与注册商标之间基本无差别的；（2）改变注册商标的文字、字母、数字等之间的间距，与注册商标之间基本无差别的；（3）改变注册商标颜色，不影响体现注册商标显著特征的；（4）在注册商标上仅增加商品通用名称、型号等缺乏显著特征要素，不影响体现注册商标显著特征的；（5）与立体注册商标的三维标志及平面要素基本无差别的；（6）其他与注册商标基本无差别、足以对公众产生误导的商标。可见，是不是相同的商标，应以是否“足以对公众产生误导”为标准进行判断。

有些假冒者会有意通过细微改变注册商标的字体、字母大小写或者文字横竖排列、间距等方式，以图规避法律追究，此即使用近似商标的行为。使用近似商标的，虽然不被《商标法》所允许，但不能构成假冒注册商标罪。商标的构成要素包括文字、图形、字母、数字、三维标志、颜色组合和声音等，以及上述要素的组合，近似商标与注册商标在组成商标的要素上全部或者主要部分接近，甚至某些要素完全相同，让普通民众在视觉、听觉上误认为相同的商标。但是，近似商标只是一定程度地接近于注册商标，还达不到以假乱真的程度，普通民众只要稍加识别，还是能够发现真伪，得出属不同商标的结论。相同的商标则在商标的全部组成要素与注册商标完全相同，或者虽然不完全相同但即使普通民众认真识别也很难辨别。近似商标和相同商标，只是程度上的差别，即使普通民众很难辨别的相同商标，在专家、仪器面前也能够鉴定真伪。毕竟是假冒的商标，很多情况下和真正的注册商标不可能完全一样、没有任何差别。对此，应当结合假冒商标和注册商标的具体情况，从二者在视觉上的差别大小、社会公众看到假冒商标是不是足以被误导等综合判断。同时，需要注意的是，虽有细微差别但不失为“相同”程度的商标，与“类似”程度的商标，应当是有明显区别的，对于二者不能够混淆。因此，“相同”并不要求所假冒的商标与他人注册商标的构成要素没有任何差异。相同的商标只是一定程度的接近相同而不以达到完全相同为必要，即只要让普通民众认为与注册商标相同即可。商标的基本功能是让普通民众区别不同生产者、经营者及其商品、服务，从而作出选购商品和接受服务与否的决定，面向的就是社会普通民众而不是商标领域的专家和该商品、服务的提供者。如果要求假冒的商标与注册商标没有任何差异才能认定为相同商标，则会不当限缩假冒注册商标罪的成立范围，也不利于保护消费者的合法权益和国家的商标管理秩序。

三、假冒注册商标罪的行为主体

构成假冒注册商标罪的主体包括个人，也包括单位。

按照《侵犯知识产权刑事案件法律解释》第 16 条规定，明知他人实施侵犯知识产权犯罪，而为其提供贷款、资金、账号、发票、证明、许可证件，或者提供生产、经营场所或者运输、储存、代理进出口等便利条件、帮助的，以侵犯知识产权犯罪的共犯论处。《知识产权案件意见》第 15 条规定，明知他人实施侵犯知识产权犯罪，而为其提供生产、制造侵权产品的主要原材料、辅助材料、半成品、包装材料、机械设备、标签标识、生产技术、配方等帮助，或者提供互联网接入、服务器托管、网络存储空间、通信传输通道、代收费、费用结算等服务的，以侵犯知识产权犯罪的共犯论处。上述两个规范性文件所规定的内容，都是典型的注意性规定，即提醒司法者在办理具体案件过程中要注意追究为实行犯提供资金等帮助的共犯（狭义）的责任。没有该规定，也不影响对共犯的处理，因为根据我国《刑法》第 25 条共同犯罪的规定和刑法原理，也完全可以对共犯（狭义）定罪处罚。虽然两个文件所规定的共犯帮助行为有一定程度的不同，但都在列举了系列常见的帮助行为之后有一个兜底的“等便利条件、帮助”“等帮助”概括性规定，因此概括性、总结性规定之前的列举即使有所不同，也不会出现实质上的偏差，只要为假冒注册商标的行为提供任何帮助、便利条件的，都可以共犯论处。

四、假冒注册商标罪的罪过形式

对于本罪的罪过形式，无论是理论还是实践当中，几无异议地认为是故意。

既然本罪是故意犯罪，学界目前主流观点认为故意本质应采兼具意识因素（认识因素）和意志因素的容认说，因此行为人认识到的内容是决定是否继续实施假冒注册商标行为（意志行为）的前提。本罪的构成要件是“未经注册商标所有人许可，在同一种商品、服务上使用与其注册商标相同的商标，情节严重”的行为，根据构成要件故意规制机能，刑法分则在该罪罪状中所规定的全部要素都需要行为人认识，因此行为人不仅需要认识到自己使用的商标与他人已经注册的商标相同、认识到自己的行为未经注册商标所有人许可，也需要认识到自己假冒的商标使用在了与注册商标相同的商品、服务上。缺乏对上述任何一个要素认识的，不具备意识因素，也就不能成立故意，不能构成本罪。

在我国“定性+定量”的立法模式下，除了行为、结果等典型的构成要件要素，有时很多事实难以被这些要素所涵摄，或者这些要素独立评价时可能达不到以犯罪处理的程度，综合评价时违法程度很高，又有论以犯罪的必要，我国刑法将这类事实以“情节”概括，属于“整体的评价性要素”，❶ 这是我国刑法的显著特征之一。情节严重反映的是法益被侵害所达到的量，属于罪量因

❶ 张明楷．犯罪构成体系与构成要件要素［M］．北京：北京大学出版社，2010：239.

素。[1] 对于罪量因素是不是构成要件要素、是不是需要行为人对此有所认识，学界争议很大。本书认为，作为“整体的评价性要素”，不法的程度不需行为人认识，否则就会造成记忆力好、记得自己不法行为及其程度的人构成犯罪，那些粗心大意、肆意实施不法行为的人反而不构成犯罪的错误结论，造成处罚上的不公正。

行为人是不是需要认识到自己假冒他人注册商标的行为违法？这涉及违法性认识及其可能性问题。本书认为，即使文化程度不高，普通民众只要根据基本的生活常识判断，也能知悉假冒他人注册商标的行为是极其不妥当的，是背离基本的道德要求的错误行为。在这样的前提下，行为人仍然实施假冒注册商标的行为，自然也就认识到自己行为的违法性。因此，只要行为人在认识到自己实施假冒注册商标行为时，即已经具备了违法性认识可能性。

虽然在实践当中，绝大部分行为人实施假冒注册商标的行为是以追求经济利益为目的，无论这样的目的是通过破坏他人商品、服务的信誉、商誉的反向假冒而间接获利还是假冒他人的注册商标而直接获利，由于本罪属于侵犯知识产权犯罪而不是侵害财产犯罪，只要行为侵犯了国家的商标管理秩序和他人的商标权就有入罪的可能，无须实际侵害了他人经济利益。事实上可能存在单纯地基于泄愤等动机假冒他人注册商标的行为，但立法上没有规定本罪是目的犯，因此成立本罪不要求行为人出于牟利等特殊目的与动机。

---

[1] 陈兴良. 作为犯罪构成要件的罪量要素：立足于中国刑法的探讨［J］. 环球法律评论，2003（3）：275-280.

有观点提出，假冒注册商标是一种贪利型经济犯罪，如果不具有牟利目的，仅仅是为了满足虚荣心理、获得某种荣誉、炫耀技术等，在自己的商品、服务上使用与他人注册商标相同的商标的，不能构成本罪。❶ 本书不赞同这样的观点。刑法并未规定本罪属于目的犯，主要是考虑到目的是人的内心态度，难以查找到客观的证据予以证实，如果要求特定目的才能构成本罪会加大司法机关举证难度，也可能会使得一些不具备特定目的的行为逃避法律制裁。如果行为人仅仅是出于炫耀技术等心理实施了假冒他人注册商标的行为，则其出售的商品或者提供服务的非法经营数额或者违法所得数额一般就不会达到情节严重的程度，无须在责任阶层出罪，其行为就不符合该罪的构成要件而无罪。

五、假冒注册商标罪的认定

（一）“情节严重”的认定

本罪属于情节犯，以情节严重为必要。在犯罪论体系中，情节、情节严重是不是构成要件要素，学界争议较大。既有构成要件要素说，也有独立于构成要件的客观处罚条件说，还有“类构成要件复合体说”“客观的超过要素说”等折中观点的争论。❷ 限于篇幅，本书对上述观点不予展开。

虽然在情节犯和数额犯的关系问题上学界有一定分歧，但一

❶ 周光权．刑法各论［M］．4版．北京：中国人民大学出版社，2021：346.

❷ 王彦强．犯罪成立罪量因素研究［M］．北京：中国法制出版社，2018：162-170.

般认为数额是情节的重要组成，是情节的体现。因此，犯罪数额也就成为衡量情节严重与否的重要标准。随着我国刑法已经开始由唯数额论向数额、情节并重的转变，应当注意避免唯数额论。对于经济犯罪而言，数额确实是衡量情节严重程度与否的重要、客观标准，以可计量的数额作为定罪量刑的标准有助于裁判者清晰快速地界分知识产权侵权行为与犯罪行为，并且在最大程度上实现形式层面的司法统一，具有明显的成本与效率优势。❶ 但是我国刑法现已经明确不再以数额而是以情节作为犯罪成立的标准，因此，除数额之外还应当综合考虑侵权行为持续时间的长短、侵权范围和规模的大小、非法经营数额或违法所得数额的大小、对权利人造成的损害程度等因素综合确定。遗憾的是，我国侵犯知识产权犯罪定罪量刑标准仍然奉行“数额中心主义”，情节要素被边缘化的窘境并未得到实质性改变。司法解释对于罪状中的“情节严重”“情节特别严重”仍然以数额作为衡量的近乎唯一的标准。将罪量要素进行唯数额化处理，刑法难以正确评价法益受侵害的状况，引发法律责任衔接不畅、重复侵权打击不足等问题，可能导致侵犯知识产权犯罪圈不合理地扩张并挤占创新容错空间，严重影响了刑法法益保护机能与自由保障机能的发挥。❷ 因此，司法解释所规定的数额只是衡量本罪成立与否的重要指标之一，而不是唯一指标，除数额外还需要考虑其他因素，综合判断。当然，在我国下级法院严格遵循上级法院解释意见、规定的司法惯性下，

❶ 于波，李雨佳．侵犯知识产权犯罪逐级回应制度研究［J］．青少年犯罪问题，2023（4）：97-112.

❷ 于波，李雨佳．侵犯知识产权犯罪逐级回应制度研究［J］．青少年犯罪问题，2023（4）：97-112.

寄希望于下级法院在缺乏明文规定情况下的独立判断，还存在很大的困难。最高司法机关应及时修改相关司法解释，至少要补充规定除考虑数额外还要以其他情节作为衡量情节严重与否的标准，以解放束缚司法者手脚的绳索。

《侵犯知识产权刑事案件法律解释》第 1 条规定，具有下列情形之一的，属于“情节严重”，以假冒注册商标罪论处：（1）非法经营数额在 5 万元以上或者违法所得数额在 3 万元以上的；（2）假冒两种以上注册商标，非法经营数额在 3 万元以上或者违法所得数额在 2 万元以上的；（3）其他情节严重的情形。《征求意见稿》第 1 条规定，未经注册商标所有人许可，在同一种商品上使用与其注册商标相同的商标，具有下列情形之一的，应当认定为假冒注册商标罪的“情节严重”：（1）违法所得数额在 3 万元以上或者非法经营数额在 5 万元以上的；（2）假冒两种以上注册商标，违法所得数额在 2 万元以上或者非法经营数额在 3 万元以上的；（3）二年内因实施刑法第 213 条至第 215 条规定的行为受过行政处罚，违法所得数额在 2 万元以上或者非法经营数额在 3 万元以上的；（4）其他情节严重的情形。未经注册商标所有人许可，在同一种服务上使用与其注册商标相同的商标，具有下列情形之一的，应当认定为假冒注册商标罪的“情节严重”：（1）违法所得数额在 10 万元以上的；（2）假冒两种以上注册商标，违法所得数额在 5 万元以上的；（3）二年内因实施刑法第 213 条至第 215 条规定的行为受过行政处罚，违法所得数额在 5 万元以上的；（4）其他情节严重的情形。既假冒商品注册商标，又假冒服务注册商标，假冒商品注册商标的数额不足假冒商品注册商标情节严重的标准，但与假冒服务注册商标的违法所得数额合计达到假冒服务注册商标规定标准的，应当认定为假冒注册商标罪的“情节严重”。

与《侵犯知识产权刑事案件法律解释》相比，《征求意见稿》增加了针对假冒服务注册商标的“情节严重”的认定标准，不再唯数额论，而是增加了情节的考虑（二年内因实施侵犯商标权犯罪的行为受过行政处罚，再次实施假冒注册商标的行为违法所得达到一定数额的情形），就实践中同时假冒商品注册商标和服务注册商标但又不能独立达到情节严重程度的情形，《征求意见稿》明确了可以合并计算。

依据《侵犯知识产权刑事案件法律解释》第 12 条，“非法经营数额”是指行为人在实施侵犯知识产权行为过程中，制造、储存、运输、销售侵权产品的价值。已销售的侵权产品的价值，按照实际销售的价格计算。制造、储存、运输和未销售的侵权产品的价值，按照标价或者已经查清的侵权产品的实际销售平均价格计算。侵权产品没有标价或者无法查清其实际销售价格的，按照被侵权产品的市场中间价格计算。多次实施侵犯知识产权行为，未经行政处理或者刑事处罚的，非法经营数额、违法所得数额或者销售金额累计计算。《征求意见稿》第 25 条对“非法经营数额”的解释与《侵犯知识产权刑事案件法律解释》第 12 条对其的解释基本相同。在计算制造、储存、运输和未销售的假冒注册商标侵权产品价值时，对于已经制作完成但尚未附着（含加贴）或者尚未全部附着（含加贴）假冒注册商标标识的产品，如果有确实、充分证据证明该产品将假冒他人注册商标的，其价值计入非法经营数额。

此外，《征求意见稿》第26条第2款明确了“违法所得数额”的标准，即行为人因侵权行为所获得的全部违法收入扣除原材料、所售商品或者提供服务所使用商品的购进价款等直接用于经营活动的必要支出后剩余的数额。通过收取会员费、服务费或者广告费等方式营利的，收取的费用应当认定为“违法所得”。

需要讨论的是，实施了假冒注册商标的行为，但数额未达规定标准的，是犯罪未遂还是犯罪未成立？对此，尽管一般认为我国刑法分则的规定是以犯罪既遂为标准，但我国采取的是一般违法与犯罪行为分立的二元处罚体系，这就决定了行为未达到一定数额标准的，属于一般违法，由行政机关处理或者按照民事纠纷解决，不能以犯罪论处，自然也就谈不上未遂问题。

有观点认为，虽然相关解释要求犯罪数额的计算遵循实际销售价格、标价或者已查清的实际销售平均价、市场中间价格这样的顺序优先选择认定，而在司法实践中，以实际销售价和标价作为认定标准的情况在逐渐降低，将鉴定价视为“市场中间价”并以此确定犯罪数额认定标准的情况占比逐年增多，成为目前主要的适用方式，因此应以鉴定价格为标准，并相应提高犯罪数额标准、配套价格鉴定机制。❶ 本书认为，司法解释确定的犯罪数额认定优先选择的顺序没有问题，司法实践中的惯常做法虽然有一定合理性，但这是司法僵化的体现，看似标准统一，实际上流于简单，不能据实认定犯罪数额，也就难以体现罪刑相当，并不可取，更不应推广。

---

❶ 陈琳．关于假冒注册商标罪之犯罪数额认定标准的反思与重构：以近5年430份假冒注册商标罪裁判文书为样本［J］．人民司法，2024（13）：15-19.

需要说明的是，上述“情节严重”是普遍性的、针对自然人犯罪而言的，由于单位也可以构成本罪，对于单位犯罪的情节严重标准是不是适用个人犯罪成立的标准，不无讨论的余地。按照《侵犯知识产权刑事案件法律解释》第15条规定，单位假冒注册商标的，按照“相应个人犯罪的定罪量刑标准的三倍定罪量刑”。2007年《侵犯知识产权刑事案件法律解释（二）》第6条规定，单位实施假冒注册商标的行为，按照《侵犯知识产权刑事案件法律解释》和“本解释规定的相应个人犯罪的定罪量刑标准定罪处罚”。第7条规定：“以前发布的司法解释与本解释不一致的，以本解释为准。”据此，《侵犯知识产权刑事案件法律解释（二）》修改了《侵犯知识产权刑事案件法律解释》的相关规定，单位实施假冒注册商标的行为应当按照相应个人犯罪的定罪量刑标准定罪处罚。2023年《征求意见稿》第18条规定，单位实施假冒注册商标的行为“按照本解释规定的相应个人犯罪的定罪量刑标准定罪处罚”，可见认可并延续了《侵犯知识产权刑事案件法律解释（二）》的相关规定。

（二）注意区分罪与非罪的界限

按照以德国、日本为代表的大陆法系阶层化犯罪论体系（“三阶层犯罪论体系”），成立犯罪必须坚持先客观后主观、先事实后价值、先形式后实质的顺序，不可僭越和颠倒。行为是不是构成犯罪，必须以案件事实符合刑法所规定的假冒注册商标罪的要件为前提。因此，在得到注册商标所有权人许可、使用的不是相同的商标而是近似商标、不是在同一种商品、服务上使用相同的商标而是在其他商品、服务上使用他人注册商标，以及虽然假冒了他人注册商标但情节未达严重程度的，都不构成假冒注册商标罪。但是，社会生活千变万化，在罪与非罪的区分上需要注意以下几个问题。

1. 超过注册商标使用许可期限继续使用、超出使用许可的区域使用的，一般不宜按照犯罪处理

根据我国《商标法》及相关法律、法规，注册商标所有人可以通过合同约定方式许可他人使用自己的注册商标，在许可合同中一般约定许可使用的区域、时间等内容。对于超过注册商标使用许可的区域、时间使用他人注册商标的，虽然也有将其解释为“未经注册商标所有人许可”的余地，但谦抑性是刑法的重要原则，在注册商标权利人可以通过民事诉讼途径保护自己的权益时，刑法不宜过度介入。假冒注册商标的犯罪行为往往是在权利人并不知情的情况下，私自使用其注册商标，甚至真正的注册商标权利人要花费一定精力才能查清假冒者，这与超过一定期限和区域使用他人注册商标，商标权利人可以很容易地知悉使用者有着重大不同。

2. 注意与不正当竞争行为相区别

根据我国《反不正当竞争法》第 6 条，与假冒注册商标相关的不正当竞争行为主要有：（1）擅自使用与他人有一定影响的商品名称、包装、装潢等相同或者近似的标识；（2）擅自使用他人有一定影响的企业名称（包括简称、字号等）、社会组织名称（包括简称等）、姓名（包括笔名、艺名、译名等）；（3）擅自使用他人有一定影响的域名主体部分、网站名称、网页等；（4）其他足

以引人误认为是他人商品或者与他人存在特定联系的混淆行为。由于这些行为所使用的不是他人的注册商标，而是商品的包装、装潢，服务场所的装修、装饰风格、招牌、商号等符号、标识，这些包装、装潢、名称等与注册商标的作用大致相同，都是用来突出商品、服务的显著特征招揽顾客，吸引消费，但假冒注册商标罪所要求的假冒的对象必须是他人的注册商标，上述这些标识不是注册商标的组成部分，当然不能构成本罪。但是，如果商品的包装等已经申请了专利或者享有著作权，在一定条件下可以构成假冒专利或者侵犯著作权等犯罪。

3. 只翻新商品并销售但不假冒注册商标的行为，不能构成本罪

实践中，回收他人使用过的商品，通过加工、维修、清洗等手段翻新后，不拆除原有商标就再次出售，甚至对商品翻新后冒充原生产厂家而出售的行为时有发生，由于行为人并未假冒他人的注册商标，所以也不能构成本罪。行为人回收破旧的商品后，不仅对商品进行翻新，还重新制造与原注册商标相同的商标并用于该商品后出售的，此时行为人确实实施了使用假冒他人注册商标的行为，但由于商标和商品一致，并不损害商标标识和商品之间的对应关系，所以也不构成假冒注册商标罪。反之，行为人购买不同的产品零部件后组装成为一个独立的商品，再使用他人的注册商标出售，或者对甲的产品翻新后，使用乙的注册商标出售的，因为实施了假冒他人（如乙）的注册商标的行为，则构成假冒注册商标罪。至于是不是构成其他犯罪，不可一概而论。翻新后的产品质量一般会降低，如果再次出售的商品不符合产品质量标准的，可以同时构成生产、销售伪劣产品等犯罪，与假冒注册

商标罪择一重处。

4. 正确处理将假冒注册商标的商品境外出售的行为

假冒他人注册商标，但将该商品销往中国境外，甚至是没有加入《TRIPs 协定》的国家和地区，行为人往往认为商品已经销往境外，不会造成境外的公众产生商品混淆问题，因而不构成本罪。对这个问题的认识，必须结合本罪的保护法益才能判断。如果认为假冒注册商标罪的行为固然侵害了商标权人的专用权，但商标专用权是权利人参与市场竞争的优势所在，实际上是侵害了权利人由此获得的应有的市场份额和收益，❶ 那么将假冒注册商标的商品销往境外的，因为权利人并未将商品销往该地区，不会损害其竞争优势和市场份额，也就不能构成本罪。但是，本书认为，首先，假冒注册商标罪的保护法益是商标权利人的专用权，只要侵害了未经许可不得将注册商标用于非权利人生产的商品上的行为就可以构成本罪，不必迟缓到商品销售环节，因此上述理由难以成立。其次，我国《刑法》和《商标法》并未将“混淆”作为商标侵权的构成要件，规范保护目的不是民众对商品的混淆、误认，而是注册商标权利人对商标的独占权以及由商标所带来的经济利益，进而维护市场秩序。❷ 最高司法机关也持同样的立场，2009 年最高人民法院《关于当前经济形势下知识产权审判服务大局若干问题的意见》第 6 条明确，“未经商标注册人许可，在同一种商品上使用与其注册商标相同的商标的，除构成正当合理使用的情形

❶ 王志远．网络知识产权犯罪的挑战与应对：从知识产权犯罪的本质入手［J］．法学论坛，2020（5）：114-123.

❷ 张明楷．刑法学（下）［M］．6 版．北京：法律出版社，2021：1067.

外，认定侵权行为时不需要考虑混淆因素”。最后，只要行为人假冒了他人的注册商标，无论商品销往哪里，都已经侵害了权利人对商标的独占权。即使权利人尚未将商品销往该国家和地区，但并不意味着今后不会，假冒注册商标的商品输入该区域后，损害了权利人未来投放市场的潜在竞争优势和未来的市场份额，对注册商标权利人的经济利益实际上已经造成了潜在的甚至是直接的侵犯。又由于这种行为同时扰乱了市场秩序，因而同样构成本罪。当然，如果没有实施参与假冒注册商标的行为，也不知道是假冒注册商标的商品，而只是将商品销往境外的，不构成任何犯罪。

5. 对帮助行为的处理不能一概而论

一方面，假冒注册商标罪往往从提供商标特征、生产假冒商标标识，到运输、使用假冒的注册商标标识再到销售商品、回收资金、分配利益，是一个相对漫长的过程，参与的人员和企业也较多。《侵犯知识产权刑事案件法律解释》和《知识产权案件意见》都对此作出了规定，要求对提供资金、发票，提供生产、经营场所以及运输、储存等便利条件的，要以假冒注册商标罪的共犯论处。与传统的杀人、盗窃等犯罪中帮助犯与实行犯、帮助犯之间互相认识、熟悉，犯意明确，行动上互相配合情形不同，假冒注册商标的各个参与人往往只是“生意伙伴”关系，行为人之间甚至从未谋面。孤立地看，各个独立的行为似乎并不违法，例如，只是向他人提供注册商标的外观特征的行为很难说是违法行为，但只要将这样的行为纳入整个链条当中，其不法性质就能显现出来，这就造成认定共同犯罪时存在一些困难。因此，对这类犯罪的处理要注意整个犯罪利益链条中的各个环节，不要遗漏。

另一方面，并非对所有参与这个不法链条中的全部行为都要以犯罪处理，要注意宽严相济刑事政策在具体案件中的适用。对于那些知道他人假冒注册商标，出于经济利益只是提供一定便利，例如出租场地等行为，由于行为人并未超过合理的市场价格收取租金，也就是没有从他人假冒注册商标的不法过程中获利，不能按照犯罪处理。换言之，本罪以共犯处理的只是那些直接从假冒注册商标的行为中获得经济利益的行为。对于不按假冒注册商标犯罪处理的违法行为，可以根据《商标法》等由市场监督管理部门对其罚款、责令立即停止侵权行为，没收、销毁侵权商品。

（三）正确处理与其他犯罪的关系

1. 与生产、销售伪劣商品犯罪的关系

对假冒注册商标后用到自己生产、销售的伪劣产品上的行为，有人认为该假冒注册商标行为和后续的生产、销售伪劣产品的行为是牵连犯关系，前者是后者的手段行为；有人认为是法条竞合关系，有人认为属于想象竞合关系。本书赞成想象竞合关系。主要理由是：首先，牵连关系说存在明显不当。对于一个售价很高的商品来说，是注册商标还是商品本身的价值更高，需要根据不同的商品来分析，例如“可口可乐”饮料，饮品本身的价值并不高，售价之所以相对较高主要是其商标价值的体现，对于假冒这类商品的注册商标的行为，假冒注册商标的行为恐怕才是获利的真正来源。因此，假冒注册商标和后续的生产、销售伪劣产品很难说哪个是目的哪个是手段。对于牵连犯来说，手段和目的、结果要存在必然牵连关系，例如伪造离婚判决书后与他人重婚，没

有伪造文书的行为很难完成重婚行为，两个行为之间存在牵连关系。假冒注册商标和生产、销售伪劣产品并不互相以另外的行为为条件，两个行为互相独立，也完全可能假冒他人注册商标后用于质量合格的商品上面，这与牵连犯明显不同。其次，法条竞合关系说也有所不妥。虽然法条竞合和想象竞合区分困难，学界争议较大，甚至有人提出不再区分法条竞合和想象竞合的大竞合论的主张，❶ 但学界主流观点还是认为二者存在明显不同。想象竞合是一个行为触犯数个罪名，是由于事实原因而产生一个行为同时触犯数个罪名，侵犯数个法益。法条竞合是一个行为触犯了数个法条，是由于法条之间存在某种逻辑关系。想象竞合触犯的罪名之间往往互相独立，没有任何关系，法条竞合则在构成要件之间存在明显的从属或交叉关系。对于假冒注册商标和生产、销售伪劣产品而言，这是两个相对独立的行为，实施任何一个犯罪行为并不必然触犯另外一个犯罪，二者也不存在重合、交叉等关系。假冒注册商标罪侵害的是商标权利人对商标的专用权，生产、销售伪劣产品罪主要是侵害了产品质量秩序，二者的法益明显不同。因此，想象竞合关系说更加妥当，应从一重罪处罚。当然，这三种观点都肯定对这种行为不能数罪并罚，而是择一重处。

2. 相关罪名的适用

假冒他人注册商标生产商品后又销售该假冒注册商标的商品，构成犯罪的，只侵害了一个对象的利益，规范上应认定为一个犯罪行为，以假冒注册商标罪定罪处罚。既自己实施假冒注册商标

---

❶ 陈洪兵．不必严格区分法条竞合与想象竞合：大竞合论之提倡［J］．清华法学，2012（1）：38-63.

的行为，又明知是他人生产的假冒注册商标的商品而销售，构成犯罪的，即使自己和他人假冒的是同一个注册商标，只要不构成共同犯罪，就应当以假冒注册商标罪和销售假冒注册商标的商品罪数罪并罚。当然，如果假冒他人的注册商标，生产、销售毫无经济价值的产品，所谓销售只是诈骗手段的一种，形式上是销售实质上是诈骗，按照诈骗罪定罪处罚。

为败坏他人商品声誉，在自己生产或者购买的劣质商品上贴上他人的注册商标，然后赠送他人或者抛弃的，是不是构成假冒注册商标罪，也有讨论的余地。有观点认为不构成本罪，[1] 但本书并不这样认为。是不是构成假冒注册商标罪，关键在于是不是侵犯了他人对商标的专用权，只要侵犯了这一权益的，就可以构成本罪，反之则不然。上述行为中的赠送行为，如果大批量地使用他人注册商标，例如生产大量假冒注册商标的商品赠送灾区的，同样侵犯了注册商标的专用权，仍可以构成本罪。如果只是少量生产，情节、数额达不到司法解释所规定的程度的，当然不构成本罪。至于抛弃的行为，如果物品被抛弃后不会被他人发现、利用，当然不构成任何犯罪，[2] 如果虽然抛弃，但实质上仍希望被他人发现、利用，情节达到法定程度的，这和赠送无异，仍可能构成本罪。当然，构成本罪的同时，并不妨碍成立我国《刑法》第221条规定的损害商业信誉、商品声誉罪。

假冒注册商标罪的帮助行为同时构成掩饰、隐瞒犯罪所得、犯罪所得收益罪或者洗钱等犯罪的，按照想象竞合犯处理，应当

[1] 周光权．刑法各论［M］．4版．北京：中国人民大学出版社，2021：346.

[2] 抛弃的物品可能严重污染环境的，另当别论。

依照处罚较重的规定处罚。在卷烟、雪茄等烟草专卖品上使用与他人的注册商标相同的商标并销售的，还可能同时构成非法经营罪和本罪，依照处罚较重的规定定罪处罚。

六、假冒注册商标罪的处罚

根据我国《刑法》第213条规定，本罪有两个法定刑幅度，情节严重的，“处三年以下有期徒刑，并处或者单处罚金”；情节特别严重的，“处三年以上十年以下有期徒刑，并处罚金”。根据《刑法》第220条的规定，单位犯本罪的，对单位判处罚金，并对其直接负责的主管人员和其他直接责任人员，依照自然人犯罪的规定处罚。

根据《侵犯知识产权刑事案件法律解释》第1条，具有非法经营数额在5万元以上或者违法所得数额在3万元以上，或者假冒两种以上注册商标，非法经营数额在3万元以上或者违法所得数额在2万元以上，或者有其他情节严重的情形的，属于“情节严重”，判处3年以下有期徒刑，并处或者单处罚金。具有下列情形之一的，属于“情节特别严重”，判处3年以上10年以下有期徒刑，并处罚金：（1）非法经营数额在25万元以上或者违法所得数额在15万元以上的；（2）假冒两种以上注册商标，非法经营数额在15万元以上或者违法所得数额在10万元以上的；（3）其他情节特别严重的情形。

根据《侵犯知识产权刑事案件法律解释（三）》第7条，除特殊情况外，假冒注册商标的商品、主要用于制造假冒注册商标的商品的材料和工具，应当依法予以没收和销毁。上述物品需要作为民事、行政案件的证据使用的，经权利人申请，可以在民事、行政案件终结后或者采取取样、拍照等方式对证据固定后予以销毁。

第三节　销售假冒注册商标的商品罪

销售假冒注册商标的商品罪是指销售明知是假冒注册商标的商品，违法所得数额较大或者有其他严重情节的行为。

一、销售假冒注册商标的商品罪的概念

有学者认为，本罪是违反商标管理法规，销售明知是假冒注册商标的商品，违法所得数额较大或者有其他严重情节。[1] 本书对此难以认同。如前所述，违反商标管理法规与未经注册商标所有人许可的范围并不一致，取得注册商标所有人对其注册商标使用许可的，仍有可能违反商标管理法规，例如，商标注册人与被许可人签订商标使用许可合同，但许可人未将商标使用许可报商标局备案的，行为虽然违反商标管理法规但不属于“未经注册商标所有人许可”，此时使用他人注册商标的行为不能构成假冒注册商标罪，销售者在明知是商标使用许可未经备案就使用与许可人的注册商标相同的商标的同一种商品，也不能构成销售假冒注册商标的商品罪。因此，虽然我国《刑法》对本罪并没有规定“未经注册商标所有人许可”，但本罪是假冒注册商标罪的“下游犯罪”，是在他人使用假冒的注册商标生产了商品之后进行销售商品的行

[1] 周光权．刑法各论［M］．4版．北京：中国人民大学出版社，2021：346.

为。在生产者不构成犯罪的情况下，销售者也不能构成犯罪。注册商标超过有效期限而注册人未申请续展注册或者已经注册的商标在有效期间内被有关机关予以撤销时，假冒商标行为不构成假冒注册商标罪，销售假冒注册商标的商品的行为也不构成本罪。[1]

需要说明的是，假冒注册商标的商品生产者不构成犯罪并不意味着销售者就绝对不能构成本罪。在生产者因为逃匿、死亡、被吊销营业执照、超过追诉时效等程序、证据上的原因没有被追究刑事责任时，销售者仍然可能构成本罪。甚至，生产者使用假冒注册商标的行为不构成实体法上的犯罪，也不妨碍销售者构成本罪。例如，生产者对其生产的假冒注册商标的商品低价销售，生产者违法所得数额或者非法经营数额没有达到司法解释所规定的数额，但独立的销售者达到本罪入罪门槛的，销售者仍可以成立本罪。当然，行为人既有生产又有销售行为时，按照一罪从重处罚。

二、销售假冒注册商标的商品罪的行为方式

与假冒注册商标罪的构成要件行为“使用”明显不同，本罪的构成要件行为是销售，即明知是假冒注册商标的商品而销售。

所谓销售，是指通过出卖、转让假冒注册商标的商品而获得相应对价。对价，可以是包括人民币、美元等在内的在市场上流通的货币，可以是相应的财物，也可以是提供服务、劳务等。取得对价的方式是直接、间接甚至是再间接取得，不影响本罪的成立。只要符合销售的非法、有偿提供、转让这个本质特征就可以

---

[1] 周光权．刑法各论［M］．4 版．北京：中国人民大学出版社，2021：346.

认定为“销售”，至于销售的方式是批发还是零售，针对特定人销售、内部销售还是面向社会销售等在所不问。

三、销售假冒注册商标的商品罪的行为对象

本罪的对象是“假冒注册商标的商品”，是指未经注册商标所有人许可，使用与其注册商标相同的商标的同一种商品。“同一种商品”应与假冒注册商标罪中的“同一种商品”作同一理解。本罪对象只要满足“同一种商品”即可，无须对“同一种商品”再进行细分。例如，服装、鞋、帽属于《类似商品和服务区分表》第25类，注册商标所有人将商标注册在服装的，假冒他人注册商标的行为人将其使用在了鞋子、帽子上的，仍然属于同一类商品，无须再细分为服装、鞋或者帽等。至于这种商品的质量与真正注册商标的商品质量有无差异，则在所不问。[1]

销售假冒注册商标的商品罪客观上表现为销售假冒他人注册商标的商品的行为，销售对象是与他人注册商标“相同”的商品。此处的“相同”，《侵犯知识产权刑事案件法律解释》第8条采取的是“基本相同说”，认为销售商品的商标与被假冒的注册商标完全相同，或者与被假冒的注册商标在视觉上基本无差别，足以对公众产生误导。《侵犯知识产权刑事案件法律解释（三）》第1条规定，对于改变、减少、增加注册商标的字体、字母大小写或者文字、颜色、间距、商品通用名称及其他空间要素后，基本无差别、足以对公众产生误导的商标，可以认定为与其注册商标相同。由此可知，整体结构的细微差别导致视觉效果相同也应视为基本

[1] 张明楷．刑法学（下）［M］．6版．北京：法律出版社，2021：1067.

相同，相比《侵犯知识产权刑事案件法律解释》，《侵犯知识产权刑事案件法律解释（三）》对商标“相同”的规定更为具体规范，并扩大了“基本相同的商标”的解释路径。[1]

四、销售假冒注册商标的商品罪的行为主体

本罪的主体与假冒注册商标罪完全相同，既包括自然人，也包括单位。《侵犯知识产权刑事案件法律解释》第 15 条规定，单位实施销售假冒注册商标的商品的行为，按照相应个人犯罪的定罪量刑标准的 3 倍定罪量刑。《侵犯知识产权刑事案件法律解释（二）》第 6 条规定，单位实施销售假冒注册商标的商品的行为，按照相应个人犯罪的定罪量刑标准定罪处罚。《征求意见稿》第 18 条规定，单位实施假冒注册商标的商品的行为，按照相应个人犯罪的定罪量刑标准定罪处罚。在处罚上，《侵犯知识产权刑事案件法律解释（二）》已经否定了《侵犯知识产权刑事案件法律解释》的规定，《征求意见稿》进一步肯定了《侵犯知识产权刑事案件法律解释（二）》的规定。

明知他人实施销售假冒注册商标的商品罪，而为其提供贷款、资金、账号、发票、证明、许可证件，或者提供生产、经营场所或运输、储存、代理进出口等便利条件、帮助的，以共犯论处。但是，明知是假冒注册商标的商品而销售的，并不当然地只构成销售假冒注册商标的商品罪。与假冒注册商标的犯罪人事先通谋，分工合作的，共同使用他人的注册商标的，对行为人应以假冒注

[1] 天津市滨海新区人民检察院课题组．销售假冒注册商标的商品罪的理解与适用[J]．中国检察官，2022（13）：31-34.

册商标罪的共犯论处。只有在行为人未参与假冒注册商标的行为而只是单纯地明知是假冒注册商标的商品销售，或者虽然既假冒他人注册商标又销售，由于程序、证据上的原因不能构成假冒注册商标罪或者销售假冒注册商标的商品罪处罚更重时，才能以销售假冒注册商标的商品罪论处。概言之，实施销售假冒注册商标的商品罪行为并不必然只是按照销售假冒注册商标的商品罪处理，仍有成立其他犯罪的可能。

五、销售假冒注册商标的商品罪的罪量要素

《刑法修正案（十一）》修改前《刑法》第 214 条以“销售金额数额较大”作为本罪成立的条件，《侵犯知识产权刑事案件法律解释》第 2 条，销售明知是假冒注册商标的商品，销售金额在 5 万元以上的，属于“数额较大”；《刑法修正案（十一）》将其修改为“违法所得数额较大或者有其他严重情节”，原来以销售金额判断犯罪成立的标准必然随之改变。将本罪的入罪门槛设置成“违法所得数额+情节”，能够有效应对司法实践中出现的各类销售假冒注册商标的商品行为，以全面打击销售假冒注册商标的商品犯罪，“违法所得”更能准确反映行为人的获利程度。

“销售金额”是指销售假冒注册商标的商品后所得和应得的全部违法收入。所得，是指通过销售假冒注册商标的商品实际获得的收入；应得，主要是指已经交付假冒注册商标的商品但购买方尚未支付的货款。双方签订销售合同或者虽未签订销售合同但双方已经通过电子邮件、微信、电话等途径约定好价格的，以已经查清的实际销售平均价格计算。但是，销售假冒注册商标的商品

的行为往往以现金支付、账外账等形式掩饰真实的交易价格，以逃避处理。为了防止行为人逃避法律制裁，做到罚当其罪，侵权产品没有标价或者无法查清其实际销售价格的，按照被侵权产品的市场中间价格计算。双方约定的价格明显低于市场同等质量、相同商标的商品的价格时，委托有关部门对侵权商品的实际销售平均价格进行估价，高于市场价格时，以议定的价格计算。

《刑法修正案（十一）》颁布实施后，目前尚未有司法解释对“违法所得数额较大”“其他严重情节”予以明确，《征求意见稿》规定，销售明知是假冒注册商标的商品，违法所得数额在 3 万元以上的，应当认定为“数额较大”。销售金额在 5 万元以上，或者二年内因实施涉及刑法中所规定的侵犯商标权犯罪的行为受过行政处罚，违法所得数额在 2 万元以上或者销售金额在 3 万元以上的，应当认定为“其他严重情节”。但是，《征求意见稿》尚未生效实施，有观点认为目前仍以《侵犯知识产权刑事案件法律解释》规定的 5 万元以上作为“数额较大”的标准。[1] 但是，本书认为该观点在《侵犯知识产权刑事案件法律解释》中并未体现。在最新的司法解释出台之前，可以结合《侵犯知识产权刑事案件法律解释》和《征求意见稿》的规定，考虑物价变化等因素综合适用。

《刑法修正案（十一）》出台后，本罪的成立由“销售金额”修改为“违法所得”，而违法所得是销售金额减去相应成本后的所得或应得的收入。有观点认为，侦查机关为确认违法所得数额，需要先查明销售金额再核算成本，然后计算出行为人非法获利的数额。但是，何为“成本”？本书认为，对于销售假冒注册商标的

[1] 张明楷．刑法学（下）［M］．6 版．北京：法律出版社，2021：1068.

商品犯罪行为，成本不是包括为购买商品而支付的对价、保管、损耗、工资等在内的全部成本，而只能是扣减购入商品对价之后的成本，其他支出不能计入成本。因为实施不法行为的人工成本等不应计算到成本当中，否则就是不法行为性质的变相“合法化”认定。《征求意见稿》第26条第2款规定，“违法所得数额”是指行为人因侵权行为所获得的全部违法收入扣除原材料、所售商品或者提供服务所使用商品的购进价款等直接用于经营活动的必要支出后剩余的数额。通过收取会员费、服务费或者广告费等方式营利的，收取的费用应当认定为“违法所得”。这一规定是妥当的。根据《侵犯知识产权刑事案件法律解释》第12条规定，假冒注册商标的商品没有标价也无法查清其实际销售价格的，按照被侵权产品的市场中间价格计算。《侵犯知识产权刑事案件法律解释》和《征求意见稿》均规定，多次实施侵犯知识产权行为，未经行政处理或者刑事处罚的，非法经营数额、违法所得数额或者销售金额累计计算。

《侵犯知识产权刑事案件法律解释（三）》第10条和《征求意见稿》第23条对于侵犯知识产权犯罪判处罚金时，都提示性地规定“应当综合考虑犯罪违法所得数额、非法经营数额、给权利人造成的损失数额、侵权假冒物品数量及社会危害性等情节”。本书认为这一规定也适用于犯罪成立时判断“情节严重”与否的标准，避免重蹈“唯数额论”的覆辙。

《征求意见稿》第4条第2款规定：“假冒注册商标的商品尚未销售，货值金额达到前款规定的销售金额标准三倍以上，或者销售金额不足前款标准，但与尚未销售商品的货值金额合计达到前款规定的销售金额标准三倍以上的，以销售假冒注册商标的商品罪（未遂）定罪处罚。”第3款规定：“违法所得数额、销售金额等达到本条前二款规定标准十倍以上的，应当认定为刑法第二百一十四条规定的‘违法所得数额巨大或者有其他特别严重情节’。”

六、销售假冒注册商标的商品罪的罪过形式

本罪的罪过形式是故意，且对假冒注册商标的商品要求达到明知的程度，这既是源自立法、罪刑法定原则的要求，也在理论上几无争议。但是，“明知”只是对假冒注册商标的商品的明知，不需要知悉所假冒的注册商标权利人、假冒的程度等。[1] 根据责任主义原则，犯罪的成立需要行为人对实施的不法行为具有主观上的非难可能性。刑事司法在认定犯罪时不能仅凭客观要素就恣意处罚，需要进一步判定行为人具有责任才能加以谴责，以防止不考虑行为主观要素的结果责任。就销售假冒注册商标的商品罪而言，行为人必须明知是假冒注册商标的商品而销售，并且希望或者放任这种销售行为的危害结果的发生。《刑法》第214条对“明知”的规定是对行为对象这一构成要件要素的认识的提示。亦即，行为人已经知道销售的是假冒注册商标的商品或者可能是假冒注册商标的商品。即使没有明文规定“明知”，根据构成要件的故意规制机能，故意的认识和意志内容就组成了构成要件故意的内容，行为人对犯罪构成要件要素必须有认识，此处的“明知”起到的是提示性功能。

---

[1] 《刑法》第214条和第218条“明知”均是关于行为对象的明知。

本罪在实践当中，考察的核心是行为人是不是“明知是假冒注册商标的商品”。故意、明知是完全依附于行为人的内心态度，实践中往往难以认定。因此，“明知”包括有证据证明、行为人供认的“确知”，即确切地知道；也包括虽然现有证据指向了行为人明知，但行为人予以否认时司法上推定的“应知”，即应当知道。对于前者，证据客观、充分，认定为“明知”不存在障碍。对于后者，属于司法上推定的知道，需要注意以下两点：一是推定行为人“明知”不能依靠猜测，而是要建立在一定的证据基础之上。现有大量证据能够证实行为人明知，根据社会生活常识，其他社会成员在此情况下也会“明知”，因此推定行为人对此也是“明知”的内心状态。二是虽然满足了推定的上述条件，但允许行为人提出相反证据，只要行为人提出反证的，原则上就可以推翻司法上的“推定”。对于正向的推定和反向的反证，对于证据的证明要求并不相同。正向推定，需要证据达到排除一切合理怀疑的严格程度，而反证证据只需达到优势程度而不需达到排除合理怀疑的程度即可。

《侵犯知识产权刑事案件法律解释》第9条列举了本罪“明知”的4种情形：（1）知道自己销售的商品上的注册商标被涂改、调换或者覆盖的；（2）因销售假冒注册商标的商品受到过行政处罚或者承担过民事责任、又销售同一种假冒注册商标的商品的；（3）伪造、涂改商标注册人授权文件或者知道该文件被伪造、涂改的；（4）其他知道或者应当知道是假冒注册商标的商品的情形。《征求意见稿》第5条规定了本罪“明知”的6种情形：（1）知道自己销售的商品上的注册商标被涂改、调换或者覆盖的；（2）伪造、涂改商标注册人授权文件或者知道该文件被伪造、涂改的；（3）因销售假冒注册商标的商品受过行政处罚或者承担民事责任，又销售同一种假冒注册商标的商品的；（4）无正当理由以明显低于市场价格进货或者销售的；（5）被行政执法机关、司法机关发现销售假冒注册商标的商品后，转移、销毁侵权商品、会计凭证等证据或者提供虚假证明的；（6）其他可以认定为知道是假冒注册商标的商品的情形。两相对照，《征求意见稿》增加了《侵犯知识产权刑事案件法律解释》并未明确的第（4）种和第（5）种情形，而这两种情形即使未明确规定，在司法实践中一般也会认定为"明知"。可以说，《征求意见稿》只是《侵犯知识产权刑事案件法律解释》的细化、补充，二者所体现的基本精神完全相同。虽然司法解释只是规定了上述几种情形，一般而言，销售商品的进价和质量明显低于被假冒的注册商标商品的进价和质量、从非正常渠道取得商品后销售以及根据行为人本人的经验和知识，知道自己销售的是假冒注册商标的商品，[1] 结合行为人是否已被生产者告知是假冒注册商标的商品、行为人的经验与知识等因素，[2] 也可以推定为"明知"。

根据法秩序统一性原理，行政法或民法等前置法上合法的行为，在刑法上不可能成立犯罪；即使在其他法律领域中被认为是违法的行为，在对其科以刑罚制裁时，刑法上仍有进一步筛选的必要。[3] 我国《商标法》第 64 条第 2 款规定，销售不知道是侵犯

[1] 张明楷．刑法学（下）［M］．6 版．北京：法律出版社，2021：1068.

[2] 周光权．刑法各论［M］．6 版．北京：中国人民大学出版社，2021：347.

[3] 周光权．刑法谦抑性的实践展开［J］．东方法学，2024（5）：131-144.

注册商标专用权的商品，能证明该商品是自己合法取得并说明提供者的，不承担赔偿责任。该条只是表明销售者不承担赔偿责任，但依然属于侵犯注册商标专用权，因为《商标法》第 57 条第 3 项销售侵犯注册商标专用权的商品属于侵犯注册商标专用权。由于不符合销售假冒注册商标的商品罪的“明知”条件，所以不可能成立销售假冒注册商标的商品罪。这也进一步说明刑法具有谦抑性，前置法上的违法行为只是提示可能存在刑事犯罪，是否构成刑事犯罪还需要根据刑法规定进行实质判断。

七、销售假冒注册商标的商品罪的认定

销售假冒注册商标的商品，构成本罪的同时可能因为商品质量不符合质量法规而同时触犯销售伪劣产品罪。行为人明知是假冒的注册商标的商品而销售，也可能同时触犯掩饰、隐瞒犯罪所得、犯罪所得收益罪。上述两种情形，由于行为人只实施了一个销售行为，按照想象竞合犯的处理原则，择一重处。[1]

假冒注册商标的犯罪人既使用他人的注册商标，又销售自己假冒的注册商标的商品的，销售行为被假冒注册商标行为吸收，[2]只成立假冒注册商标罪，一般不成立本罪。但是，行为人在此商品上假冒他人注册商标，同时又销售他人假冒注册商标的商品，行为人实施了两个独立的行为，分别触犯两个罪名，应予并罚。

在侵犯知识产权的犯罪中，行为人可能通过假冒他人注册商标制售伪劣产品，也可能通过制售假冒伪劣产品来假冒注册商标

---

[1] 王新．刑法分论精解［M］．北京：北京大学出版社，2023：194.
[2] 周光权．刑法各论［M］．4 版．北京：中国人民大学出版社，2021：346.

的商品，这种情形完全符合想象竞合犯的特征。如果行为人通过掺杂、掺假，以次充好，以假充真或者以不合格产品冒充合格产品的方式销售假冒注册商标的商品，行为人虽然只实施了一个行为，但同时触犯销售假冒注册商标的商品罪和销售伪劣产品罪。2001年最高人民法院、最高人民检察院《关于办理生产、销售伪劣商品刑事案件具体应用法律若干问题的解释》第10条规定："实施生产、销售伪劣商品犯罪，同时构成侵犯知识产权、非法经营等其他犯罪的，依照处罚较重的规定定罪处罚。"这一规定为侵犯知识产权犯罪的处罚原则提供了法律依据。对此，构成想象竞合关系，需以行为人的一个行为同时符合了两个罪的构成要件为必要，如果不符合这个条件的，当然也就谈不上想象竞合犯问题。

八、销售假冒注册商标的商品罪的处罚

自然人犯本罪的，处3年以下有期徒刑，并处或者单处罚金；违法所得数额巨大或者有其他特别严重情节的，处3年以上10年以下有期徒刑，并处罚金。

根据《刑法》第220条的规定，单位犯本罪的，对单位判处罚金，并对其直接负责的主管人员和其他直接责任人员，依照自然人犯罪的规定处罚。

2011年《知识产权案件意见》第8条规定："销售金额和未销售货值金额分别达到不同的法定刑幅度或者均达到同一法定刑幅度的，在处罚较重的法定刑或者同一法定刑幅度内酌情从重处罚。"如此规定可以避免重复评价，确保罪刑相适应，同时也强化对未销售侵权商品的打击。实践中，对于本罪的处罚，与其他侵

犯知识产权罪需要注意的其他事项，例如缓刑、罚金刑的判决和适用等相同，不再赘述。

第四节　非法制造、销售非法制造的注册商标标识罪

非法制造、销售非法制造的注册商标标识罪，是指自然人或者单位故意伪造、擅自制造他人注册商标标识，或者销售伪造、擅自制造的注册商标标识，情节严重的行为。

本罪的行为对象是商标标识，即商品本身或其包装上使用的附有文字、图形或文字与图形的组合所构成的商标图案的物质实体，如商标纸、商标标牌、商标标识带等。商标标识与注册商标不同，商标标识是以其外部特征、物质属性和存在状况等物理属性承载商标信息的物体，注册商标是通过文字、符号或图案及上述要素的结合用来表达思想内容的信息，前者是物质性的，后者是信息性的。

行为人非法制造承载假冒他人注册商标的标识物品同时构成犯罪的，与本罪按照想象竞合犯的处罚原则，择一重罪处断。在本书看来，非法制造假冒他人注册商标的标识行为必然假冒他人注册商标，二者可谓烟与火、血与肉的关系，在规范上可以视为一个完整的犯罪行为。因此，非法制造、销售非法制造的注册商标标识罪以非法制造、销售的注册商标标识是真实的为必要。实践中，往往是行为人在合法取得制造他人注册商标的标识权利后，超数量、范围、品种制造他人注册商标的标识，再出售牟利。本罪带有“兜底”的

特征，即只查获行为人非法制造他人注册商标的标识或者销售非法制造的注册商标标识，达到情节严重程度，不能证明行为人以该非法制造的注册商标标识用作生产假冒他人注册商标的产品时，才能以本罪论处。如果非法制造他人注册商标的标识用来自己生产假冒他人注册商标的产品的，则应按照牵连犯的处罚原则处理。当行为人销售非法制造的注册商标标识，却不能与购买者构成假冒注册商标罪的共犯时，销售者单独构成本罪。

本罪属于选择性罪名，只要行为人实施了非法制造他人的注册商标标识，情节严重，就可以构成非法制造注册商标标识罪；对于没有参与制造，单纯实施了销售他人非法制造注册商标标识行为的，可以构成销售非法制造的注册商标标识罪。行为人同时实施了制造、销售非法制造的注册商标标识的，从重处罚，不能数罪并罚。

根据《侵犯知识产权刑事案件法律解释》第 3 条，具有下列情形之一的，属于“情节严重”：（1）伪造、擅自制造或者销售伪造、擅自制造的注册商标标识数量在 2 万件以上，或者非法经营数额在 5 万元以上，或者违法所得数额在 3 万元以上的；（2）伪造、擅自制造或者销售伪造、擅自制造两种以上注册商标标识数量在 1 万件以上，或者非法经营数额在 3 万元以上，或者违法所得数额在 2 万元以上的；（3）其他情节严重的情形。

非法制造、销售非法制造的注册商标标识罪的主体条件与其他侵犯商标权犯罪相同，不再赘述。

无论是非法制造注册商标标识还是销售非法制造的注册商标标识的行为，均须以故意为必要，即明知自己实施的是非法制造注册商标标识、销售非法制造的注册商标标识的行为而执意为之，过失不能构成本罪。由于制造注册商标标识行为人对于自己制造他人注册商标的标识的行为是不是得到了注册商标权人的许可是明知的，因此控方的举证负担相对较轻，只要证明行为人实施了制造他人注册商标的标识的行为即可推定行为人存在故意，如果行为人不能提交自己取得合法制造他人注册商标的标识的资质、权利的，即可构成本罪。对于销售者而言，控方不仅要证明行为人实施了销售非法制造的注册商标标识的行为，还负有证明行为人对其行为存在明知的责任。由于明知、故意完全属于行为人隐秘的精神世界的内容，因此可以根据交易的价格、供应方能否提供注册商标权人的使用许可证书、能否提供合法有效的发票等客观表现来推定其明知。推定的明知允许反证，只要行为人提供相反的证据证明自己不是明知的，行为人就不能构成销售非法制造的注册商标标识罪。行为人提交的相反证据只需达到优势证据程度即可，不需满足排除合理怀疑的程度，排除合理怀疑只是认定行为人有罪时的证明要求。甚至只要行为人能够提交相应否定自己明知的证据，且这样的证据合理，即可否定行为人有罪。行为人对自己非法制造、销售非法制造的注册商标标识的行为是不是违法，按照违法性认识必要说、责任要素说的立场，不影响故意的认定，但如果行为人不具有违法性认识可能性的，阻却责任，不能构成本罪。

自然人犯本罪的，处 3 年以下有期徒刑，并处或者单处罚金；情节特别严重的，处 3 年以上 10 年以下有期徒刑，并处罚金。

单位犯本罪的，对单位判处罚金，并对其直接负责的主管人员和其他直接责任人员，依照自然人犯罪的规定处罚。

第五节　案例研究

案例一　肖某某假冒注册商标案

一、基本案情

泰亚达公司是注册商标“taiyada”“PhoFilm”“泰亚达”的权利人，生产、销售感光干膜。被告人肖某某原是泰亚达公司的销售经理，2019 年 1 月以亲属名义成立泰膜公司，2021 年从泰亚达公司离职。2019 年 4 月 28 日，泰亚达公司与泰膜公司签订产品代理协议，协议许可泰膜公司在 2019 年 5 月 1 日至 2020 年 4 月 30 日期间使用注册商标“泰亚达”并销售“泰亚达”牌感光干膜。合同期满后，被告人肖某某在没有取得权利人泰亚达公司许可的情况下，通过从其他厂家购入感光干膜，让他人仿照“泰亚达”包装箱制造外包装箱，出售假冒注册商标“泰亚达”牌感光干膜。2020 年 12 月 14 日，泰亚达公司与泰膜公司重新签订产品经销协议，协议许可泰膜公司在 2021 年 1 月 1 日至 2021 年 12 月 31 日期间销售“泰亚达”牌感光干膜。被告人肖某某在无授权使用注册商标“泰亚达”期间，假冒注册商标“泰亚达”的感光干膜并对外销售，销售金额达 173 万余元。案发后，深圳市山旭电子有限公司、深圳市捷科电路有限公司、珠海市永天伟电子有限公司均向公安机关提交了涉案感光干膜共 42 箱，经注册商标所有人泰亚达公司鉴定，均为假冒注册商标“泰亚达”牌感光干膜。

二、法院判决

法院生效判决认为，被告人肖某某在未经注册商标所有人许可期间，在同一种商品上使用与其注册商标相同的商标，情节特别严重，其行为构成假冒注册商标罪。被告人肖某某以亲属名义成立泰膜公司，泰膜公司是其谋取利益的手段，并非实施犯罪的主体，本案并不构成单位犯罪，故以假冒注册商标罪判处肖某某有期徒刑 4 年，并处罚金。[1]

三、主要问题及分析

本案主要涉及两个问题需要讨论：一是授权许可协议期限届满后，新的授权许可协议签订前，在同一种商品使用与他人注册商标相同的商标，是否构成假冒注册商标罪？二是本案是否构成单位犯罪？

其一，本案构成假冒注册商标罪。区分侵犯注册商标专用权的民事侵权与假冒注册商标罪需要准确定性民事纠纷与刑事犯罪。（1）从行为对象来看，假冒注册商标罪的行为对象是他人的注册商标，如果假冒的是他人未经注册的商标，或者假冒他人的商品名称、包装、装潢、企业名称、认证标志、名优标志等，不构成假冒注册商标罪。（2）从行为类型来看，假冒注册商标罪的行为类型是未经注册商标所有人许可，在同一种商品、服务上使用与其注册商标相同的商标。《商标法》规定的假冒注册商标包括以下类型：未经商标注册人许可，在同一种商品上使用与其注册商标

---

[1] 广东省清远市清城区人民法院（2022）粤 1802 刑初 239 号刑事判决书。

相同的商标；未经商标注册人许可，在同一种商品上使用与其注册商标近似的商标，或者在类似商品上使用与其注册商标相同或者近似的商标，容易导致混淆的。由此，《刑法》只把第一种行为即未经商标注册人许可，在同一种商品上使用与其注册商标相同的商标规定为犯罪，其他三种假冒商标行为均不能构成假冒注册商标罪。(3) 从行为的法益侵害程度来看，根据《刑法》第 213 条只有达到“情节严重”程度的，才能作为犯罪处理，否则只能作为一般违法行为。本案中，肖某某在被害人公司尚未离职的情况下，为谋取利益以亲属名义成立泰膜公司，2019 年 4 月 28 日，泰亚达公司与泰膜公司签订产品代理协议，协议许可泰膜公司在 2019 年 5 月 1 日至 2020 年 4 月 30 日期间使用注册商标“泰亚达”并销售“泰亚达”牌感光干膜。授权许可协议期限届满后，肖某某在没有取得权利人泰亚达公司许可、新的授权许可协议没有签订的情况下，通过从其他厂家购入感光干膜，让他人仿照“泰亚达”包装箱制造外包装箱，出售假冒注册商标“泰亚达”牌感光干膜，属于在同一种商品上使用与他人注册商标相同的商标，并且销售金额达 173 万余元，符合《侵犯知识产权刑事案件法律解释》第 1 条规定的“情节特别严重”的标准。因此，被告人肖某某构成假冒注册商标罪。

其二，本案不构成单位犯罪。单位犯罪以刑法明文规定单位应受刑罚处罚为前提。《刑法》第 220 条明文规定了单位犯第 213 条至 219 条之一规定之罪的处罚措施，因此，侵犯知识产权罪均可由单位构成。然而，单位犯罪是在单位整体意志支配下实施的犯罪。如果盗用、冒用单位名义实施犯罪，或者个人设立公司、企业、事业单位的主要目的是实施犯罪活动的，即使以单位名义实施犯罪行为，也不属于单位犯罪，只能认定为自然人犯罪。本案中，被告人肖某某以亲属名义成立泰膜公司，泰膜公司是其谋取利益的手段，并非实施犯罪的主体，实际上是以泰膜公司这种合法形式掩盖被告人肖某某的非法目的。即便公司是合法成立，且实施了部分合法经营行为，也不能掩盖该公司是被告人肖某某谋取非法利益的工具的性质，因此，本案不构成单位犯罪，而是自然人犯罪。

案例二　郭某 1、郭某 2、孙某某假冒注册商标案

一、基本案情

2013 年 11 月底至 2014 年 6 月，被告人郭某 1 伙同被告人孙某某、郭某 2 未经三星（中国）投资有限公司授权许可，从他人处批发假冒的三星手机裸机及配件组装完成整机后，在淘宝网上开设的“三星数码专柜”网店以“正品行货”进行宣传、销售，以明显低于市场价格公开对外销售，共计组装、销售假冒三星手机 2 万余部，非法经营额 2000 余万元，非法获利 200 余万元。被告人郭某 1 在共同犯罪中起主要作用，系主犯。被告人郭某 2 负责该网店的客服工作及客服人员的管理，被告人孙某某负责假冒的三星手机裸机及配件的进货、包装及联系快递公司发货。二被告人在共同犯罪中起辅助作用，系从犯。被告人郭某 1、郭某 2、孙某某及其辩护人对犯罪事实无异议，但对非法经营额、非法获利数额提出异议，辩称淘宝网店存在请人刷信誉的行为，真实交易量只有 1 万多部。

二、法院判决

江苏省宿迁市中级人民法院于 2015 年 9 月 8 日作出判决，被告人郭某 1 犯假冒注册商标罪，判处有期徒刑 5 年，并处罚金人民币 160 万元；被告人孙某某犯假冒注册商标罪，判处有期徒刑 3 年，缓刑 5 年，并处罚金人民币 20 万元；被告人郭某 2 犯假冒注册商标罪，判处有期徒刑 3 年，缓刑 4 年，并处罚金人民币 20 万元。宣判后，三被告人均没有提出上诉，该判决已经生效。[1]

三、主要问题及分析

该案是最高人民法院 2017 年 3 月 6 日公布的第 16 批第 87 号指导性案例。本案的争议主要有以下两点：一是本案争议的焦点是假冒注册商标罪的非法经营数额、违法所得数额的确定。根据公安机关查获的送货单、支付宝向被告人郭某 1 银行账户付款记录、郭某 1 银行账户对外付款记录、“三星数码专柜”淘宝记录、快递公司电脑系统记录、公安机关现场扣押的笔记、被告人供述、证人证言、被害人陈述等证据综合认定。被告人辩解称网络销售记录存在刷信誉行为的不真实交易，无证据证实，故对其辩解不予采纳。二是本案认定非法经营数额达 2000 余万元，非法获利 200 余万元。根据《侵犯知识产权刑事案件法律解释》第 1 条规定，非法经营数额在 25 万元以上或者违法所得数额在 15 万元以上的属假冒注册商标罪的情节特别严重。对被告人应当在假冒注册商标罪第二档法定刑幅度内量刑，即“三年以上七年以下有期徒

[1] 江苏省宿迁市中级人民法院（2015）宿中知刑初字第 0004 号刑事判决书。

刑，并处罚金”（《刑法修正案（十一）》修改之前假冒注册商标罪的法定刑）。

案例三　何某某销售假冒注册商标的商品案
——销售假冒注册商标的商品罪的入罪条件

一、基本案情

被告人何某某在朝阳区某生活广场的摊位内销售卷烟。2021年11月8日，在何某某租赁的摊位内，起获利群（新版）、黄鹤楼（软蓝）等品牌卷烟1281条。经鉴定，起获卷烟中共有1128条为假冒注册商标且伪劣的卷烟，货值共计18余万元。被告人何某某于2022年1月20日被民警抓获，公安机关扣押了案涉卷烟及何某某手机一部。

二、法院判决

北京市朝阳区人民法院认为，被告人何某某销售明知是假冒注册商标的商品，未销售货值金额较大，其行为已构成销售假冒注册商标的商品罪，应予惩处。鉴于在案扣押的卷烟尚未售出，被告人何某某系犯罪未遂，依法对其从轻处罚。判决被告人何某某犯销售假冒注册商标的商品罪，判处有期徒刑2年，罚金10万元。[1] 一审宣判后，被告人何某某不服，提出上诉。北京市第三中级人民法院二审裁定驳回何某某的上诉，维持原判。[2]

---

[1] 北京市朝阳区人民法院（2022）京0105刑初857号刑事判决书。

[2] 北京市第三中级人民法院（2022）京03刑终471号刑事判决书。

三、主要问题及分析

本案是《刑法修正案（十一）》施行后的案例，因此适用修正后的刑法规定。关于本案有如下三个问题值得关注。其一，本案的入罪条件应当如何确定？销售假冒注册商标的商品罪的入罪条件修改为违法所得数额较大或者有其他严重情节，由单纯的数额犯变更为数额犯加情节犯。《刑法修正案（十一）》施行后，最高人民法院、最高人民检察院在 2023 年 1 月公布了《征求意见稿》，但至今尚未施行，因此《征求意见稿》对“违法所得数额较大”和“其他严重情节”的解释并未生效，但可以作为参考。而《侵犯知识产权刑事案件法律解释》关于销售金额的标准不宜直接适用。（1）违法所得数额应当小于销售金额，是销售金额扣除相应成本后的数额。对此，《征求意见稿》第 4 条规定，违法所得数额在 3 万元以上的，应当认定为《刑法》第 214 条规定的“违法所得数额较大”。（2）修正后刑法对销售假冒注册商标的商品罪的刑罚更重，体现了进一步严厉打击销售假冒注册商标商品行为的立法精神。销售金额在 5 万元以上的作为“其他严重情节”入罪，也符合《征求意见稿》第 4 条规定。如此，在严格区分销售金额与违法所得数额概念的同时，避免了遗漏犯罪。

其二，本案涉案商品尚未销售如何处理？以销售为目的购进假冒注册商标的商品，尚未销售就被查获的，以销售假冒注册商标的商品罪（未遂）定罪处罚。行为人以销售为目的购进货值金额较大的假冒注册商标的商品就被查获的，是由于行为人意志以外的原因（被查获）而未得逞，应当适用刑法关于犯罪未遂的规定，以销售假冒注册商标的商品罪（未遂）追究刑事责任。司法实务部门也采纳了这一观点。《知识产权案件意见》第8条“关于销售假冒注册商标的商品犯罪案件中尚未销售或者部分销售情形的定罪量刑问题”部分规定，销售明知是假冒注册商标的商品，具有下列情形之一的，依照《刑法》第214条的规定，以销售假冒注册商标的商品罪（未遂）定罪处罚：（1）假冒注册商标的商品尚未销售，货值金额在15万元以上的；（2）假冒注册商标的商品部分销售，已销售金额不满5万元，但与尚未销售的假冒注册商标的商品的货值金额合计在15万元以上的。假冒注册商标的商品尚未销售，货值金额分别达到15万元以上不满25万元、25万元以上的，分别依照《刑法》第214条规定的各法定刑幅度定罪处罚。销售金额和未销售货值金额分别达到不同的法定刑幅度或者均达到同一法定刑幅度的，在处罚较重的法定刑或者同一法定刑幅度内酌情从重处罚。由此可见，《知识产权案件意见》上述规定系主要考虑尚未销售货值金额15万元的危害程度基本近似于销售金额5万元，故而做入罪处理。《知识产权案件意见》系在修正前刑法仅规定销售金额、《侵犯知识产权刑事案件法律解释》规定5万元的销售金额入罪条件的基础上制定，在刑法修正后，销售金额变更为违法所得数额，鉴于违法所得数额还需扣除成本，顺此推理，尚未销售货值金额15万元的危害程度不可能达到违法所得数额5万元，而尚未销售货值金额与违法所得数额的对应关系目前尚无相关规定。因此，《知识产权案件意见》中关于尚未销售货值金额的标准亦不宜直接适用，但亦可根据具体案情，以相关情形构成有其他严重或特别严重情节为由入罪处理。本案中，被告人尚未销售货值金额达到18余万元，符合《知识产权案件意见》规定的入罪条件，应作入罪处理。尽管《知识产权案件意见》的数额标准不宜直接适用，但本案符合有其他严重情节情形，仍可引用《知识产权案件意见》第8条，在修正后刑法第一档法定刑幅度内定罪量刑。法院同时引用修正后刑法及《知识产权案件意见》第8条作出判决，所引用规范及定罪量刑是正确的。

其三，涉案商品尚未销售的犯罪数额如何计算?《侵犯知识产权刑事案件法律解释》第12条规定：“本解释所称‘非法经营数额’，是指行为人在实施侵犯知识产权行为过程中，制造、储存、运输、销售侵权产品的价值。已销售的侵权产品的价值，按照实际销售的价格计算。制造、储存、运输和未销售的侵权产品的价值，按照标价或者已经查清的侵权产品的实际销售平均价格计算。侵权产品没有标价或者无法查清其实际销售价格的，按照被侵权产品的市场中间价格计算。”尽管销售假冒注册商标的商品罪中并没有涉及非法经营数额，但从非法经营数额与违法所得数额的内涵与外延来看，前者无疑可以包含后者，况且涉案商品尚未销售的货值金额也可以体现为非法经营数额，因此本案犯罪数额的确定可以参照适用《侵犯知识产权刑事案件法律解释》第12条的规定。

此外，《侵犯知识产权刑事案件法律解释》第12条所称的“标价”即“待销价格”，是由假冒注册商标的商品的销售者确定的。如果对案件中假冒注册商标的商品的“标价”，仅有被告人的供述和辩解，那么根据我国《刑事诉讼法》第55条规定：“对一切案件的判处都要重证据，重调查研究，不轻信口供。只有被告人供述，没有其他证据的，不能认定被告人有罪和处以刑罚；没有被告人供述，证据确实、充分的，可以认定被告人有罪和处以刑罚。”关于“标价”的供述和辩解就不能作为定案的依据。同时，如果被告人供述和辩解的待销价格过低，难以实现其营利目的，甚至会亏本，则明显与事实不符。故对被告人关于“标价”的这种供述和辩解，法院一般不予采纳。如果实际销售价格也无法查清，则犯罪数额按照被侵权产品的市场中间价格计算。

案例四 张某等非法制造、销售非法制造的注册商标标识案、假冒注册商标案

一、基本案情

2021 年 9 月起，被告人张某 1、耿某在××××平台注册“某某公司 2”等三家店铺对外销售假冒“itel”“TECNO”“诺基亚”等品牌手机电池。其间，被告人张某 1、耿某向被告人陈某提供原料，委托其将原料电芯加工为手机电池，并在手机电池表面打上假冒“itel”“TECNO”“诺基亚”等品牌商标。被告单位某某公司 1 成立于 2018 年 5 月 3 日，经营地址位于广东省佛山市南海区，主营包装制品制造等业务，被告人张某 2 担任法定代表人。2021 年 9 月起，被告单位某某公司 1 受被告人耿某等人委托先后制造了 2 万余个带有假冒“itel”“TECNO”“诺基亚”等品牌商标标识的包材。

2023 年 11 月 21 日，公安机关在被告人张某 1、耿某的住所内查获 11580 个带有“itel”“TECNO”“诺基亚”等品牌商标标识的手机电池。2024 年 4 月 17 日，公安机关在被告单位某某公司 1 的经营场所内查获 1800 个尚未发出的带有假冒“itel”“TECNO”等

品牌商标标识的包材。经鉴定，上述查获的物品均系侵犯相关注册商标权利的假冒商品。经审计，2021 年 9 月至 2023 年 11 月期间，被告人张某 1、耿某通过××××平台对外销售假冒“itel”“TECNO”“诺基亚”等品牌手机电池的金额为 12.5 万余元，公安机关查获的 11580 个假冒“itel”“TECNO”“诺基亚”等品牌手机电池价值 3.5 万余元。

2023 年 11 月 22 日，被告人张某 1、耿某被公安机关抓获，到案后如实供述了上述犯罪事实。2024 年 4 月 9 日，被告人陈某主动至公安机关投案，到案之初如实供述了上述犯罪事实，后翻供，至提起公诉前未能如实供述犯罪事实，后当庭供述上述犯罪事实。2024 年 4 月 17 日，被告人张某 2 被公安机关抓获，到案后如实供述了上述犯罪事实。审查起诉阶段及法院审理期间，被告人张某 1 退缴 4 万元，被告人耿某退缴 4 万元，被告人陈某退缴 2.5 万元，被告人张某 2 退缴 1 万元，被告单位及被告人张某 2 预缴罚金。

二、法院判决

被告人张某 1 犯假冒注册商标罪，判处有期徒刑 3 年，缓刑 3 年，并处罚金人民币 4 万元。被告人耿某犯假冒注册商标罪，判处有期徒刑 3 年，缓刑 3 年，并处罚金人民币 4 万元。被告人陈某犯假冒注册商标罪，判处有期徒刑 1 年 3 个月，缓刑 1 年 3 个月，并处罚金人民币 2 万元。被告单位某某公司 1 犯非法制造、销售非法制造的注册商标标识罪，判处罚金人民币 4000 元。被告人张某 2 犯非法制造、销售非法制造的注册商标标识罪，判处有期徒刑 6 个月，缓刑 1 年，并处罚金人民币 4000 元。[1]

三、主要问题及分析

本案涉及假冒注册商标罪和非法制造、销售非法制造的注册商标标识罪两个罪名。其一，关于本案的定罪。被告人张某 1、耿某伙同被告人陈某，未经注册商标所有人许可，在同一种商品上使用与其注册商标相同的商标，由于假冒两种以上注册商标，非法经营数额在 15 万元以上，符合“情节特别严重”的情形，因此，其行为均已构成假冒注册商标罪。被告单位某某公司 1 擅自制造他人注册商标标识，并且擅自制造两种以上注册商标标识数量在 1 万件以上，属于“情节严重”；被告人张某 2 作为被告单位某某公司 1 直接负责的主管人员，实施了上述非法制造注册商标标识行为，情节严重，因此，其行为均已构成非法制造、销售非法制造的注册商标标识罪。其二，关于本案的量刑。被告人张某 1、耿某、陈某构成假冒注册商标罪，情节特别严重，应当适用第二档法定刑“处三年以上十年以下有期徒刑，并处罚金”。被告人张某 1、耿某在共同犯罪中起主要作用，系主犯。被告人陈某在共同犯罪中起次要作用，系从犯，应当从轻、减轻处罚或者免除处罚。此外，各被告人均有从宽处罚情节。被告人张某 1、耿某、张某 2 及被告单位某某公司 1 到案后如实供述自己罪行，自愿认罪认罚，均可以依法从轻处罚。被告人陈某犯罪以后主动投案，如实供述自己罪行，系自首，依法可以从轻或者减轻处罚。据此，法院作出如上判决。

---

[1] 上海市静安区人民法院（2024）沪 0106 刑初 768 号刑事判决书。

第三章　侵犯专利权犯罪

第一节　假冒专利罪的立法演进

假冒专利罪作为一个典型的法定犯，其罪状的变化和理论发展都与专利制度密不可分。没有专利、专利制度，自然也就没有假冒专利罪。因此，对于假冒专利罪的溯源和研究，就离不开对专利制度发展变化的梳理。

一般认为专利制度最早发源于十四五世纪的英国，为了鼓励和保护来自国外的工匠将其享有的特殊技艺传授给本国工匠，又要避免本国工匠掌握技术后威胁到国外工匠的地位和利益，由国王向这些国外工匠签发带有玉玺印鉴的“敞开封口的证书”，表明证书持有人对该技术享有独占权利。1601 年，英国议会颁布了世界上第一部专利法，规定了发明人对其专利享有垄断权，侵犯其垄断权的行为构成专利侵权。随着经济的发展和技术的进步，世界各国对专利的保护越来越重视。1952 年成立世界知识产权组织（WIPO），向各成员方提供专利制度信息，推动知识产权国际合作与协调。

我国最早的专利权规定出现在 1898 年。清朝光绪皇帝颁发的

《振兴工艺给奖章程》中，对于不同的发明分别可以给予 10~50 年不等的专利。辛亥革命之后，南京临时政府于 1912 年公布了《奖励工艺品暂行章程》，对除食品和医药品外的其他发明，授予专利权，但保护期间限于非常短暂的 5 年之内。1931 年，国民政府实业部颁布《奖励工业技术暂行条例》，“凡中华民国人民研究工业技术，对于工业上之物品或方法首先发明者”，得依条例“给以专利权 10 年或 5 年，前项专利权以国家为区域”。1944 年南京国民政府“专利法”是我国历史上的第一部专利法律。

新中国成立后，1950 年 8 月，原中央人民政府政务院颁布《保障发明权与专利权暂行条例》，之后又于 1954 年和 1963 年分别颁布了《有关生产的发明技术改造及合理化建议奖励暂行条例》《发明奖励条例》等政策性文件，但大多是对发明、创新的奖励而不是保护，专利保护制度存在方向上的偏差。极“左”思潮泛滥时期，认为专利是少数资本家出于个人私利而对科学创造成果的封锁，形成少数人对先进技术的垄断，不利于广大民众对新技术的掌握，阻碍了技术的推广、普及和利用。因此，没有对包括专利及专利权在内的知识产权提供保护。

1979 年 3 月，基于引进国外技术需要，我国开始了专利立法的准备工作，但由于机构尚未建立，专利法也未出台，因此 1979 年《刑法》没有对专利保护作出规定。1980 年 1 月，国务院批准了原国家科学技术委员会《关于我国建立专利制度的请示报告》，成立了国家专利局。经过 5 年时间充分征求不同部门意见，反复讨论，前后修改了 25 稿，终于在 1984 年 3 月 12 日由第六届全国人大常委会通过了《专利法》，至此，中华人民共和国专利保护制度正式建立。之后，《专利法》又于1992年9月4日、2000年8月25日、2008年12月27日和2020年10月17日进行了四次修正。

我国1984年制定通过的《专利法》第63条规定："假冒他人专利的……情节严重的，对直接责任的人员比照刑法第一百二十七条的规定追究刑事责任。"1992年《专利法》第63条维持了1984年《专利法》第63条的规定。但是，对假冒专利的行为"比照"《刑法》第127条追究刑事责任，如何"比照"，是罪名和法定刑的双重比照还是只"比照"法定刑而不"比照"罪名，并不明确，一定程度上削弱了该条立法的科学性，也造成了司法上的混乱。2000年、2008年和2020年《专利法》不再如此规定，而是直接规定："假冒专利的……构成犯罪的，依法追究刑事责任。"这是因为1997年《刑法》第216条规定了假冒专利罪——"假冒他人专利，情节严重的，处三年以下有期徒刑或者拘役，并处或者单处罚金"，假冒专利罪这一罪名的设立为假冒专利行为刑事责任的承担提供直接的刑法依据。

2020年《刑法修正案（十一）》对侵犯知识产权犯罪中的其他罪名均有不同程度的修改，唯独假冒专利罪仍然维持了1997年《刑法》的规定，保持了一定稳定性。究其原因，恐怕是1997年《刑法》对假冒专利犯罪的规定较为成熟，作为技术后发国家必须同时解决技术引进、消化和保护的紧张对立关系，有时不得不有所侧重。

第二节　假冒专利罪

尽管我国《刑法》规定的假冒专利罪稳定、明确，但该罪的罪状形式为简单罪状，在实践中，对于对于何为“假冒”、如何程度才属于“情节严重”、假冒专利罪与专利侵权行为的界限如何厘定等这些问题不无争议。在理论上，对于假冒专利罪保护的法益是什么，本罪和行政违法、民事侵权的关系是什么等问题，也是观点纷呈，莫衷一是。

一、假冒专利罪的保护法益

国家为了鼓励发明创造，促进科学技术的繁荣和发展，切实保护权利人的权益，建立了专利管理制度。我国刑法学界对假冒专利罪的保护法益观点不一，可以分为双重法益说和单一法益说。双重法益，也称为复合法益，主张假冒专利罪保护的是两种法益，表述上略有不同。例如，假冒专利罪的客体（法益）是国家的专利管理秩序和他人的专利专用权。❶ 再如，假冒专利罪的保护法益是专利在市场秩序中的公信力和专利权人的专用权。❷ 又如，假冒专利罪的保护法益是市场竞争秩序和私人专利权。❸

在双重法益说内部，国家专利管理秩序或者市场竞争秩序与个人法益究竟哪个是主要法益，观点并不统一。主张国家专利管理秩序是首要法益（秩序法益、集体法益优先说）的观点认为，刑法乃公法，为避免公权力过度干预创新自由与市场发展，在判断侵犯知识产权犯罪成立时，优先考虑行为对于竞争秩序法益的侵害程度是有必要的。从刑法将侵犯知识产权罪置于分则第三章

---

❶ 高铭暄，马克昌．刑法学［M］．10 版．北京：北京大学出版社，高等教育出版社，2022：443.

❷ 周光权．刑法各论［M］．4 版．北京：中国人民大学出版社，2021：349.

❸ 张明楷．刑法学（下）［M］．6 版．北京：法律出版社，2021：1069.

"破坏社会主义市场经济秩序罪"中，足以可见我国采取的是竞争秩序法益优先。[1] 相反的观点认为，知识产权法律制度既体现属于个体利益的私权关系，又体现代表公共利益的公权关系，但私权是基础，是整个知识产权制度体系的灵魂。所以，知识产权的私权属性才是法律保护的起点。侵犯知识产权罪首先侵害的是知识产权权利人的个体利益，其次才是国家对知识产权的管理制度（个人法益优先说）。[2] 假冒专利罪首先侵害的是专利权人的个体利益，其次侵害竞争秩序。

与复合法益说不同，单一法益说主张假冒专利罪保护的是一种法益。在单一法益说内部也存在不同观点。有观点认为国家对知识产权的管理制度只能是以保护权利人的专利权为内容，因此，不必将国家对知识产权的管理制度作为保护法益，仅将权利人的知识产权作为保护法益即可。[3] 有观点认为假冒专利罪的法益是专利权项下的专利标识权。[4] 还有观点认为假冒专利罪保护的是超个人法益，即国家专利管理秩序，[5] 或者以市场资本配置利益为中心的公平分配秩序是假冒专利罪保护法益，[6] 或者认为保护法益是专

---

[1] 于波，李雨佳．侵犯知识产权犯罪逐级回应制度研究［J］．青少年犯罪问题，2023（4）：97-112.

[2] 寇占奎，路红兵．我国知识产权犯罪体系的反思与重构［J］．河北师范大学学报（哲学社会科学版），2014（6）：124-128.

[3] 张明楷．具体犯罪保护法益的确定依据［J］．法律科学（西北政法大学学报），2023（6）：43-57.

[4] 储国梁，叶青．知识产权犯罪立案定罪量刑问题研究［M］．上海：上海社会科学院出版社，2014：256.

[5] 谢焱．知识产权刑法法益分析［J］．北方法学，2017（4）：109-120.

[6] 谢焱．知识产权刑法法益分析［J］．北方法学，2017（4）：109-120.

利标识制度安全,❶ 或者认为保护法益是公众对专利标识制度的信赖,❷ 等等，不一而足。

赞成单一法益说中的公共法益的观点一般认为，法条的体系地位是确定具体犯罪保护法益的最重要依据，是判断个罪法益的决定要素。❸ 假冒专利罪属于我国《刑法》分则第三章“破坏社会主义市场经济秩序罪”中的罪名，而一个犯罪的体系位置的安排是立法者精心考虑的结果，不能轻易改变犯罪的体系地位。❹ 因此，假冒专利罪的法益应当以社会主义市场经济秩序为中心,❺ 假冒专利罪的保护法益当然包括国家专利管理秩序或者专利管理制度。

赞成单一法益说中的个人法益的观点则认为，权利人的同意或者承诺阻却犯罪的成立，所以，侵犯知识产权罪只能是对个人法益的犯罪。❻ 尽管我国现行刑法将侵犯知识产权犯罪作为一节置于破坏社会主义市场经济秩序罪之下，但立法者实际上并未突破“知识产权犯罪最终侵犯的是权利人对此所享有的财产权”，实质上在对具体罪名的构成要件设置时却将其置于侵犯财产犯罪的视

---

❶ 魏昌东．情节犯主导与知识产权刑法解释体系转型［J］．中国刑事法杂志，2022（1）：17-35.

❷ 朱泽亮．假冒专利罪客观行为的廓清与厘定［J］．专利代理，2022（2）：107-112.

❸ 张明楷．具体犯罪保护法益的确定依据［J］．法律科学（西北政法大学学报），2023（6）43-57.

❹ 张明楷．具体犯罪保护法益的确定标准［J］．法学，2023（12）：70-86.

❺ 王志祥，王超莹．论法秩序统一原理视野下假冒专利罪的成立范围［J］．法学杂志，2023（4）：131-142.

❻ 张明楷．具体犯罪保护法益的确定依据［J］．法律科学（西北政法大学学报），2023（6）：43-57.

野之下，“唯数额论”的单一判断标准正是过分注重权利人的财产权利的进一步表现。❶ 在解释为什么假冒专利罪被立法者设置于分则第三章而不是其他章节时，论者进一步认为，由于刑法分则采取了大章制，既导致刑法分则第三章与第六章的具体犯罪庞杂，也导致一些原本属于对个人法益的犯罪难以被归入第四章或第五章，而被归入第三章或第六章。❷ 此外，即使赞成国家专利管理秩序是本罪的保护法益，那么根据公共法益还原理论，公共法益必须能够还原为私法益。据此，也能够得出个人法益是本罪保护法益的结论。打击侵犯知识产权犯罪重点保护的是市场竞争秩序，那这种秩序就必然能够还原为个人法益，否则知识产权刑事保护的范围就超出了国民的正常欲求。

本书认为，假冒专利罪的保护法益是双重法益，即国家的专利管理秩序（制度）和他人的专利权。❸

其一，法益具有特定性，每个具体犯罪的保护法益都应当具有特定的内容，而不能与其他犯罪的保护法益相混同。只有使具体犯罪的保护法益具有特定性，才有利于对构成要件进行合目的的实质解释。对保护法益的确定必须与法条描述的构成要件相融洽，不应当用综合性的概念表述法益内容。❹ 因此，认为假冒专利罪的保护法益是“以市场资本配置利益为中心的公平分配秩序”

---

❶ 王志远．网络知识产权犯罪的挑战与应对：从知识产权犯罪的本质入手［J］．法学论坛，2020（5）：114-123.

❷ 张明楷．具体犯罪保护法益的确定依据［J］．法律科学（西北政法大学学报），2023（6）：43-57.

❸ 本书第一章第一节对侵犯知识产权罪的保护法益已进行论述，这里特别强调国家的专利管理秩序是假冒专利罪的法益之一。

❹ 张明楷．具体犯罪保护法益的确定标准［J］．法学，2023（12）：70-86.

“市场竞争秩序”等观点，混淆了假冒专利罪和其他破坏市场经济秩序犯罪的界限，使得同属于《刑法》分则第三章的其他犯罪与假冒专利罪“共用”一个法益，不符合法益确定的专属性、特定性要求，所以难言妥当。

其二，国家的专利管理秩序是假冒专利罪的保护法益之一，而不能笼统地将市场经济（竞争）秩序作为假冒专利罪的保护法益之一。如果仅仅以侵犯知识产权犯罪所处的章节为判断依据，忽视蕴含在具体的各种知识产权犯罪构成要件之中的立法者的价值取向，则容易理所应当地认为我国的知识产权犯罪实际上保护的主要是竞争秩序。❶ 但是，具体犯罪在刑法中所处的章节位置只是一个形式考察，除此之外，还需要进行实质考察。形式考察只是对某一个具体犯罪保护法益的初步判断，为该罪圈定一个大致的方向、轮廓，而一般不能据此判断具体的法益。例如，生产、销售伪劣商品罪、走私罪等都破坏市场经济秩序，所以被立法者放在了《刑法》分则第三章当中，市场经济秩序是这些犯罪的共同法益。社会主义市场经济秩序是由正当竞争秩序、对外贸易秩序、金融管理秩序等组成的一个宏观的市场经济秩序，在这个总的法益之下，不同的犯罪还侵害同属于市场经济秩序的具体秩序、利益。例如，生产、销售伪劣商品罪的保护法益是市场竞争秩序和消费者的合法权益，而走私罪则保护的是国家对外贸易管制活动，❷ 二者并不完全相同。在形式考察的基础上，还需要进一步进

❶ 王志远．网络知识产权犯罪的挑战与应对：从知识产权犯罪的本质入手［J］．法学论坛，2020（5）：114-123.

❷ 周光权．刑法各论［M］．4版．北京：中国人民大学出版社，2021：236.

行实质考察，根据行为对象、行为内容、侵害结果、情节内容等构成要件要素综合分析和判断该罪的保护法益。具体到假冒专利罪，本罪的行为对象是专利，这就决定了本罪的保护法益不能是高度概括或抽象的“市场秩序”“竞争秩序”，否则就是用同类法益取代具体犯罪的法益，丧失了法益的特定性，也就失去了法益概念对构成要件的解释指引功能。假冒专利罪的行为方式是“假冒”，即未经许可，在其制造或者销售的产品、产品的包装上、广告或者其他宣传材料、合同中标注、使用他人的专利号，使人将所涉及的技术误认为是他人专利技术，或者伪造、变造他人的专利证书、专利文件、专利申请文件等行为，由此可以认为使用他人专利号仍然是形式，“使人将所涉及的技术误认为是他人专利技术”才是关键。换言之，即使使用了他人的专利号，只要没有“使人将所涉及的技术误认为是他人专利技术”就不是“假冒”，也就不能构成假冒专利罪。“使人将所涉及的技术误认为是他人专利技术”，显然扰乱了专利秩序，侵害了公众对专利标识制度的信赖，造成民众对专利信任的动摇，难以知悉哪些发明创造被授予专利、哪些没有被授予专利。

《刑法》第216条规定的假冒专利罪是“假冒他人专利”，对于以自己的此专利假冒自己的彼专利行为、将自己的专利使用于他人未被授予专利的商品上的行为和使用虚假的、根本不存在的专利标记、专利号的行为，能否构成本罪？前两种情况虽然在现实生活中几乎很难发生，但在理论探讨上仍然存在可能性，因此仍有讨论的必要。这三个问题与假冒专利罪的保护法益具有密切关系。根据法益的一般原理，公共法益是个人法益的结晶和抽象，只有公共法益能够还原为个人法益时，公共法益才有保护的必要。根据被害人自我答责原理，既然行为人将自己的专利用于他人的商品上，行为人用自己的行动展示出其自愿承担相应后果，个人权益受损是其自我承诺的结果，其个人法益就没有受到侵犯。这样的行为虽然也扰乱了专利管理秩序，但这样的利益无法还原为个人法益，故仍然不构成犯罪。换言之，此种情形的专利秩序不是假冒专利罪要保护的专利秩序。此外，根据刑法谦抑性原理，这种行为虽然也会扰乱专利秩序，但属于行政不法的范畴，刑法不能过早地介入干涉。对于第三种情形，由于行为人使用的是虚假的专利标记和专利号，只会影响消费方的购买意愿，主要侵害的是他人的财产权和市场竞争秩序，完全能以《反不正当竞争法》规制，构成犯罪的，可以诈骗罪或者生产、销售伪劣产品罪等犯罪处理，不构成假冒专利罪。使用虚假的专利标记、专利号的行为，也会在一定程度上扰乱专利秩序，但这个扰乱只是限于购买方和销售方、产品提供方，不会造成专利管理方和专利、真正的专利权利人之间秩序的混乱，此时按照专利行政违法行为处理即可。

二、假冒专利罪的行为对象

假冒专利罪是指违反专利管理法规，假冒他人专利，情节严重的行为。一般认为，实施本罪行为所指向的对象是他人已经申请并被批准授予的专利。[1] 专利是受法律保护的发明创造，专利标

---

[1] 王新．刑法分论精解［M］．北京：北京大学出版社，2023：195.

记和专利号则是代表或反映专利权存在的符号。[1] 需要讨论的是，本罪的行为对象是专利本身还是专利标记、专利号等专利符号？

有分析认为，专利违法行为可分为只侵犯专利符号、既侵犯专利技术又侵犯专利符号行为和使用虚假的专利符号行为三种，即假冒专利行为、专利侵权行为和冒充专利行为。[2]《侵犯知识产权刑事案件法律解释》第 10 条规定的假冒专利的行为是“标注、使用他人的‘专利号’”。因此，本罪的行为对象不宜使用模糊的“专利”概念，而是“专利号”或者“专利符号”。但是，本书不赞成假冒专利罪成立范围仅涉及假冒专利而不涉及专利侵权和冒充专利的观点。[3] 而是认为，专利侵权行为同时侵犯了专利技术方案和专利符号，只要行为侵犯专利符号，就可以构成本罪。只侵犯专利符号的行为就可以成立本罪，同时侵犯专利技术方案和专利符号的行为反倒不能成立本罪，这是完全不符合逻辑的结论。根据我国《专利法》第 64 条规定，发明或者实用新型专利权的保护范围以专利申请人在其申请中的权利要求的内容为准。可见，我国对专利的保护不仅仅限于专利符号，更核心、更实质的是保护专利技术方案本身。只是由于专利技术方案蕴含着丰富、尖端的专业技术知识，只有发明创造人向社会公开之后专利蕴含的技术才能被知悉，一般很难掌握，也就难以假冒而已。

---

[1] 王志祥，王超莹．论法秩序统一原理视野下假冒专利罪的成立范围［J］．法学杂志，2023（4）：131-142.

[2] 吴瑞．TRIPS 视阈下中国专利权的刑法保护研究［J］．中国人民公安大学学报（社会科学版），2011（6）：52-57.

[3] 王志祥，王超莹．论法秩序统一原理视野下假冒专利罪的成立范围［J］．法学杂志，2023（4）：131-142.

在我国，专利分为发明、实用新型和外观设计三种，发明专利和实用新型专利因为提出了新的技术方案，因而与其说保护专利，不如说是保护技术方案、保护发明创造。外观设计只是对产品的整体或者局部的形状、图案、色彩等因素及其结合所作出的富有美感并适于工业应用的新设计，❶ 其本身并不是技术方案创新，只是以一种外在形象展现在世人面前，带有符号化的特征。如果行为人不使用他人专利号，但在产品上使用与他人外观设计专利完全相同或者基本相同的外观的，能不能构成本罪？对此，本书认为，这要从《专利法》和假冒专利罪的规范保护目的中寻找答案。专利是以新颖性、创造性和实用性为特征体现出来的人类智慧的结晶，保护专利、专利权实质上是在保护专利所涉及的知识的稀缺性。因此，即使没有在产品上使用专利号，但使用了他人外观设计专利的，也可以构成本罪。

专利保护是有期限限制的，超过一定期限的专利不再受法律保护，任何人都可以自由使用。因此，使用超过专利保护期限的专利、专利符号的，不能构成本罪。简言之，使用自专利申请之日起超过 20 年的发明专利、超过 10 年的实用新型专利和超过 15 年的外观设计专利，均不能构成本罪。

假冒专利罪所指向的对象必须是具体、特定的专利，无论具体行为中使社会一般民众、产品购买者误认为是他人专利技术作为判断标准能否构成本罪的核心，只是泛泛地标注产品被授予了专利而不能指向具体的专利的，均不能构成本罪。此外，未被授予的专利、被撤销的专利等，也不能成为本罪的对象。

---

❶ 吴汉东．知识产权法学［M］．8 版．北京：北京大学出版社，2022：185.

三、假冒专利罪的行为方式

我国《刑法》第 216 条只是简明地规定本罪的实行行为是“假冒他人专利”，何谓“假冒”？“假冒”的具体行为表现并不十分明确。一般认为，假冒他人专利是指未经专利权人许可，在其制造、出售的产品上标注、缀附专利权人的专利名称、专利号、专利标记等能够指向具体专利的专利符号，或者未经专利权人许可，在合同、广告或者其他宣传材料中使用他人的专利号，使公众将所涉及的技术或设计误认为是他人专利技术或外观设计的行为。专利侵权主要是指未经专利权人许可，实施其专利的行为。

值得讨论的是，“未经专利权人许可”是不是本罪的构成要件要素、“取得专利权人许可”是不是违法性阻却事由？本罪是以“违反专利管理法规”还是“未经专利权人许可”作为构成要件要素？“违反专利管理法规”和“未经专利权人许可”的关系是什么？学界有的赞成“违反专利管理法规”[1]，有的主张“未经专利权人许可”[2]，也有的直接回避这个问题[3]。本书认为，“违反专利管理法规”和“未经专利权人许可”都不是我国《刑法》第 216 条所明文规定的构成要件要素，但鉴于刑法中存在大量的不成文的构成要件要素，因此不能以刑法未明文规定就简单否认“违反专利管理法规”和“未经专利权人许可”是假冒专利罪的构成要

---

[1] 陈兴良．规范刑法学（下册）［M］．3 版．北京：中国人民大学出版社，2013：710；阮齐林．中国刑法各罪论［M］．北京：中国政法大学出版社，2016：168；张明楷．刑法学（下）［M］．6 版．北京：法律出版社，2021：1069.

[2] 周光权．刑法各论［M］．6 版．北京：中国人民大学出版社，2021：349.

[3] 王新．刑法分论精解［M］．北京：北京大学出版社，2023：195-196.

件要素。“未经专利权人许可”忽视了我国《专利法》第53~55条等规定的强制许可制度，根据这些条文，只要符合特定条件，国家专利行政管理部门可以给予实施发明专利或者实用新型专利的强制许可，并不以专利权人的许可为必要。换言之，虽然没有专利权人的许可，但根据国家强制许可而使用他人专利的行为，不能构成假冒专利罪。因此，“未经专利权人许可”作为假冒专利罪的构成要件要素并不妥当。假冒专利罪是较为典型的法定犯，构成假冒专利罪以违反前置性法律、法规为前提。根据法秩序统一原理，不违反前置法的行为不可能构成本罪。当然，在根据《专利法》国家不实行强制许可，即绝大多数专利权人自愿许可的情形下，“未经专利权人许可”的行为同样“违反专利管理法规”，“违反专利管理法规”包括“未经专利权人许可”，以“违反专利管理法规”作为假冒专利罪的构成要件要素能够更全面地概括本罪的行为特征。因此，宜认为本罪仍需以“违反专利管理法规”为必要，此为不成文的构成要件要素。成立假冒专利罪只需“违反专利管理法规”即可，无须附加“未经专利权人许可”。

假冒专利权人允许他人使用专利权人的专利或者专利符号，能否构成假冒专利罪，学界观点不一。有人认为这是冒充专利权人的行为，行为人并不直接实施假冒专利的行为，所以不构成本罪，[1] 也有人从实质的立场出发，认为这样的行为侵犯了专利权人的独占许可权，被授权的人利用该专利生产产品，专利权人的合法权利事实上受到了侵害，因而构成本罪。[2] 本书支持有罪的观

[1] 陈兴良．罪名指南：上册［M］．北京：中国政法大学出版社，2000：536.

[2] 周光权．刑法各论［M］．4版．北京：中国人民大学出版社，2021：349.

点，基于假冒专利权人的许可或者授权，允许他人生产专利权人的专利产品或者使用专利权人的专利符号，这样的行为虽然并不直接生产侵权产品，但并不一定就无罪。根据共同犯罪的一般原理，即使不直接实施符合构成要件的行为，但对于犯罪的成立起到促进作用的人，也可以与实行犯成立共同犯罪。而且，即使实行犯因为证据或者程序上的障碍，例如实行犯死亡、超过追诉时效、未达刑事责任年龄、未归案等原因，也不影响帮助犯的成立。因此，忽视了成立共犯的可能性而直接断言无罪的观点过于简单、武断，并不妥当。本书坚持假冒专利罪的保护法益是他人的专利权和专利管理秩序，冒用专利权人名义许可他人使用专利权人专利的行为，侵犯了专利权人的利益，扰乱了专利秩序，从结果、实质角度上看有成立犯罪的可能。同样根据共同犯罪的原理，此时可以将缺乏规范对抗意识的他人视为行为人的工具，行为人成立间接正犯（间接实行犯）。世界上绝大多数实行专利制度的国家，基本上都是针对虚假专利标记行为进行刑事立法，即把类似于我国的假冒他人专利行为、冒充专利行为一并纳入同一刑事罪名，而不是将标记他人专利号与标记杜撰的专利号相区别。[1] 行为人在自己的非专利产品或包装上标注杜撰的专利号、加注专利标识等方式，冒充专利产品，这种冒充专利行为的效果与假冒他人专利的效果相同，刑法应当将其纳入假冒专利罪的规制范围，以有效打击侵犯专利权犯罪，如果将这种冒充专利行为排除出犯罪圈，则会导致处罚漏洞，不利于全面保护专利权人的权利和国家

[1] 王志广．中国知识产权刑事保护研究：理论卷［M］．北京：中国人民公安大学出版社，2007：303.

的专利管理秩序。

《侵犯知识产权刑事案件法律解释》第 10 条列举了四种假冒他人专利的行为，分别是：（1）未经许可，在其制造或者销售的产品、产品的包装上标注他人专利号的；（2）未经许可，在广告或者其他宣传材料中使用他人的专利号，使人将所涉及的技术误认为是他人专利技术的；（3）未经许可，在合同中使用他人的专利号，使人将合同涉及的技术误认为是他人专利技术的；（4）伪造或者变造他人的专利证书、专利文件或者专利申请文件的。

《征求意见稿》第 8 条规定，具有下列情形之一的，应当认定为“假冒他人专利”的行为：（1）伪造或者变造他人的专利证书、专利文件或者专利申请文件的；（2）未经许可，在其制造或者销售的产品、产品包装上标注他人专利号的；（3）未经许可，在合同、产品说明书或者广告等宣传材料中使用他人的专利号，使人将所涉及的技术或者外观设计误认为是他人技术或者外观设计的。

我国 2023 年《专利法实施细则》❶ 第 101 条规定，下列行为属于假冒专利的行为：（1）在未被授予专利权的产品或者其包装上标注专利标识，专利权被宣告无效后或者终止后继续在产品或者其包装上标注专利标识，或者未经许可在产品或者产品包装上标注他人的专利号；（2）销售上述产品；（3）在产品说明书等材料中将未被授予专利权的技术或者设计称为专利技术或者专利设计，将专利申请称为专利，或者未经许可使用他人的专利号，使公众将所涉及的技术或者设计误认为是专利技术或者专利设计；

---

❶ 该细则 2023 年 12 月 11 日根据《国务院关于修改〈中华人民共和国专利法实施细则〉的决定》修订，自 2024 年 1 月 20 日起施行。

(4) 伪造或者变造专利证书、专利文件或者专利申请文件;(5) 其他使公众混淆,将未被授予专利权的技术或者设计误认为是专利技术或者专利设计的行为。

对比上述三个规范性法律文件可以发现,《侵犯知识产权刑事案件法律解释》和《征求意见稿》只是文字和行为种类的排列顺序上有些变化,本质是完全相同的。《专利法实施细则》和《侵犯知识产权刑事案件法律解释》所规定的假冒专利的行为并不完全一致,前者的范围明显大于后者。例如,根据《专利法实施细则》,在未被授予专利权的产品或者其包装上标注专利标识的行为、使公众混淆,将未被授予专利权的技术或者设计误认为是专利技术或者专利设计的属于假冒专利的行为,《侵犯知识产权刑事案件法律解释》将假冒专利罪的对象限定为实际上已经被授予的专利,未被授予的专利冒充专利的行为不构成本罪。如此差别,并非立法[1]之间存在矛盾,而是两个法律文件的规范保护目的不同所致,《侵犯知识产权刑事案件法律解释》是对于假冒专利罪成立与否的规定,《专利法实施细则》是对包括一般民事、行政违法在内的全部违法的界定,《侵犯知识产权刑事案件法律解释》规制的范围明显要小于《专利法实施细则》,这是刑法谦抑性的体现。换言之,《专利法实施细则》所列举的是全部的假冒专利行为,未被纳入其中的行为不构成假冒专利的民事或者行政违法,当然也就不可能构成刑事上的犯罪,《侵犯知识产权刑事案件法律解释》在《专利法实施细则》的基础上进一步将严重的假冒专利行为以刑事手段予以治理。

[1] 虽然存有争议,仍可以将我国的司法解释称为"准立法"。

根据我国《专利法》第75条规定，有下列情形之一的，不视为侵犯专利权，当然也不能构成本罪：（1）专利产品或者依照专利方法直接获得的产品，由专利权人或者经其许可的单位、个人售出后，使用、许诺销售、销售、进口该产品的（专利穷竭）；（2）在专利申请日前已经制造相同产品、使用相同方法或者已经作好制造、使用的必要准备，并且仅在原有范围内继续制造、使用的（先用权人利用）；（3）临时通过中国领陆、领水、领空的外国运输工具，依照其所属国同中国签订的协议或者共同参加的国际条约，或者依照互惠原则，为运输工具自身需要而在其装置和设备中使用有关专利的（临时过境）；（4）专为科学研究和实验而使用有关专利的（非生产经营目的）；（5）为提供行政审批所需要的信息，制造、使用、进口专利药品或者专利医疗器械的，以及专门为其制造、进口专利药品或者专利医疗器械的（必要使用）。我国2023年《专利法实施细则》第101条还规定，专利权终止前依法在专利产品、依照专利方法直接获得的产品或者其包装上标注专利标识，在专利权终止后许诺销售、销售该产品的，不属于假冒专利行为，当然也不能构成假冒专利罪。

四、假冒专利罪的行为主体

本罪的主体既包括自然人，也包括单位。

明知他人实施假冒专利犯罪，而为其提供贷款、资金、账号、发票、证明等便利条件、帮助的，以共犯论处。

五、假冒专利罪的罪量要素

根据我国《刑法》第216条规定，成立假冒专利罪要求达到

“情节严重”的程度。《侵犯知识产权刑事案件法律解释》第4条规定，具有下列情形之一的，属于“情节严重”：（1）非法经营数额在20万元以上或者违法所得数额在10万元以上的；（2）给专利权人造成直接经济损失50万元以上的；（3）假冒两项以上他人专利，非法经营数额在10万元以上或者违法所得数额在5万元以上的；（4）其他情节严重的情形。[1]

《征求意见稿》第7条规定，假冒他人专利，具有下列情形之一的，应当认定为“情节严重”：（1）违法所得数额在10万元以上或者非法经营数额在20万元以上的；（2）给专利权人造成直接经济损失30万元以上的；（3）假冒两项以上他人专利，违法所得数额在5万元以上或者非法经营数额在10万元以上的；（4）二年内因实施假冒专利行为受过行政处罚，违法所得数额在5万元以上或者非法经营数额在10万元以上的；（5）其他情节严重的情形。

比较上述规范性法律文件可以发现，《征求意见稿》的变化主要有两点：一是由给专利权人造成直接经济损失50万元以上调整为30万元以上，降低了入罪门槛，加大了对专利权利人的保护；二是增加了因假冒专利被行政处罚，二年内再次假冒专利行为达到规定的数额也可以构成本罪的规定。可见，《征求意见稿》正尝试突破以数额为唯一标准作为划定犯罪门槛的依据。

需要说明的是，“违法所得数额”，应当是指在共同犯罪中，各个共同犯罪参与人假冒他人专利违法所得数额的累计，而不是

---

[1] 最高人民检察院、公安部2010年5月7日《关于公安机关管辖的刑事案件立案追诉标准的规定（二）》规定的假冒专利罪的“立案”标准与该司法解释规定完全相同，但是，该立案标准在2022年4月6日修订，修订后的立案标准未对假冒专利罪的立案标准作出规定。

每个参与人都要达到一定的数额。“直接经济损失”，是指假冒他人专利行为导致的专利权人直接的财产损毁、减少的实际价值，不包括间接经济损失。

六、假冒专利罪的罪过形式

假冒专利罪的罪过形式为故意，这在理论和实践中没有争议。

构成犯罪故意，须以行为人不仅要对假冒专利的行为是故意，还要求行为人对自己假冒的对象是他人的专利存在认识。我国《专利法》第 77 条规定：“为生产经营目的的使用、许诺销售或者销售不知道是未经专利权人许可而制造并售出的专利侵权产品，能证明该产品合法来源的，不承担赔偿责任。”2023 年《专利法实施细则》第 101 条规定，销售不知道是假冒专利的产品，并且能够证明该产品合法来源的，只是“由县级以上负责专利执法的部门责令停止销售”，并没有“构成犯罪的，依法追究刑事责任”的规定。因此，本罪不仅要求客观上实施了假冒专利的行为，行为人对假冒的行为存在故意，对于销售行为人来说，还需要明知是假冒专利的产品而销售。不知道是假冒专利的产品而销售的，不构成犯罪。

对假冒专利行为的法律性质是否要求存在认识，即是否要求行为人存在违法性认识，本书认为假冒专利罪作为较为典型的法定犯，仍需行为人认识到行为违反专利法等前置性法律、法规为必要，但不需要达到知悉自己的行为已经构成犯罪，更不需要认识到刑罚的轻重。

七、假冒专利罪的认定

对于假冒专利罪的认定，一是需要注意区分一般专利侵权和刑事犯罪的区别。专利侵权行为主要是指未经专利权人许可，实施其专利的行为。“专利权人”包括单位和个人，也包括在我国申请专利的国外的单位和个人。实施其专利是指行为人为生产经营目的，对他人专利以特定方式加以利用。专利权人在专利未获得批准前与他人签订专利实施许可协议，即使该申请最终未获通过，行为人实施该“专利”的，属于民商事纠纷，不能构成假冒专利罪。但是，如果协议签署后专利获得通过，但协议期满后行为人仍然继续使用该专利的，仍然可以构成本罪。近年来，侵犯知识产权犯罪数量不断提高，虽然国家加大了对知识产权的保护力度，但假冒专利罪的适用率依然较低。实践中，大量的专利案件作为民事纠纷或者行政违法处理，真正以假冒专利罪判决的案件凤毛麟角。例如，在中国裁判文书网以判决结果“假冒专利罪”检索，共得到3起假冒专利罪的案件，其中一个是驳回申诉通知书，另两个是刑事判决书。❶ 在北大法宝网以“假冒专利罪”为案由查阅，得到21篇法律文书，其中有假冒专利罪的案件5起，其余多是不予受理刑事裁定书。❷ 有学者整理最高人民法院、国家知识产权局等机构的网上统计数据显示，2010—2017年，全国法院年均一审审结假冒专利罪案件数量分别是：2010年2件、2012年63件、2016年5件，其他5年都只有1件。❸ 因此，在遵守罪刑法定原则、保障刑法谦抑性的同时，需要将构成假冒专利罪的案件启动刑事追诉程序。虽然我国法律、行政法规和司法解释、规范性法

---

❶ 中国裁判文书网（court. gov. cn），2024年12月10日访问。

❷ 北大法宝网，2024年12月10日访问。

❸ 刘少谷．刑法规制假冒专利行为的困境与对策［J］．中州学刊，2019（3）：55-59.

律文件等立法变动频繁，且各规范性法律文件之间难免有所矛盾，但只要严格遵守相关规定，特别是在相关司法解释将非法经营数额、违法所得数额作为判断情节严重与否的重要标准的情况下，是否构成犯罪不会存在太大疑虑。在我国整体对知识产权保护力度偏弱的背景下，刑法应当有所作为，加大对假冒专利罪的打击力度。

二是处理好假冒专利罪与相关犯罪的关系。（1）对冒充专利行为的处理。对于冒充专利行为，编造不存在的专利，不是专利产品而冒充专利产品的，我国刑法没有规定为犯罪，但行为若符合诈骗罪、合同诈骗罪、虚假广告罪等犯罪的构成要件的，可以依照相关规定定罪处罚。（2）对销售假冒专利产品与销售伪劣产品竞合行为的处理。实践中，行为人实施假冒专利的行为，往往同时触犯其他罪名。例如，行为人销售的假冒专利的产品往往是伪劣产品，行为人同时触犯假冒专利罪和销售伪劣产品罪，此时应按照想象竞合犯的原则择一重罪论处，一般以销售伪劣产品罪定罪处罚。（3）对假冒专利行为与其牵连行为的处理。假冒专利的行为往往还牵连到伪造、变造、买卖国家机关公文、证件、印章罪等罪名，要注意按照牵连犯的处罚原则，择一重罪论处。

八、假冒专利罪的处罚

依据我国《刑法》第 216 条，假冒他人专利，情节严重的，处 3 年以下有期徒刑或者拘役，并处或者单处罚金。

单位犯罪的，对单位判处罚金，并对其直接负责的主管人员和其他直接责任人员，依照上述规定处罚。

在具体假冒专利刑事案件适用缓刑、罚金、非刑罚处罚方法等时，注意相关规范性文件的规定，以体现宽严相济的刑事政策。详见前文，此处不再赘述。

第三节　案例研究

案例五　熊某假冒专利案

一、基本案情

被告人熊某于 2012 年 7 月 20 日注册成立北京德力视贸易有限公司，后于 2013 年 3 月 8 日以该公司名义在天猫商城注册成立“某旗舰店”并开始销售眼镜。某旗舰店由熊某独自经营，经营收入由其个人支配。为了提升某旗舰店的眼镜销量，熊某于 2015 年 6 月 1 日至同年 11 月 4 日间，未经专利权人某（漳州）光学科技有限公司授权许可，盗用该公司“一种防蓝光光学镜片”的专利申请文件，将专利号“X1”篡改为“X2”，并用于某旗舰店销售的防蓝光眼镜产品广告宣传页面，误导消费者。经厦门诚联兴会计师事务所有限公司审计鉴定：某旗舰店于 2015 年 6 月 1 日至同年 11 月 4 日间销售防蓝光眼镜产品经营数额为人民币 883 273. 93 元。被告人熊某为了提升某旗舰店的信誉，得到消费者的好评，以此增加眼镜的销量，获取利润，于 2015 年 7 月至 11 月，在第三方网络平台开展“0 元购”“6. 9 元购”的虚假刷单交易。消费者通过第三方网络平台在某旗舰店购买眼镜后，熊某实际发送给消费者的物品为小礼品或廉价眼镜，而非本案中假冒专利的眼镜。

消费者在予以好评后，将获得现金返还。该部分虚假刷单的交易数额共计人民币298 410元。2015 年 11 月 4 日，被告人熊某在济南被抓获，到案后如实供述上述犯罪事实。2016 年 1 月 29 日，熊某赔偿某（漳州）光学科技有限公司经济损失人民币 3 万元并取得谅解。

二、法院判决

福建省漳州市龙文区人民法院经审理认为，被告人熊某的行为构成假冒专利罪，依法应予追究其刑事责任。被告人熊某到案后如实供述自己的犯罪事实，依法可以从轻处罚；已赔偿被害单位某（漳州）光学科技有限公司部分经济损失并取得谅解，酌情予以从轻处罚。最终判决被告人熊某犯假冒专利罪，判处有期徒刑 1 年，缓刑 2 年，并处罚金人民币 30 万元。[1]

三、主要问题及分析

本案主要涉及被告人的行为是否构成假冒专利罪和犯罪数额的确定。一是被告人熊某的行为属于假冒他人专利行为。《侵犯知识产权刑事案件法律解释》第 10 条规定了假冒他人专利行为的四种行为方式，其中包括未经许可，在其销售的产品包装上标注他人专利号；变造他人的专利证书、专利文件或者专利申请文件。被告人熊某为牟取非法利益，违反国家专利管理法规，未经专利权人许可，擅自篡改专利权人的专利号，变造专利申请文件并在其销售的产品宣传资料上使用，符合“假冒他人专利行为”，侵害

[1] 福建省漳州市龙文区人民法院（2016）闽 0603 刑初 139 号刑事判决书。

专利权人的合法权益，扰乱国家的专利管理秩序。二是被告人熊某的行为达到“情节严重”程度。《侵犯知识产权刑事案件法律解释》第4条规定非法经营数额在20万元以上的属于“情节严重”。本案非法经营数额的计算需要注意扣除虚假刷单的交易数额298 410元，即非法经营数额的实际数目是584 863.93元，已经超过20万元，属于情节严重，因此，被告人行为构成假冒专利罪。

案例六　张某、郑某某假冒专利案

一、基本案情

被告人张某、郑某某自2015年8月起在未经专利授权的情况下，分工合作仿造销售德州市德城区菁英坊床用水循环加热器厂生产的“眠尔康”牌养生床垫，并在外包装盒上印制使用未经授权的专利号，销售假冒专利床垫达1 658 806元。2016年5月，被告人张某、郑某某与德州市德城区菁英坊床用水循环加热器厂（全权代理人张某强）达成赔偿协议，被告人张某、郑某某赔偿了德州市德城区菁英坊床用水循环加热器厂所受损失，该单位对被告人张某、郑某某的行为予以谅解。

二、法院判决

山东省德州市德城区人民法院经审理认为，被告人张某、郑某某未经许可，在其制造、销售的产品包装上标注他人专利号，情节严重，其行为已构成假冒专利罪。被告人张某、郑某某到案后能够如实供述主要犯罪事实，认罪态度较好，且赔偿了被害单位所受损失，并取得谅解，依法可以对其从轻处罚。二被告人分别被判处有期徒刑 1 年 6 个月，缓刑 2 年，罚金人民币 10 万元和有期徒刑 1 年 3 个月，缓刑 2 年，罚金人民币 10 万元。[1]

三、主要问题及分析

本案被告人违反国家专利管理法规，未经专利权人许可，擅自在其制造、销售的产品包装上标注他人专利号，非法经营数额达1 658 806元，属于假冒他人专利、情节严重的行为，侵害了专利权人的合法权益和国家的专利管理秩序，构成假冒专利罪。二被告人认罪态度较好，且赔偿了被害单位所受的经济损失，并取得被害单位谅解。基于宽严相济的刑事政策，对二被告人从轻处罚，判处缓刑。

[1] 山东省德州市德城区人民法院（2017）鲁 1402 刑初 104 号刑事判决书。

第四章　侵犯著作权犯罪

第一节　侵犯著作权犯罪的立法演进

1979 年《刑法》对侵犯著作权、销售侵权复制品的行为没有规定为犯罪。针对侵犯著作权的“盗版”“盗印”等行为，1987 年 11 月，《最高人民法院、最高人民检察院关于依法严惩非法出版犯罪活动的通知》以投机倒把罪对其定罪处罚，实践中对销售侵权复制品的行为也多以投机倒把罪定罪处罚。1994 年 7 月公布的《全国人民代表大会常务委员会关于惩治侵犯著作权的犯罪的决定》单独规定了侵犯著作权罪、销售侵权复制品罪。1997 年《刑法》在此基础上，吸纳相关规范文件关于定罪量刑标准的规定，第 217 条规定了侵犯著作权罪，第 218 条规定了销售侵权复制品罪。此后，侵犯著作权犯罪一直沿用至《刑法修正案（十一）》修改前。

随着网络化、数字化等新技术发展，侵犯著作权犯罪出现新情况新问题，当时的刑法规定难以适应网络背景下打击侵犯著作权犯罪的需要，因此在立法上有必要作出修改，积极予以应对。作为前置法的《著作权法》1990 年通过，历经 2001 年、2010 年、

2020年三次修正，对多处作了修改完善。因应前置法的修改，作为后置法和保障法的刑法需要作出适应性调整，使之与前置法的修改相衔接。据此，《刑法修正案（十一）》对《刑法》第217条侵犯著作权罪的罪状与法定刑进行调整。一方面，完善了侵犯著作权罪的罪状表述，增添、修改了侵犯著作权罪的行为类型，目前《刑法》第217条列举了六种侵犯著作权或者与著作权有关的权利的情形；另一方面，取消了侵犯著作权罪基本犯中拘役刑这一刑种，并提高其加重犯的法定刑。《刑法修正案（十一）》对《刑法》第218条销售侵权复制品罪作了较大幅度的修改完善，入罪条件由"违法所得数额巨大的"调整为"违法所得数额巨大或者有其他严重情节的"，增加"严重情节"的入罪情形，使销售侵权复制品罪成为数额犯与情节犯两种类型；提高法定最高刑，同时取消拘役刑，相应提高了法定最低刑，加大对侵犯著作权犯罪的惩处力度，不断提升知识产权刑事保护水平，为文化强国建设提供法治保障。

第二节　侵犯著作权罪

一、侵犯著作权罪的概念

侵犯著作权罪是指以营利为目的，违反国家著作权管理法律法规，侵犯他人著作权或者与著作权有关的权利，违法所得数额较大或者有其他严重情节的行为。著作权法是前置法，刑法是后置法、保障法。《著作权法》第53条列举了八种侵权行为，并且规定这八种侵权行为同时损害公共利益的，需要承担行政责任，构成犯罪的依法追究刑事责任。对于侵犯著作权的行为单纯用民事侵权责任治理手段有限，当严重侵犯著作权或者与著作权有关的权利的行为侵害著作权管理秩序，扰乱市场经济秩序时，需要将其规定为犯罪，承担刑事责任，以维护市场经营秩序和权利人的著作权或者与著作权有关的权利，发挥法律的一般预防效果。由此可见，刑法和著作权法的关系十分密切，处理侵犯著作权罪的案件时需要遵循法秩序统一性原理。法秩序统一性原理作为处理不同部门法之间关系应遵守的基本规则，是指宪法、民法、刑法、行政法等多个法律部门组成的法秩序内部不能存在相互冲突和矛盾。按照法秩序统一性原理处理刑民交叉案件时，需要关注前置法，民商法上的合法行为，刑法上不能成为犯罪；民商法上的违法行为，刑法上可能构成犯罪。[1] 就侵犯著作权罪而言，著作权法上的合法行为不可能构成犯罪，著作权法上的违法行为不一定构成犯罪，但反过来构成侵犯著作权罪的行为一定是著作权法上的违法行为。具体而言，《刑法》规定为侵犯著作权罪的行为，必须是《著作权法》第 53 条列举的侵权行为，即违反《著作权法》的规定是侵犯著作权罪的前提条件，但并不意味着只要是《著作权法》第 53 条列举的侵权行为就一定构成侵犯著作权罪。立法者只是选择部分严重侵犯著作权、值得科处刑罚处罚的行为规定为犯罪，这是由刑法的补充性决定的。换言之，构成侵犯著作权罪的行为首先是著作权民事侵权行为，然后根据《刑法》规定符合侵犯著作权罪的犯罪成立条件。

[1] 周光权．“刑民交叉”案件的判断逻辑［J］．中国刑事法杂志，2020（3）：3-20.

二、侵犯著作权罪的法益

具体犯罪保护法益的确定与构成要件具有关联性。一方面，法益具有解释规制机能，以法益指导构成要件的解释；另一方面，法益的内容能够从构成要件中推导出来。所以可以通过构成要件的内容来确定具体犯罪的保护法益。换言之，具体犯罪的保护法益需要通过刑法法条的具体规定推导出来。[1] 据此，侵犯著作权罪的保护法益可以通过刑法分则条文对侵犯著作权罪构成要件的规定予以揭示。

侵犯著作权罪的法益内容（客体）是双重法益（复杂客体），即他人的著作权和与著作权有关的权利以及国家的著作权、与著作权有关权利的管理秩序（制度）。侵犯著作权罪不仅侵害著作权人的权利，还扰乱市场经济秩序和竞争秩序，为此予以刑事制裁。著作权是民事主体依法对作品享有的专有权利。根据《著作权法》第 10 条规定，著作权包括人身权和财产权共 17 项权利，分别是：（1）发表权，即决定作品是否公之于众的权利；（2）署名权，即表明作者身份，在作品上署名的权利；（3）修改权，即修改或者授权他人修改作品的权利；（4）保护作品完整权，即保护作品不受歪曲、篡改的权利；（5）复制权，即以印刷、复印、拓印、录音、录像、翻录、翻拍、数字化等方式将作品制作一份或者多份的权利；（6）发行权，即以出售或者赠与方式向公众提供作品的原件或者复制件的权利；（7）出租权，即有偿许可他人临时使用

[1] 劳东燕．买卖人口犯罪的保护法益与不法本质：基于对收买被拐卖妇女罪的立法论审视［J］．国家检察官学院学报，2022（4）：54-73.

视听作品、计算机软件的原件或者复制件的权利，计算机软件不是出租的主要标的的除外；（8）展览权，即公开陈列美术作品、摄影作品的原件或者复制件的权利；（9）表演权，即公开表演作品，以及用各种手段公开播送作品的表演的权利；（10）放映权，即通过放映机、幻灯机等技术设备公开再现美术、摄影、视听作品等的权利；（11）广播权，即以有线或者无线方式公开传播或者转播作品，以及通过扩音器或者其他传送符号、声音、图像的类似工具向公众传播广播的作品的权利，但不包括本款第12项规定的权利；（12）信息网络传播权，即以有线或者无线方式向公众提供，使公众可以在其选定的时间和地点获得作品的权利；（13）摄制权，即以摄制视听作品的方法将作品固定在载体上的权利；（14）改编权，即改变作品，创作出具有独创性的新作品的权利；（15）翻译权，即将作品从一种语言文字转换成另一种语言文字的权利；（16）汇编权，即将作品或者作品的片段通过选择或者编排，汇集成新作品的权利；（17）应当由著作权人享有的其他权利。

与著作权有关的权利（邻接权）是不构成作品的特定文化产品的创造者对该文化产品所依法享有的专有权利。[1] 赋予不具有独创性的成果以邻接权，旨在鼓励对作品的传播。在我国《著作权法》中，与著作权有关的权利是指表演者、录音录像制作者、广播组织、出版者对其表演活动、制作的录音录像制品、播出的广播以及版式设计所享有的权利，即表演者权、录音录像制作者权、广播组织权、版式设计者权。

[1] 王迁．知识产权法教程［M］．7版．北京：中国人民大学出版社，2021：249.

基于刑法谦抑性的考虑，《著作权法》第 10 条列举的 17 项权利中复制权、发行权、信息网络传播权被纳入刑法保护范围，其他权利由著作权法保护即足够。与著作权有关的权利同样如此，表演者权和录制者权中的复制权、发行权、信息网络传播权以及专有出版权被纳入刑法保护范围，其他权利由著作权法保护即足够。

首先，《刑法修正案（十一）》公布后，侵犯著作权罪明确将与著作权有关的权利作为侵犯著作权罪的法益内容。此前，刑法将著作权和邻接权混同，模糊规定“有下列侵犯著作权情形之一”，但又将侵犯专有出版权、录制者权这两类邻接权明确列举为侵犯著作权罪的行为类型。《刑法修正案（十一）》出台后，《刑法》第 217 条规定“有下列侵犯著作权或者与著作权有关的权利的情形之一”，明确区分著作权和与著作权有关的权利（邻接权），既符合《著作权法》的立法模式，又使侵犯著作权罪的法益更为明晰全面。其次，《刑法修正案（十一）》对侵犯著作权罪的规定除了保护复制发行权，还增列了信息网络传播权。网络时代侵犯著作权的行为大量通过信息网络向公众传播，将信息网络传播权作为侵犯著作权罪的法益内容，可以填补处罚漏洞，化解司法解释越权“解释”的困境。最后，《刑法修正案（十一）》增设表演者权作为侵犯著作权罪的法益内容。网络时代，视听作品日益重要，视听作品往往需要表演者的演绎，保护表演者权对促进原作品尤其是音乐作品、舞蹈作品的传播和推动表演者创新具有重要意义，而且在许多情况下还是产生录制者权等其他邻接权的基础。据此，侵犯著作权罪将复制权、发行权、信息网络传播权、表演者权、专有出版权、录制者权作为法益内容。此外，单纯实施避开或破坏技术措施的行为属于侵犯著作权或者与著作权有关的权利的帮助行为，[1] 侵犯了市场竞争秩序，导致网络侵犯著作权泛滥，侵犯著作权罪将此类行为入罪，表明对著作权或者与著作权有关的权利的提前保护和全面保护。

三、侵犯著作权罪的行为类型

根据《刑法》第 217 条的规定，侵犯著作权罪的行为方式有以下六种。

第一，未经著作权人许可，复制发行、通过信息网络向公众传播其文字作品、音乐、美术、视听作品、计算机软件及法律、行政法规规定的其他作品。该种行为方式选取《著作权法》第 53 条第 1 项规定的七种行为中的三种，采用“列举+兜底”方式规定作品类型。这表明立法者在加强著作权刑事保护的同时，遵守刑法谦抑性原则，仅将某些严重侵犯著作权的行为入罪。《刑法修正案（十一）》对该种行为方式修改幅度较大，涉及行为方式与行为对象的调整。行为方式方面，增设信息网络传播，由此该种行为方式侵犯著作权人的复制权、发行权、信息网络传播权，这三项权利是专有权利，他人未经著作权人许可，不能擅自实施受专有权利控制的行为；行为对象方面，增设美术作品，根据 2020 年修正的《著作权法》，将“电影、电视、录像作品”替换为“视听作品”，用更加明确的“法律、行政法规规定的其他作品”代替

[1] 劳东燕．刑法修正案（十一）条文要义：修正提示、适用指南与案例解读［M］．北京：中国法制出版社，2021：147.

“其他作品”。

第二，出版他人享有专有出版权的图书。该种行为方式与《著作权法》第 53 条第 2 项规定相同。《刑法修正案（十一）》对此未作出修改。立法者将侵犯图书出版者专有出版权的行为规定为犯罪，予以刑法保护，体现对专有出版权的重视。

第三，未经录音录像制作者许可，复制发行、通过信息网络向公众传播其制作的录音录像制品。该种行为方式与《著作权法》第 53 条第 4 项规定的基本相同，只是排除了不构成侵权的情形。《刑法修正案（十一）》与著作权法衔接，增设信息网络传播，将录音录像制作者的权利扩大到复制权、发行权、信息网络传播权，这三项权利是录音录像制作者对其制作的录音录像制品享有的专有权利。未经权利人许可，复制发行、信息网络传播行为侵犯权利人的录制者权。

第四，未经表演者许可，复制发行录有其表演的录音录像制品，或者通过信息网络向公众传播其表演。该种行为方式与《著作权法》第 53 条第 3 项规定的基本相同，只是排除了不构成侵权的情形。《刑法修正案（十一）》新增这种行为类型，保护的是表演者对其表演活动享有的复制权、发行权和信息网络传播权。表演者有权许可他人复制、发行录有其表演的录音录像制品并获得报酬，表演者有权许可他人将录有表演活动的录音录像制品通过信息网络向公众传播。如果未经表演者许可，实施上述行为则构成侵犯表演者权，落入侵犯著作权罪的保护范围。

第五，制作、出售假冒他人署名的美术作品。该种行为方式源于《著作权法》第 53 条第 8 项“制作、出售假冒他人署名的作品”，只是侵犯著作权罪将作品的类型限定为美术作品。严格来说，该种行为侵害的是他人的姓名权。将他人的姓名作为作者的姓名（冒名）标识于自己创作的美术作品中并出售，侵犯的并不是署名权，因为被冒名的人既然没有创作冒名作品，就不是冒名作品的作者，当然不会产生作者的署名权，因此根本谈不上侵犯署名权问题。

第六，未经著作权人或者与著作权有关的权利人许可，故意避开或者破坏权利人为其作品、录音录像制品等采取的保护著作权或者与著作权有关的权利的技术措施。该种行为方式源于《著作权法》第 53 条第 6 项规定的避开或者破坏技术措施。该类行为实际上是侵犯著作权或者与著作权有关的权利的帮助行为，将未经权利人许可故意避开或者破坏技术措施的行为入罪实质是帮助行为正犯化，作为侵犯著作权罪的新的行为类型纳入处罚范围，有助于更周延地保护权利人的著作权及与著作权有关的权利。《刑法修正案（十一）》将这种违反《著作权法》的一般违法行为上升为刑事犯罪，通过刑法早期化介入扩大了侵犯著作权罪的犯罪圈。

四、侵犯著作权罪的入罪标准和法定刑升格标准

对于是否构成侵犯著作权罪，需要基于民刑一体化思维进行分析。在追究著作权侵权的民事责任不足以实现惩罚和预防效果时，才应进一步考虑追究刑事责任。刑事制裁具有剥夺性、污名效应性等特征，用之不当将对被追究刑事责任之人产生严重影响。我国刑法对犯罪采取“立法定性+定量”的模式，侵犯著作权罪的

入罪标准是“违法所得数额较大或者有其他严重情节”，司法解释对此的规定历经变化过程。《侵犯知识产权刑事案件法律解释》第5条规定，违法所得数额在3万元以上的，属于“违法所得数额较大”，“有其他严重情节”包括：(1) 非法经营数额在5万元以上的；(2) 未经著作权人许可，复制发行其文字作品、音乐、电影、电视、录像作品、计算机软件及其他作品，复制品数量合计在1000张（份）以上的；(3) 其他严重情节的情形。《侵犯知识产权刑事案件法律解释（二）》第1条规定，“以营利为目的，未经著作权人许可，复制发行其文字作品、音乐、电影、电视、录像作品、计算机软件及其他作品，复制品数量合计在500张（份）以上的”属于“有其他严重情节”。《知识产权案件意见》第13条规定，“其他严重情节”包括：(1) 非法经营数额在5万元以上；(2) 传播他人作品的数量合计在500件（部）以上；(3) 传播他人作品的实际被点击数达到5万次以上；(4) 以会员制方式传播他人作品，注册会员达到1000人以上；(5) 数额或者数量虽未达到第(1)项至第(4)项规定标准，但分别达到其中两项以上标准一半以上。

从上述司法解释对侵犯著作权罪入罪标准的规定，可以看出侵犯著作权罪的入罪门槛降低，例如，复制发行他人作品，复制品数量合计由1000张（份）以上降为500张（份）以上。随着网络时代到来，网络著作权犯罪突增，司法解释文件将点击数量作为侵犯著作权罪的入罪标准，以回应网络时代侵犯著作权罪的司法认定问题。

2023年1月，最高人民法院、最高人民检察院《征求意见稿》

维持了“违法所得数额在3万元以上或者非法经营数额在5万元以上”的入罪标准。根据现行最高人民法院、最高人民检察院发布的司法解释，法定刑升格量刑标准一般为入罪标准的5倍，即违法所得数额在15万元以上或者非法经营数额在25万元以上，属于“违法所得数额巨大”或者“有其他特别严重情节”。《征求意见稿》提高了法定刑升格标准，规定“违法所得数额巨大或者有其他特别严重情节”指数额、数量达到“违法所得数额较大”“其他严重情节”标准10倍以上。此外，对于行为人在二年内曾因实施侵犯著作权的行为受过行政处罚的，则降低对犯罪数额的要求，即《征求意见稿》第9条“二年内因实施刑法第二百一十七条、第二百一十八条规定的行为受过行政处罚，违法所得数额在二万元以上或者非法经营数额在三万元以上的”规定为情节严重的情形之一。总之，侵犯著作权罪入罪标准的维持或降低、法定刑升格量刑标准的提高及“情节严重”的认定需要与我国经济发展水平相适应。

五、侵犯著作权罪的罪过形式

侵犯著作权罪的罪过形式为故意，并以营利为目的。行为人明知自己侵犯著作权或者与著作权有关的权利的行为会发生危害社会的结果，仍然持希望或者放任这种结果发生的心理态度。行为人出于过失，如误认为他人作品已过保护期而复制发行，或虽系故意，但出于教学、科研等非营利目的复制他人作品，不构成犯罪。本罪和《刑法》第218条销售侵权复制品罪均规定了“以营利为目的”，属于目的犯。营利目的是区分罪与非罪的界限，不以营利为目的的侵犯著作权行为、不以营利为目的的销售侵权复制品行为均不能构成犯罪。

《知识产权案件意见》第 10 条规定，除销售外，具有下列情形之一的，可以认定为“以营利为目的”：(1) 以在他人作品中刊登收费广告、捆绑第三方作品等方式直接或者间接收取费用的；(2) 通过信息网络传播他人作品，或者利用他人上传的侵权作品，在网站或者网页上提供刊登收费广告服务，直接或者间接收取费用的；(3) 以会员制方式通过信息网络传播他人作品，收取会员注册费或者其他费用的；(4) 其他利用他人作品牟利的情形。

六、侵犯著作权罪的认定

如前所述，侵犯著作权罪的认定需要遵从法秩序统一性原理，那么是否意味着要按照著作权法上的含义来解释侵犯著作权罪构成要件要素中涉及的相同术语？在实务界，最高人民法院、最高人民检察院在 2004 年、2007 年和 2020 年先后发布的《侵犯知识产权刑事案件法律解释》《侵犯知识产权刑事案件法律解释（二）》《侵犯知识产权刑事案件法律解释（三）》以及 2011 年的《知识产权案件意见》等相关司法解释性质文件对侵犯著作权罪中“复制发行”与“通过信息网络传播”的关系、“发行”与“出租”的关系的解释与《著作权法》的规定不一致，刑事司法实践也出现刑民偏离。在理论界有学者主张著作权保护应当坚持刑民衔接，即侵犯著作权罪的司法认定需要与著作权法上对相关术语的界定保持一致。[1] 另有学者

---

[1] 王迁．论著作权保护刑民衔接的正当性［J］．法学，2021（8）：3－19；张启飞，虞纯纯．网络著作权保护刑民“两法”衔接反思与重塑［J］．中国出版，2023（14）：62－66.

主张“法秩序统一性原则……不要求法律术语的统一性，也不妨碍刑法在不同于民法、行政法的意义上界定法概念”❶。也有学者在论及财产犯罪时认为刑法总体上应当对民法概念作出一致性或从属性理解，进而维护法秩序统一性原理。基于禁止私力救济的考虑，法秩序统一并不意味着不同部门法中的概念使用必须绝对相同。❷上述认为法秩序统一允许刑法、民法等不同部门法上相同法律术语具有不同含义的观点不能绝对化和机械化地适用于所有情况，只能适用于特定场合，例如，财产犯罪中盗窃罪的对象、“毁坏”的含义等，在这种情况下，刑法作出与民法相关概念的不同理解具有合理性，并没有违反法秩序统一性。

应当认为，对刑法用语的解释并不必然完全遵从民法等其他部门法的解释，但其他部门法的理解至少为刑法提供了一种“先见”，在缺乏充足理由推翻“先见”的情况下，对刑法用语的解释应当尽可能与其他部门法保持一致。❸ 这是本书对侵犯著作权犯罪（包括侵犯知识产权犯罪整体）刑法用语解释的基本立场，侵犯著作权犯罪（包括侵犯知识产权犯罪整体）领域应当贯彻法秩序统一性和刑民衔接。著作权是由《著作权法》赋权产生的，《著作权法》规定了相应权利才有著作权的保护，在解释侵犯著作权罪诸如“复制发行”“通过信息网络传播”等关键构成要件要素时，应

---

❶ 于改之．法域冲突的排除：立场、规则与适用［J］．中国法学，2018（4）：84-104；王钢．非法持有枪支罪的司法认定［J］．中国法学，2017（4）：69-87.

❷ 周光权．财产犯罪：刑法对民法的从属与变通［J］．中国法律评论，2023（4）：43-59.

❸ 杨馥铭．刑民衔接视域下信息网络传播行为侵权与入罪范围的教义学分析：以《刑法修正案（十一）》相关修改为背景［J］．电子知识产权，2022（6）：27-38.

当与《著作权法》对相同术语的定义保持一致，这是著作权保护刑民衔接的必然要求。例如，《著作权法》中的“发行”是指“以出售或者赠与方式向公众提供作品的原件或者复制件”，发行行为是一种转移作品原件或复制件所有权的行为。通过信息网络传播是指以有线或者无线方式向公众提供作品，使公众可以在其个人选定的时间和地点获得作品。信息网络传播行为是一种交互式传播行为，向公众提供的是作品，不存在转移作品原件或者复制件所有权的问题。显然“发行”不同于“通过信息网络传播”，二者是根本不同的两种行为。刑法在解释“通过信息网络传播”行为时应当与著作权法上的理解一致，不能将之与“发行”相等同。总之，对侵犯著作权罪构成要件要素的解释应当遵从《著作权法》对相同术语含义的界定。同理，知识产权是法定权利，是法律基于公共政策创造出来的权利。知识产权的确认、授予、范围和内容均是由知识产权法明确规定。因此，在解释侵犯知识产权罪的构成要件要素时，应当与《商标法》《专利法》《著作权法》《反不正当竞争法》等知识产权体系相关法律对相同术语的定义保持一致。

七、侵犯著作权罪的处罚

《刑法》第 217 条侵犯著作权罪的法定刑分为两档。《刑法修正案（十一）》对该罪的两档法定刑都作了修改：一是删除第一档法定刑中的“拘役”；二是将第二档法定最高刑由 7 年提高至 10 年。即“违法所得数额较大或者有其他严重情节的，处三年以下有期徒刑，并处或者单处罚金；违法所得数额巨大或者有其他特别严重情节的，处三年以上十年以下有期徒刑，并处罚金”。根据

《刑法》第220条规定，单位犯侵犯著作权罪的，对单位判处罚金，并对其直接负责的主管人员和其他直接责任人员，依照《刑法》第217条的规定处罚。

《侵犯知识产权刑事案件法律解释（三）》第8条、第9条对侵犯知识产权犯罪的酌定从重情节、酌定从轻情节分别作出规定，也适用于侵犯著作权罪。具有下列情形之一的，可以酌情从重处罚，一般不适用缓刑：（1）主要以侵犯知识产权为业的；（2）因侵犯知识产权被行政处罚后再次侵犯知识产权构成犯罪的；（3）拒不交出违法所得的。具有下列情形之一的，可以酌情从轻处罚：（1）认罪认罚的；（2）取得权利人谅解的；（3）具有悔罪表现的。

第三节　销售侵权复制品罪

一、销售侵权复制品罪的概念

销售侵权复制品罪是指以营利为目的，销售明知是侵犯他人著作权或者与著作权有关的权利的复制品，违法所得数额巨大或者有其他严重情节的行为。

销售侵权复制品罪是从侵犯著作权罪中独立出来的，旨在惩处“二手”销售或者零售侵权复制品的行为。但是实践中，销售侵权复制品罪的适用很少，[1] 究其原因有以下两个方面：一是原先该罪的入罪门槛“违法所得数额巨大”的数额认定困难，定罪起

[1] 根据国家知识产权局发布的《二〇二一年中国知识产权保护状况》白皮书，在审结的侵犯知识产权刑事一审案件中，侵犯著作权罪案件313件，销售侵权复制品罪案件仅15件。销售侵权复制品罪案件数量不足侵犯著作权罪案件数量的5%。

点高。处于销售末端的以个人居多，没有固定经营场所和财务凭证，或者不做账或者做假账，导致销售成本与收入难以计算，无法计算出行为人的获利数额，要求侦查机关证明违法所得数额巨大不具有可操作性。根据《侵犯知识产权刑事案件法律解释》第 6 条，“违法所得数额巨大”是指违法所得数额在 10 万元以上。但很多情况下销售侵权复制品行为的违法所得金额不能达到 10 万元，其犯罪行为却可能给国家的著作权管理秩序以及著作权人造成难以估量的损失。二是侵犯著作权罪压缩了销售侵权复制品罪的适用空间。《侵犯知识产权刑事案件法律解释（二）》第 2 条将侵犯著作权罪中的“复制发行”解释为“复制、发行或者既复制又发行”，即单独的发行行为也可以成立侵犯著作权罪，如前所述，发行是指“以出售或者赠与方式向公众提供作品的原件或者复制件”，销售是最常见的发行方式，因此销售侵权复制品罪能够被侵犯著作权罪所包含，导致实践中很多销售侵权复制品的犯罪都被纳入侵犯著作权罪予以处理，销售侵权复制品罪面临被“架空”的境地。

为了激活销售侵权复制品罪，更好地发挥刑法预防和惩罚犯罪的功能，对于有其他严重情节的，也应当给予刑事处罚。因此，《刑法修正案（十一）》在原规定“违法所得数额巨大”之外，增加“有其他严重情节”作为该罪的入罪情形，使本罪从单纯的数额犯变成数额犯与情节犯两种情形，扩大了该罪的处罚范围。此外，从长远来看，应当理顺侵犯著作权罪与销售侵权复制品罪的关系，从根本上改变销售侵权复制品罪的休眠局面。

二、销售侵权复制品罪的法益

销售侵权复制品罪的保护法益（客体）是双重法益（复杂客体），即他人的著作权和与著作权有关的权利以及国家对著作权、与著作权有关权利的管理秩序（制度）。该罪作为侵犯著作权罪的关联罪名，是行为人将实施侵犯著作权罪产生的侵权复制品转换为财产利益的一种延续性行为。该罪侵权具有间接性，是通过销售侵权复制品进而侵犯著作权和与著作权有关的权利。该罪的行为对象必须是《刑法》第217条规定的侵权复制品。

三、销售侵权复制品罪的行为主体

销售侵权复制品罪的主体为一般主体，即自然人和单位。需要注意的是，该罪的行为主体是指复制品制作者以外的其他自然人或单位。根据《侵犯知识产权刑事案件法律解释》第14条，如果侵权复制品的制作者自己径直对外销售该侵权复制品，构成犯罪的，则构成侵犯著作权罪而非销售侵权复制品罪。另外，如果行为人既实施侵犯著作权罪的行为，又销售明知是其他人制作的侵权复制品，构成犯罪的，应当实行数罪并罚。

四、销售侵权复制品罪的罪过形式

销售侵权复制品罪的主观罪过为故意，并且具有营利目的。本罪与侵犯著作权罪同为目的犯，刑法都明文规定“以营利为目的”，提示司法工作人员承担该营利目的的举证责任。所谓“故意”即行为人明知是侵权复制品而仍继续进行销售。《刑法》第

218条规定“销售明知是本法第二百一十七条规定的侵权复制品”，如前所述，“明知”属于提示性要素，功能在于提示本罪构成要件中的特殊的行为对象要素，作用在于提醒司法者对行为对象的明知是区分罪与非罪的界限，以此强化检察机关的举证责任。本罪的成立需要认定行为人在实施销售行为时认识到是侵权复制品，如果行为人没有认识到，则可以欠缺违法性认识可能性出罪。

对于“明知”的认定应当综合考虑行为人的认知程度、侵权复制品的知名度、侵权复制品的进货渠道、交易的价格、交货时间地点、方式等。如果行为人不知道其销售的是侵权复制品，则不构成犯罪。在司法实践中，以行为人实施的销售侵权复制品行为为基础，结合其一贯表现、具体行为、职业认知、受教育程度等综合审查判断，可以从以下几个方面认定行为人主观上是否明知。

（1）如果该复制品的批发、零售价格明显低于市场价格，而该项著作权的知名度又属于较高的，就应认定为行为人是明知的。

（2）行为人如果长期从事该种制品的批发零售业务，或具有此领域的专业知识，对该种制品的真假认识程度较高，就应认定行为人是明知的。

（3）结合侵权复制品的进货渠道、买卖与交易的时间、地点与方式、方法等是否符合正常交易习惯进行综合认定。

五、销售侵权复制品罪的罪量要素

销售侵权复制品罪中，违法所得数额巨大或者有其他严重情节的，才可能入罪。销售的具体方式可以是批发、零售、贩卖等各个销售环节。根据《侵犯知识产权刑事案件法律解释》第 6 条“违法所得数额巨大”是指违法所得数额在 10 万元以上。“其他严重情节”（“情节严重”）是《刑法修正案（十一）》增加的内容。

如前所述，“情节严重”属于违法构成要件要素，包括危害行为、危害后果等客观要素。故意、过失、动机等主观要素，以及反映特殊必要性大小的累犯、再犯等要素不应属于“情节严重”之“情节”。认定销售侵权复制品罪的“情节严重”需要从非法经营数额、销售侵权复制品的数量、给权利人造成的损失等方面进行考量。具体认定时，可以根据侵权行为持续的时间长短、销售能力和销售规模的大小、犯罪的组织化程度等综合进行判断。[1]

其一，非法经营数额。销售侵犯复制品罪中的非法经营数额是指行为人销售的侵权复制品的价值。《侵犯知识产权刑事案件法律解释》第 12 条对“非法经营数额”进行解释：已销售的侵权复制品的价值，按照实际销售的价格计算。未销售的侵权复制品的价值，按照标价或者已经查清的侵权复制品的实际销售平均价格计算。侵权复制品没有标价或者无法查清其实际销售价格的，按照被侵权复制品的市场中间价格计算。此外，根据 2008 年最高人民检察院、公安部《关于公安机关管辖的刑事案件立案追诉标准的规定（一）》第 27 条，违法所得数额 10 万元以上的；违法所得数额虽未达到 10 万元，但尚未销售的侵权复制品货值金额达到 30 万元以上的，应予立案追诉。司法实践中有将非法经营数额作

[1] 许永安．中华人民共和国刑法修正案（十一）解读［M］．北京：中国法制出版社，2021：201.

为销售侵权复制品罪入罪标准的案例。例如，韩某销售侵权复制品罪中，韩某存于书店的图书总货值超过30万元，进而法院认定其行为构成销售侵权复制品罪。❶ 将非法经营数额作为销售侵权复制品罪的入罪标准之一可以缓解违法所得数额难以查明时定罪的司法困境。至于非法经营的具体数额，有学者认为，销售侵权复制品罪难以被适用主要原因是“违法所得数额巨大”的入罪门槛过高，建议将“违法所得数额巨大”调整为“违法所得数额较大”，同时参照其他知识产权犯罪情况确定具体数额。由此，“其他严重情节”中的非法经营数额标准可以定在5万元以上。❷ 在本书看来，从1997年《刑法》规定销售侵权复制品罪到《刑法修正案（十一）》修改本罪，“违法所得数额巨大”的入罪标准没有变动，立法机关短期内再次修改本罪入罪标准的可能性不大。在刑法立法没有调整的情况下，“其他严重情节”应当达到与违法所得10万元以上相当的不法程度。❸ 因此，将“其他严重情节”中非法经营数额标准定为5万元以上显然不合适。

其二，销售侵权复制品的数量。一般而言，销售侵权复制品的数量能够比较直观地反映行为的社会危害程度，也更加具有可操作性。因此，在违法所得数额、非法经营数额难以查证的情况下，可以将销售侵权复制品的数量作为入罪标准。由于销售侵权

---

❶ 河南省开封市金明区人民法院（2020）豫0211刑初147号刑事判决书。

❷ 利子平，周树娟．销售侵权复制品罪“其他严重情节”的认定标准：以《刑法修正案（十一）》第21条为切入点［J］．南昌大学学报（人文社会科学版），2022（1）：58-65.

❸ 劳东燕．刑法修正案（十一）条文要义：修正提示、适用指南与案例解读［M］．北京：中国法制出版社，2021：152.

复制品罪与侵犯著作权罪同为侵犯著作权犯罪，可以参考《侵犯知识产权刑事案件法律解释（二）》第1条对侵犯著作权罪罪量要素的规定，复制品数量合计在500张（份）以上的，属于《刑法》第217条侵犯著作权罪规定的“有其他严重情节”；复制品数量在2500张（份）以上的，属于《刑法》第217条侵犯著作权罪规定的“有其他特别严重情节”。侵犯著作权罪中“有其他严重情节”与“违法所得数额较大”相并列，“有其他特别严重情节”与“违法所得数额巨大”相并列，而销售侵权复制品罪中“违法所得数额巨大”与“有其他严重情节”相并列，因此，销售侵权复制品罪中的“有其他严重情节”应当对应于侵犯著作权罪中的“有其他特别严重情节”，即销售侵权复制品罪中销售侵权复制品的数量可以确定为2500件以上。

其三，给权利人造成的损失。著作权人或者与著作权有关的权利人的损失能够体现法益侵害程度。这里的损失应当以直接损失为限。《侵犯知识产权刑事案件法律解释》第4条第2项规定“给专利权人造成直接经济损失五十万元以上的”属于假冒专利罪“情节严重”的情形之一，“情节严重”是假冒专利罪的入罪标准。由于销售侵权复制品罪与假冒专利罪同为侵犯知识产权犯罪，因此参考假冒专利罪入罪标准的做法符合刑法体系解释原则，可以将给著作权人或者与著作权有关的权利人造成直接经济损失50万元以上作为销售侵权复制品罪的入罪标准。

六、销售侵权复制品罪的认定

在认定销售侵权复制品罪时，需要正确处理侵犯著作权罪与销售侵权复制品罪的关系。为应对销售侵权复制品罪被架空的问题，有学者提出将《刑法》第217条中的“发行”理解为总发行、批量销售或者大规模销售，而将《刑法》第218条中的“销售”理解为零售。[1] 该观点对“发行”的解释与《著作权法》对“发行”的解释不一致，造成刑民脱节，并且零售与一般出售难以作有效区分，容易导致司法实践中罪名的随意适用。司法机关在实务中通常将侵犯著作权罪中“发行”包含的销售行为界定为未经许可首次销售行为，销售侵权复制品罪中的“销售”界定为后续销售行为。例如，在2024年1月最高人民检察院发布的“检察机关依法惩治侵犯著作权犯罪典型案例”的“何某甲等侵犯著作权、朱某甲等销售侵权复制品案”中，何某甲等人未经权利人许可复制教辅图书并向下家首次销售，法院判处何某甲等人构成侵犯著作权罪，朱某甲等人从何某甲处进货后销售，法院判处朱某甲等人构成销售侵权复制品罪。[2]这种做法有利于避免架空销售侵权复制品罪，但导致侵犯著作权罪中的“发行”与《著作权法》上的“发行”含义不一致，违反刑民衔接的理念。

事实上，上述主张和做法都与现行司法解释冲突，不符合刑民衔接理念。要厘清侵犯著作权罪与销售侵权复制品罪的关系，需要修改司法解释对“复制发行”的解释。《侵犯知识产权刑事案件法律解释（二）》第2条规定侵犯著作权罪中的“复制发行”包括复制、发行或者既复制又发行的行为。2023年1月，最高人

---

[1] 张明楷．刑法学（下）［M］．6版．北京：法律出版社，2021：1072.

[2] 最高人民检察院．检察机关依法惩治侵犯著作权犯罪典型案例［EB/OL］.［2024-11-02］. https：//www. spp. gov. cn/spp/xwfbh/wsfbt/202401/t20240105_ 639347. shtml#2. 2.

民法院、最高人民检察院《征求意见稿》第10条第1款对《侵犯知识产权刑事案件法律解释（二）》第2条关于“复制发行”的解释作出修改，即未经著作权人等许可，既复制又发行或者复制后尚待发行作品、录音录像制品的行为，应当认定为《刑法》第217条规定的“复制发行”。据此，侵犯著作权罪中“复制发行”是指既复制又发行或者复制的行为。仅销售侵权复制品的行为，应当认定为销售侵权复制品罪，而不能再认定为侵犯著作权罪。此种解释一方面明确区分两罪，使单独“复制”行为可以入罪；另一方面将“复制发行”解释为复制且发行和复制待发行，剔除发行的做法似乎有失妥当。对此，有学者提出仍然坚持《侵犯知识产权刑事案件法律解释（二）》第2条对侵犯著作权罪中的“复制发行”包括复制、发行或者既复制又发行的解释，符合文义解释原则；侵犯著作权罪与销售侵权复制品罪是一般法与特殊法的法条竞合关系；两罪竞合参照《刑法》第149条的适用方法，即一般情况按照特殊法优于普通法的原则，优先适用销售侵权复制品罪；在不构成销售侵权复制品罪但构成侵犯著作权罪时则按照侵犯著作权罪处理；在二者均构成时，则依照处罚较重的规定给予处罚。[1] 在本书看来，该见解与《征求意见稿》均能厘清侵犯著作权罪与销售侵权复制品罪的关系，前者是在保留现行解释基础上参照《刑法》第149条适用两罪；后者是“另起炉灶”修改现行解释进而对两罪区分适用。相比较而言，前者更符合文义解释要求，不失为一种正确处理两罪关系的方案。

---

[1] 张燕龙．侵犯著作权罪与销售侵权复制品罪的冲突及教义学构建［J］．河北学刊，2024（6）：200-210.

七、销售侵权复制品罪的处罚

1979 年《刑法》没有将销售侵权复制品的行为规定为犯罪，直至 1994 年 7 月全国人大常委会通过的《关于惩治侵犯著作权的犯罪的决定》（现已失效）第 2 条首次规定了销售侵权复制品罪，具体内容为："以营利为目的，销售明知是第一条规定的侵权复制品，违法所得数额较大的，处二年以下有期徒刑、拘役，单处或者并处罚金；违法所得数额巨大的，处二年以上五年以下有期徒刑，并处罚金。"1997 年《刑法》修订时，将刑罚调整为"违法所得数额巨大的，处三年以下有期徒刑或者拘役，并处或者单处罚金"。为了加大对知识产权刑事案件的打击力度，更好地发挥法律的威慑作用，《刑法修正案（十一）》提高了销售侵权复制品罪的法定最高刑，取消"拘役"这一刑种，将刑罚调整为"违法所得数额巨大或者有其他严重情节的，处五年以下有期徒刑，并处或者单处罚金"。

第四节　案例研究

案例七　王某某、武某清侵犯著作权案
——制售仿冒"玲娜贝儿"毛绒玩偶案

一、基本案情

2021 年 3 月 12 日，迪士尼公司创作完成"玲娜贝儿"（英文名：LinaBell）美术作品。同年 9 月，以该美术作品原型设计制作的"玲娜贝儿"玩偶发布。玲娜贝儿作为上海迪士尼公司全球首

发的新IP角色，面世以来热度一直居高不下，周边产品价格也水涨船高。2021年10月起，被告人王某某、武某凤（另案处理）伙同被告人武某清，在未取得授权的情况下，擅自指使他人生产制作仿冒迪士尼公司“玲娜贝儿”毛绒玩偶2.5万余件，在线下门店和线上平台销售，牟取非法利益。2022年2月，迪士尼公司在国家版权局对“玲娜贝儿”美术作品进行了登记。

二、法院判决

上海市浦东新区人民法院对这起侵犯“玲娜贝儿”著作权刑事案件经审理后认为，被告人王某某、武某清生产、销售的“玲娜贝儿”毛绒玩偶在造型上与迪士尼公司享有著作权的美术作品“玲娜贝儿”仅有细微差异，属于该美术作品的复制品。两名被告人以营利为目的，未经著作权人许可，生产仿冒迪士尼“玲娜贝儿”玩偶2.5万余件，并通过线上、线下方式销售，其行为均已构成侵犯著作权罪，且属于有其他特别严重情节。被告人王某某与他人共同起意、策划生产、销售仿冒迪士尼公司“玲娜贝儿”的毛绒玩偶，系主犯；被告人武某清受他人指使，在仿冒玩偶上贴附吊牌及收发货，系从犯，依法减轻处罚。两名被告人到案后能如实供述犯罪事实，自愿认罪认罚，被告人王某某退出部分违法所得，被告人武某清退出违法所得，法院依法从轻处罚。

上海市浦东新区人民法院根据犯罪事实、犯罪的性质、情节、对于社会的危害程度等，以侵犯著作权罪对被告人王某某、武某清分别判处有期徒刑3年3个月、有期徒刑1年的刑罚，并处20万元、3万元的罚金。对未退出的违法所得，继续予以追缴，扣押在案仿冒毛绒玩偶、相关材料和工具、供犯罪所用的本人财物，依法予以没收。[1]

三、主要问题及分析

迪士尼公司创作的新 IP 具有较高的附加价值，周边产品价格水涨船高，成为知识产权侵权的高发领域。不法分子为牟取非法利益，制售仿冒 IP 产品，这种盗版行为会挫伤著作权人创新的积极性，最终阻碍社会文化进步。对此，必须加强知识产权司法保护，对侵犯著作权犯罪予以严厉打击。

下面主要探讨本案定罪和量刑问题。其一，关于定罪。本案中，迪士尼公司是“玲娜贝儿”美术作品的著作权人，被告人以营利为目的，未经著作权人许可，生产销售仿冒迪士尼公司“玲娜贝儿”玩偶 2.5 万余件，构成侵犯著作权罪，且情节特别严重。（1）如何认定以营利为目的？被告人生产仿冒玩偶，在线下和线上销售，可以认定其以营利为目的。（2）如何认定未经著作权人许可？《侵犯知识产权刑事案件法律解释》第 11 条第 2 款规定，“未经著作权人许可”是指没有得到著作权人授权或者伪造、涂改著作权人授权许可文件或者超出授权许可范围的情形。在程序法上，一般应当依据著作权人或者其授权的代理人、著作权集体管理组织、国家著作权行政管理部门指定的著作权认证机构出具的涉案作品版权认证文书，或者证明出版者、复制发行者伪造、涂改授权许可文件或者超出授权许可范围的证据，结合其他证据综合予以认定。本案中，迪士尼公司创作完成“玲娜贝儿”美术作

[1] 上海市浦东新区人民法院（2022）沪 0115 刑初 1439 号刑事判决书。

品有确切的日期，并且在国家版权局进行了版权登记。这些材料能够证明迪士尼公司是著作权人。被告人不能提供这些材料，则很难证明自己对涉案作品享有著作权，当然也没有得到著作权人授权。（3）如何认定侵犯著作权罪的行为方式？未经著作权人许可，复制发行美术作品是侵犯著作权的行为方式之一。复制是将作品制作一份或者多份，发行是以出售方式向公众提供作品的复制件。本案中，被告人未经许可生产迪士尼公司享有著作权的“玲娜贝儿”美术作品的复制件，采取线下和线上方式销售，符合通过复制发行美术作品侵犯著作权的行为方式。（4）如何认定达到侵犯著作权罪的入罪标准？侵犯著作权的行为需要违法所得数额较大或者有其他严重情节，才可能承担刑事责任。复制发行作品，复制品数量合计在 500 张（份）以上的，属于情节严重的情形之一。本案中，复制品数量是 2.5 万余件，远远超过 500 份，达到侵犯著作权罪的入罪门槛。

其二，关于量刑。复制发行作品，复制品数量在 2500 张（份）以上的，属于“有其他特别严重情节”。本案中，复制品数量是 2.5 万余件，符合侵犯著作权罪的法定刑升格条件，应当在侵犯著作权罪的第二档法定刑幅度内量刑。鉴于两名被告人存在坦白、认罪认罚情节，可以从轻处罚。被告人武某清在共同犯罪中系从犯，依法减轻处罚，应当在第二档量刑幅度的下一个量刑幅度（第一档量刑幅度）内判处刑罚。据此，法院对被告人判处上述刑罚。

案例八　昆山某信息科技有限公司、刘某某等侵犯著作权案——“土豆游戏机”微信小程序侵犯著作权案

一、基本案情

2019年初，被告昆山某信息科技有限公司开始研发微信小程序。该公司总经理刘某某指使公司技术总监提取福州市智永信息科技有限公司（后更名为宝宝巴士股份有限公司）开发的宝宝系列小程序源代码，并交给该公司产品经理王某、袁某某，由二人率领其所在的移动项目小组技术员庄某某添加广告后修改制作出六款“土豆游戏机”微信小程序。之后，被告昆山某信息科技有限公司以其关联公司的名义与深圳市腾讯计算机系统有限公司签订协议，将上述微信小程序上架到微信平台公开发行，非法获利人民币242 997元，其中王某、庄某某获利金额人民币168 774元，袁某某获利金额人民币74 223元。经福建中证司法鉴定中心鉴定，上述六款微信小程序与权利人拥有著作权的计算机软件程序的核心文件代码构成实质性相似。经福建省版权局认定，上述六款微信小程序为“未经著作权人许可”复制发行的计算机程序。公诉机关福州市鼓楼区人民检察院于2022年3月17日向福州市鼓楼区人民法院提起公诉。

二、法院判决

福州市鼓楼区人民法院经审理认为，被告单位昆山某信息科技有限公司未经著作权人许可，复制发行其计算机软件，非法经

营获利，该公司总经理刘某某作为直接负责的主管人员，公司产品经理王某和袁某某、移动项目小组技术员庄某某作为其他直接责任人员，均参与非法获利，情节严重，其行为均构成了侵犯著作权罪，并结合各被告人如实供述、认罪认罚、获得谅解等量刑情节，于2022年4月21日作出刑事判决，分别判处被告单位昆山某信息科技有限公司罚金人民币10万元，被告人刘某某有期徒刑1年6个月、缓刑2年，被告人王某有期徒刑10个月、缓刑1年2个月，被告人庄某某有期徒刑8个月、缓刑1年，被告人袁某某拘役5个月29天，各并处罚金。[1] 一审判决后，被告人袁某某不服，提起上诉后撤回上诉，福州市中级人民法院于2022年7月20日裁定准许上诉人袁某某撤回上诉。[2] 全案已经生效。

三、主要问题及分析

本案作为福建省首例微信小程序侵犯著作权刑事案件，是网络时代全面维护计算机软件作品著作权人合法权益的典型案例，已入选福建省高级人民法院发布的2022年知识产权司法保护十大案例。

下面探讨本案的定罪量刑问题。其一，关于定罪。本案被告人复制他人微信小程序进行信息网络传播，并收取广告费用，构成侵犯著作权罪。(1) 如何认定本案中“以营利为目的”？侵犯著作权罪中“以营利为目的”，除销售外，还包括其他牟利行为。营利模式不一而足，除传统的发行作品谋取利润的情形外，通过信

[1] 福州市鼓楼区人民法院（2022）闽0102刑初202、203号刑事判决书。

[2] 福州市中级人民法院（2022）闽01刑终625号刑事裁定书。

息网络传播他人作品，并在网站或者网页上以插入收费广告的形式赚取利润，可以视为以营利为目的。（2）本案中微信小程序是否是作品？著作权的保护客体是作品，《著作权法》第3条列举了包括计算机软件在内的9种作品。微信小程序是一种基于微信平台的应用程序，本质上是计算机软件，具有面对人群广、传播速率快、使用便捷、服务方式多样等特点，同时微信小程序也面临侵权多发易发等问题。微信小程序作为计算机软件属于作品，开发者福州市智永信息科技有限公司（后更名为宝宝巴士股份有限公司）享有宝宝系列小程序的著作权。被告没有得到著作权人授权，并且经福建省版权局认定，涉案六款微信小程序为“未经著作权人许可”复制发行的计算机程序。（3）如何认定本案中侵犯著作权的行为方式？严格说来，侵犯著作权罪中侵犯著作权的方式主要是复制发行、通过信息网络向公众传播。遵循刑民衔接的理念，刑法中的“复制发行”“通过信息网络向公众传播”应当作出与著作权法相一致的解释。《著作权法》第10条规定的“复制”是将作品制作一份或者多份的行为。《计算机软件保护条例》第8条规定，“复制”是将软件制作一份或者多份的行为。民事司法实践中判断行为是否侵犯计算机程序复制权，通常采取“实质相似+接触”的判定规则：一是被控侵权程序与原程序的源代码是否“实质相似”；二是被控侵权行为人有“接触”原程序的条件和事实。[1]因此，法秩序统一性下刑事司法中判断行为是否侵犯计算机程序复制权，应当判断被控侵权程序是否复制了原程序的源代码、是

[1] 刘琳．我国版权侵权“接触”要件的检讨与重构［J］．知识产权，2021（11）：71-90.

否达到实质相似的程度，行为人是否接触了原程序。本案中，经过司法鉴定，被控侵权的六款微信小程序与权利人拥有著作权的计算机软件程序的核心文件代码构成实质性相似；被告公司总经理、产品经理、技术员有接触权利人拥有著作权的计算机软件程序源代码的条件和事实。由此，可以认定被告侵犯权利人的复制权。擅自复制他人微信小程序的源代码并植入广告后，上架到微信平台通过信息网络向公众传播他人享有著作权的计算机软件，构成侵犯计算机软件的信息网络传播权。（4）是否达到侵犯著作权罪的入罪标准？侵犯著作权的行为需要违法所得数额较大或者有其他严重情节，才可能承担刑事责任。本案被告单位非法获利人民币242 997元，其中王某、庄某某获利金额人民币168 774元，袁某某获利金额人民币74 223元。《侵犯知识产权刑事案件法律解释》第5条规定，违法所得数额在3万元以上的，属于“违法所得数额较大”，“有其他严重情节”包括非法经营数额在5万元以上等3种情形，其中第3种为兜底条款“其他严重情节的情形”。非法获利数额一般指扣除合理成本后的“净利润”。违法所得数额是指行为人因侵权行为所获得的全部违法收入扣除原材料、所售商品或者提供服务所使用商品的购进价款等直接用于经营活动的必要支出后剩余的数额。通过收取会员费、服务费或者广告费等方式营利的，收取的费用应当认定为“违法所得”。本案中，被告单位及王某、庄某某、袁某某均已达到侵犯著作权罪的入罪标准，因此构成侵犯著作权罪。（5）如何认定本案是单位犯罪？单位犯罪是公司、企业、事业单位、机关、团体的决策机构按照单位的决策程序决定，由直接责任人员实施，为本单位或者以单位名义为本单位全体成员或多数成员牟取非法利益。《刑法》第 220 条规定单位可以成为侵犯著作权罪的行为主体。本案中，被告单位昆山某信息科技有限公司总经理刘某某指使公司技术总监，交给公司产品经理王某、袁某某和技术员庄某某实施侵犯著作权的行为，公司非法经营获利，违法所得数额较大，该公司总经理刘某某作为直接负责的主管人员，公司产品经理王某和袁某某、移动项目小组技术员庄某某作为其他直接责任人员，均参与非法获利，其行为均构成了侵犯著作权罪。因此，本案构成侵犯著作权罪的单位犯罪。

其二，关于量刑。本案是被告单位昆山某信息科技有限公司以营利为目的，实施侵犯著作权的行为，属于单位犯罪，实行双罚制。根据《刑法》第 220 条和 2007 年最高人民法院、最高人民检察院《关于办理侵犯知识产权刑事案件具体应用法律若干问题的解释（二）》第 6 条，单位实施侵犯著作权行为，按照《刑法》第 217 条侵犯著作权罪的个人犯罪的定罪量刑标准定罪处罚。因此，单位犯侵犯著作权罪，对单位判处罚金，并对其直接负责的主管人员和其他直接责任人员，按照侵犯著作权罪的个人犯罪的定罪量刑标准定罪处罚。本案中，该公司总经理刘某某是直接负责的主管人员，公司产品经理王某和袁某某、移动项目小组技术员庄某某是其他直接责任人员，均参与非法获利，根据案情属于“情节严重”，其行为均构成侵犯著作权罪，未达到侵犯著作权罪第二档法定刑幅度，应当处 3 年以下有期徒刑，并处或者单处罚金。结合各被告人如实供述、认罪认罚、获得谅解等量刑情节，可以从轻处罚，故法院作出上述判决。

案例九　单某侵犯著作权案
——“深度链接”侵犯著作权案

一、基本案情

2017 年 6 月至 2019 年 8 月，被告人单某以营利为目的，注册名为“神马微影院”视频网站，向王某（另案处理）等人购买解析工具程序，在未经著作权人许可的情况下，利用该解析工具程序，避开权利人设置的广告及付费会员技术措施，从优酷、爱奇艺、搜狐等网站链接影视作品，以及从最大资源网等盗版视频网站链接影视作品，嵌入其租借的服务器数据库，通过上述视频播放链接向用户提供在线观看服务。经鉴定，“神马微影院”视频网站后台视频管理菜单中共存有视频 18 659 部，用户通过解析工具程序访问上述正版网站视频共计 9 817 586 次。“神马微影院”视频网站运行期间，被告人单某通过“点推广告联盟”“辛巴联盟”招揽，并在网站主页设置各类广告，通过广告推广平台收取广告费用共计人民币 404 121.28 元。2019 年 9 月 10 日，被告人单某被公安人员抓获，其到案后如实供述了上述犯罪事实。

二、法院判决

上海市第三中级人民法院经审理认为，被告人单某以营利为目的，未经著作权人许可，复制发行其影视作品，情节特别严重，其行为已构成侵犯著作权罪。判决被告人单某犯侵犯著作权罪，判处有期徒刑 3 年，并处罚金人民币 20 万元。[1] 一审判决后，被告人单某不服，提起上诉。二审期间，单某自愿撤回上诉，上海市高级人民法院遂裁定准许撤回上诉。

三、主要问题及分析

本案涉及深度链接问题，关键在于判断行为人设置深度链接是否构成侵犯著作权罪，属于哪种行为方式，这是判断行为构成侵犯著作权罪的前提。争议的焦点是深度链接是否侵犯信息网络传播权，对此，著作权法和刑法的认定不一致，存在刑民脱节的问题。有论者检索 2013 年 1 月至 2023 年 12 月涉及深度链接的民事判决书与刑事判决书发现，深度链接在民事案件大多不构成直接侵权，但在刑事案件中全部构成侵犯著作权罪，存在较为严重的刑民脱节。[2] 造成这一冲突的根源是对于深度链接行为的法律性质存在争议。

向公众提供链接可分为普通链接和深度链接两种情形，二者区别在于点击链接时是否发生网页跳转。普通链接也称为“跳转链接”，深度链接也称为“非跳转链接”。深度链接点击后不发生网页跳转，而是在设链网站直接呈现文字、视听、图片等作品，浏览器不显示被链接网页的地址，导致网络用户无从知晓信息的真实来源，误以为呈现的作品来自设链网站。著作权法上判断深度链接行为是否属于信息网络传播行为有多种学说观点。代表性

[1] 上海市第三中级人民法院（2020）沪 03 刑初 11 号刑事判决书。

[2] 锁福涛，薛东．刑民交叉视域下深度链接行为的刑法规制研究［J］．中国出版，2024（18）：58-62.

的有“服务器标准”、“用户感知标准”和“实质呈现标准”，三种学说争议的焦点在于如何对提供链接行为进行定性。“服务器标准”认为信息网络传播需要将作品上传至向公众开放的网站服务器，生成网络地址供用户访问，即形成“传播源”，“无论作品此前是否在其他服务器中已处于可为公众获得的状态”[1]。由于设置深度链接行为并没有将被传播的作品置于设链网站的服务器，而是存储在被链接网站的服务器上，没有形成一个独立于其他“传播源”的新“传播源”，不符合通过信息网络向公众传播中将作品置于向公众开放的信息网络进行交互式传播的特性，自然不构成侵犯作品的信息网络传播权。[2] 与“服务器标准”不同的是，“用户感知标准”和“实质呈现标准”均认为设置深度链接构成信息网络传播，强化对权利人的保护。区别在于“用户感知标准”强调用户的主观感受，深度链接会让用户误以为作品来自设链网站；“实质呈现标准”是对“用户感知标准”的修改完善，强调客观效果，设链者将他人作品以自己名义呈现给用户，实质性替代被链接网站，用户无须访问被链接网站即可获得作品。[3] 在“用户感知标准”和“实质呈现标准”看来，不仅第一次上传作品的行为属于通过信息网络向公众传播，而且将已上传至服务器的作品通过信息网络扩大传播范围的各类行为也落入信息网络传播权控制的范围，尽可能严密法网。

---

[1] 王迁．网络著作权专有权利研究［M］．北京：中国人民大学出版社，2022：419.

[2] 刘双阳．论侵犯网络著作权犯罪司法认定的刑民衔接［J］．法学，2023（8）：72-84.

[3] 崔国斌．加框链接的著作权法规制［J］．政治与法律，2014（5）：74-93.

我国民事司法解释倾向于采纳“服务器标准”。[1] 在著作权民事侵权案件中，法院也大多根据“服务器标准”认定深度链接没有侵犯信息网络传播权，不构成直接侵权。例如，腾讯计算机系统有限公司诉北京易联伟达科技有限公司侵犯信息网络传播权案中，法院明确指出“服务器标准”是认定信息网络传播行为的合理标准，设置深层链接行为不属于信息网络传播权规制的交互式传播行为。[2] 根据法秩序统一性原理和刑民衔接理念，一方面，对侵犯著作权罪“通过信息网络向公众传播”这一关键构成要件的解释应当与著作权法保持一致，即采取“服务器标准”，信息网络传播行为是在客观上创设新的“传播源”的“向公众提供”行为。因此，深度链接不构成侵犯著作权罪的信息网络传播行为。另一方面，行为构成侵犯著作权罪的前提是行为属于著作权侵权行为，即刑事犯罪行为必须是《著作权法》第 53 条列举的侵权行为。判定深度链接行为是否构成侵犯著作权罪，需要首先审视其是否属于著作权法上的侵权行为。在深度链接不构成信息网络传播行为的情况下，是否意味着深度链接行为便不属于著作权法上的侵权行为，因此不构成侵犯著作权罪？答案并不一定。《著作权法》第 53 条第 6 项将故意规避技术措施的行为规定为侵权行为，[3] 《刑法》第 217 条第 6 项将未经权利人许可，故意规避技术措施的行为规定为侵犯著作权罪的行为方式。司法实践中，多数涉及深度链

---

[1] 参见《最高人民法院关于审理侵害信息网络传播权民事纠纷案件适用法律若干问题的规定》第 3 条规定。

[2] 北京知识产权法院（2016）京 73 民终 143 号民事判决书。

[3] 事实上，故意规避技术措施更确切地说，属于违反法律规定的违法行为，而不是侵犯著作权或者与著作权有关的权利。

接的案件都故意避开或者破坏技术措施,❶ 例如本案中，被告人通过破坏正版网站技术措施的方式，非法获取正版影视资源，并设置深度链接向公众传播。因此，尽管深度链接不构成信息网络传播行为，但是如果故意避开或者破坏技术措施，则可以进入规避著作权技术措施的规制范围，属于《著作权法》第 53 条第 6 项的侵权行为，可能构成侵犯著作权罪。实际上本案被告人的行为符合《刑法》第 217 条第 6 项规定，即故意规避技术措施行为。

本案的营利目的明显，被告人在网站主页设置各类广告，通过广告推广平台收取广告费用的方式牟利。《侵犯知识产权刑事案件法律解释（三）》第 2 条规定，在涉案作品、录音制品种类众多且权利人分散的案件中，有证据证明涉案复制品系非法出版、复制发行，且出版者、复制发行者不能提供获得著作权人、录音制作者许可的相关证据材料的，可以认定为“未经著作权人许可”“未经录音制作者许可”。本案中因涉及影视作品数量众多，且涉及版权方较多，无法进行一一取证。综合全案证据，被告人通过破坏正版网站技术措施的方式，非法获取正版影视资源，自始至终未取得任何影视作品权利人的许可，足以认定“未经著作权人许可”。非法经营数额在 25 万元以上的，属于“有其他特别严重情节”，本案的非法经营数额达到 404 121. 28 元，构成情节特别严重。因此，被告人以营利为目的，未经著作权人许可，故意破坏技术措施，设置深度链接向公众传播，有其他特别严重情节，构成侵犯著作权罪。

---

❶ 锁福涛，薛东. 刑民交叉视域下深度链接行为的刑法规制研究［J］. 中国出版，2024（18）：58-62.

既然认定本案被告人构成侵犯著作权罪，情节特别严重，就应当在侵犯著作权罪的第二档法定刑幅度内量刑，判处 3 年以上 10 年以下有期徒刑，并处罚金。由于被告人具有坦白情节，根据《刑法》第 67 条第 3 款可以从轻处罚。被告人自愿认罪认罚，根据《侵犯知识产权刑事案件法律解释（三）》第 9 条，可以酌情从轻处罚。因此，判处被告人有期徒刑 3 年。对被告人并处罚金人民币 20 万元，符合《侵犯知识产权刑事案件法律解释（三）》第 10 条第 2 款的规定——“罚金数额一般在违法所得数额的一倍以上五倍以下确定。违法所得数额无法查清的，罚金数额一般按照非法经营数额的百分之五十以上一倍以下确定”。

案例十　王某等侵犯著作权罪案

——制作、运营游戏私服侵犯著作权罪

一、基本案情

《梦幻西游》是网易（杭州）网络游戏有限公司研发并运营的手机游戏软件，该游戏于 2014 年 12 月 14 日取得国家版权局颁发的计算机软件著作权登记证书。2017 年，王某、郑某、李某为牟取非法利益，商量开设《梦幻西游》网络游戏“私服”，在未经网易公司授权、许可的情况下，通过购买、私自从互联网下载等方式取得《梦幻西游》游戏的地图、人物、音乐等素材，后进行编辑、修改、测试等，制作“私服”游戏，命名为《82 西游》。2017 年 10 月开始，李某租赁深圳市云中漫网络科技有限公司的服务器，设置《82 西游》游戏服务器端，《82 西游》开始上线运营。

在《82 西游》运营过程中，李某、郑某负责服务器搭建以及《82 西游》游戏的维护、升级，解决玩家技术问题等；王某负责《82 西游》的推广，收取玩家充值以及代理费、代理提成等。

伍某明知《82 西游》系《梦幻西游》的“私服”，仍接受李某等人委托，对《82 西游》的制作、运行提供技术帮助，按次收取费用。李某某、黄某明知《82 西游》系《梦幻西游》的“私服”，仍向王某等人缴纳代理费，取得代理权后向玩家推广《82 西游》，分别收取玩家充值费人民币 34 万余元、9 万余元。通过实施上述行为，被告人王某等六人分别非法获利 30 万余元至 2 万余元。

二、法院判决

2020 年 11 月 5 日，江苏省宿迁市宿城区人民法院经审理认为：被告人王某等六名被告人以营利为目的，未经著作权人许可，复制发行其计算机软件，其中被告人王某、李某、郑某、伍某、李某某有其他特别严重情节，被告人黄某有其他严重情节，其行为均已构成侵犯著作权罪。结合相关量刑情节，法院作出判决：（1）对被告人王某等六名被告人判处有期徒刑 3 年至 6 个月不等刑期，并处人民币 35 万元至 4 万元不等的罚金；（2）王某、李某、郑某、伍某、李某某、黄某的违法所得予以追缴，上缴国库；（3）扣押于公安机关供犯罪所用的电脑、手机等物品予以没收，上缴国库；（4）涉案《82 西游》游戏私服（计算机软件）予以删除销毁。一审判决后，六人均未提出上诉，判决已经发生法律效力。[1]

[1] 朱来宽，彭严．制作、运营“梦幻西游”游戏私服 6 人侵犯著作权罪获刑［EB/OL］.（2020-11-25）［2024-11-02］. https：//www. chinacourt. org/index. shtml.

三、主要问题及分析

《梦幻西游》网络游戏作为计算机软件作品依法受到著作权法保护。“私服”即“私设服务器”，是指未经版权拥有者授权，非法获得网络游戏服务器端程序或源程序之后，私自架设网络游戏服务器的行为，其本质是网络盗版游戏分流正版游戏公司的利润，严重侵犯正版游戏公司的著作权和经济利益，破坏网络游戏市场的管理秩序。

其一，本案中各个被告人均定为侵犯著作权罪。（1）王某、郑某、李某共同实施侵犯正版游戏著作权的行为。三人均是以营利为目的，未经著作权人许可，复制发行其享有著作权的计算机软件作品，情节特别严重。在私服游戏运营过程中，三人分工明确，李某、郑某主要负责服务器搭建以及私服游戏的维护、升级等技术问题，王某主要负责私服游戏的推广销售问题。根据《侵犯知识产权刑事案件法律解释》第 14 条第 1 款，实施《刑法》第 217 条规定的侵犯著作权犯罪，又销售该侵权复制品，构成犯罪的，应当以侵犯著作权罪定罪处罚。因此，三人均实施侵犯正版游戏著作权犯罪，王某又推广销售其制作的私服游戏，也应当以侵犯著作权罪定罪处罚。（2）伍某以营利为目的，明知《82 西游》系《梦幻西游》的“私服”，仍接受李某等人委托，对《82 西游》的制作、运行提供技术帮助，情节特别严重，构成王某、郑某、李某侵犯著作权罪的帮助犯，应当以侵犯著作权罪定罪处罚。（3）李某某、黄某行为是构成侵犯著作权罪还是销售侵权复制品罪？李某某、黄某以营利为目的，明知《82 西游》系《梦幻西游》的盗版私服游戏，仍向王某等人缴纳代理费，取得代理权后向玩家推广销售侵权复制品（该私服游戏软件《82 西游》），收取玩家充值费。李某某、黄某的行为属于销售，究其原因：一方面，销售是发行的一种形式，因此二人的行为可以被解释为发行，根据《侵犯知识产权刑事案件法律解释（二）》第 2 条，侵犯著作权罪中的“复制发行”包括复制、发行或者既复制又发行的行为。发行属于侵犯著作权罪的行为类型，可以将李某某、黄某的行为纳入侵犯著作权罪规制。另一方面，二人主观上明知销售的是他人制作的盗版游戏，将其行为纳入销售侵权复制品罪评价亦无不可。法院判决认定李某某、黄某构成侵犯著作权罪，符合现行司法解释的规定，考虑到《刑法修正案（十一）》施行前，销售侵权复制品罪的入罪标准只有“违法所得数额巨大”，违法所得数额认定困难，定罪起点高。并且侵犯著作权罪和销售侵权复制品罪的适用范围存在交叉，销售侵权复制品罪往往被架空。如前所述，激活销售侵权复制品罪，还需要厘清侵犯著作权罪和销售侵权复制品罪之间的关系。

其二，关于本案各被告人的量刑。本案中，法院以侵犯著作权罪分别判处王某有期徒刑 3 年，并处罚金人民币 35 万元；判处李某有期徒刑 3 年，并处罚金人民币 35 万元；判处郑某有期徒刑 3 年，并处罚金人民币 35 万元；判处伍某有期徒刑 1 年 6 个月，缓刑 2 年，并处罚金人民币 5 万元；判处李某某有期徒刑 1 年 2 个月，缓刑 1 年 6 个月，并处罚金人民币 18 万元；判处黄某有期徒刑 6 个月，缓刑 1 年，并处罚金人民币 4 万元。法院对被告人的量刑体现罪刑相适应原则。具体而言：（1）王某、李某、郑某三人分工配合、不分主次，共同实施侵犯著作权犯罪，有其他特别严重情节，在侵犯著作权罪第二档法定刑幅度内判处相同刑罚。(2) 伍某作为从犯，应当从轻、减轻处罚或者免除处罚。尽管其有其他特别严重情节，但法院对其减轻处罚，在第一档法定刑幅度内判处刑罚，并宣告缓刑。(3) 李某某、黄某均只有销售行为，在侵犯著作权犯罪中起次要作用，尽管李某某有其他特别严重情节，但对其减轻处罚，在第一档法定刑幅度内判处刑罚并宣告缓刑；黄某有其他严重情节，应当在第一档法定刑幅度内判处刑罚并宣告缓刑。

案例十一　李某某等 9 人侵犯著作权案
——侵犯著作权罪的“发行”行为与销售侵权复制品罪的“销售”行为

一、基本案情

某公司创作了美术作品——“Great Wall of China”拼装玩具等 47 个系列 663 款产品。该公司根据该美术作品制作、生产、销售系列拼装玩具。2015 年至 2019 年 4 月间，被告人李某某雇用杜某某等 8 人在未经某公司许可的情况下，通过拆分购买的新款“Great Wall of China”系列玩具，然后通过一系列操作，在某玩具厂生产、复制上述拼装玩具产品，并以“乐拼”品牌销售。被告人杜某某等 8 人按月从李某某处领取固定报酬。经中国版权保护中心版权鉴定委员会鉴定，“乐拼”品牌玩具、图册与某公司的玩具、图册构成复制关系。经司法会计鉴定，2017 年 9 月 11 日至

2019 年 4 月 23 日，李某某等人生产销售侵权产品数量 4 249 255 盒，涉及 634 种型号，合计 300 924 050.9 元。扣押储存在仓库的待销售侵权产品数量 603 875 盒，涉及 344 种型号，合计金额 30 508 780.7 元。另查明，在 2017 年杜某某离开某玩具厂后，开始从事乐拼玩具的经销，在淘宝网店销售复制乐高的乐拼玩具营利，经鉴定销售金额为 6 215 989.43 元。

二、法院判决

上海市第三中级人民法院于 2020 年 9 月 2 日作出判决：被告人李某某、杜某某等 9 人犯侵犯著作权罪，判处 6 年至 3 年不等的有期徒刑，并处罚金 9000 万元至 20 万元不等。违法所得予以追缴，扣押在案的侵权商品及供犯罪所用的本人财物等予以没收。[1]宣判后，被告人李某某、杜某某等 7 人不服判决提出上诉。上海市高级人民法院于 2020 年 12 月 29 日作出刑事裁定，驳回上诉，维持原判。[2]

三、主要问题及分析

本案主要探讨被告人杜某某的定罪和被告人李某某和杜某某的量刑问题。其一，对被告人杜某某以侵犯著作权罪定罪处罚准确。本案在审理过程中，杜某某及其辩护人曾主张，杜某某仅有销售行为，应当以销售侵权复制品罪定罪处罚。从本案的事实情况来看，杜某某自 2015 年起至离职前较长时间较深地参与李某某

---

❶ 上海市第三中级人民法院（2020）沪 03 刑初 28 号刑事判决书。

❷ 上海市高级人民法院（2020）沪刑终 105 号刑事裁定书。

复制乐高玩具的侵犯著作权行为，并以其个人名义注册玩具厂，租赁包装厂房和仓库，理应承担相应的法律责任；离职后开设淘宝网店铺，开始从事乐拼玩具的经销，作为经销商之一，以营利为目的，通过批发等方式销售复制乐高玩具的乐拼玩具，销售金额达 621 万余元，其行为属于侵犯著作权罪中的发行行为。发行包含销售，销售是发行的一种。根据《侵犯知识产权刑事案件法律解释（二）》第 2 条规定，侵犯著作权罪中的“复制发行”，包括复制、发行或者既复制又发行的行为。杜某某离职前的复制行为和离职后的销售行为，在主观故意和客观行为上均具有明确的连续性，应进行整体评判，其行为符合侵犯著作权罪的“复制发行”，达到侵犯著作权罪的入罪标准，应以侵犯著作权罪定罪处罚。

区别侵犯著作权罪的“发行”行为与销售侵权复制品罪的“销售”行为，需结合案件中行为人与复制生产商是否具有紧密联系综合考量。本案中，杜某某离职前和离职后与生产商关系密切，离职前复制某公司享有著作权的美术作品——乐高玩具，离职后通过批发等方式销售复制的乐拼玩具，销售金额达 621 万余元，属于情节特别严重。销售侵权复制品罪中“销售”行为与复制生产商关系不是特别紧密，只是作为经销商单纯地销售侵权复制品，并不实施复制行为。

其二，对被告人李某某和杜某某量刑适当。本案是一起由李某某起意并负责组织、指挥，在案人员均积极参与且分工明确，覆盖设计、生产、销售等各环节，作案时间较长，涉案金额特别巨大的侵犯著作权的共同犯罪案件，不仅给权利人的商誉和经济利益造成重大损失，还破坏社会主义市场经济秩序，具有严重的社会危害性，依法应予严惩。（1）李某某在共同犯罪中起主要作用，系主犯，应按照其参与、组织、指挥的全部犯罪处罚。原判鉴于其具有立功、坦白、认罪态度较好等情节，兼顾本案的非法经营数额3.3亿余元及违法所得情况，以侵犯著作权罪对其判处有期徒刑6年，并处罚金人民币9000万元，符合罪刑相适应原则。（2）杜某某既要对其离职前受李某某指使实施的复制行为承担法律责任，也要对其离职后销售复制乐高产品的销售金额621万余元承担法律责任。根据《刑法》第64条“犯罪分子违法所得的一切财物，应当予以追缴或者责令退赔”，杜某某在犯罪期间获得的工资报酬和销售获利均属于违法所得，应予追缴没收。原判根据其犯罪事实、犯罪性质及具有的从犯、坦白、认罪态度较好等情节，兼顾全案量刑平衡，对其不减轻处罚，而予以从轻处罚，同时以其犯罪期间的违法所得为基数在法律规定的幅度范围内判处一定数额罚金，即以侵犯著作权罪对其判处有期徒刑3年6个月，并处罚金人民币250万元，亦符合罪刑相适应原则。

第五章　侵犯商业秘密犯罪

第一节　侵犯商业秘密犯罪的立法演进

商业秘密具有非公开性和无限存续的特性，是企业保护核心技术的一种重要手段和企业最具有竞争力的无形财富。保护商业秘密对企业生存发展和整个社会营商环境的建设意义重大，有利于激发企业创新活力，为建立公平竞争的市场经济秩序赋能增值。随着经济发展，有些企业采用非法手段获取竞争企业的商业秘密，给相关企业造成重大损失，严重扰乱市场秩序。为应对国内市场经济发展，以及加入世界贸易组织的国际环境需要，保护商业秘密成为维护市场经济秩序、积极投身世界发展的重大命题。1993年9月我国通过《反不正当竞争法》，该法第10条规定禁止经营者采取非法手段侵犯商业秘密，第25条对侵犯商业秘密行为规定了行政处罚。我国1979年《刑法》没有规定侵犯商业秘密犯罪，作为后置法、保障法的刑法理应与前置法规定相协调。1997年修订《刑法》时吸纳《反不正当竞争法》第10条规定，并最终形成第219条侵犯商业秘密罪，该罪的设立对保护商业秘密权利人的商业秘密，保障公平有序的市场竞争环境具有重要意义。在市场经济蓬勃发展、市场竞争日益加剧的情况下，侵犯企业商业秘密的行为复杂多样，给商业秘密保护带来极大挑战。基于全面打击侵犯商业秘密行为和履行国际法义务的实践需要，我国于 2017 年、2019 年两次修改《反不正当竞争法》，取消商业秘密“实用性”的要求，扩张商业秘密的内涵，修改经营者侵犯商业秘密的行为类型。随着《反不正当竞争法》不断修改，以 1993 年《反不正当竞争法》为模板制定的 1997 年《刑法》侵犯商业秘密罪一直没有变化，实施 20 多年来，我国经济社会取得巨大发展，市场经济蓬勃发展，知识产权保护意识大为提升，商业秘密权作为知识产权对企业生存发展至关重要，需要加强企业商业秘密保护。为营造良好的营商环境，与 2019 年《反不正当竞争法》相衔接，2020 年《刑法修正案（十一）》大幅度修改侵犯商业秘密罪，调整入罪门槛，并对侵犯商业秘密的行为方式作了修改。

此外，随着我国改革开放不断扩大深入，国内外交流越来越频繁，境外机构、组织、个人以非法手段获取竞争对手商业秘密，严重损害相关权利人利益的案件时有发生，为打击境外对我国企业的商业间谍行为，《刑法修正案（十一）》增设第 219 条之一“为境外窃取、刺探、收买、非法提供商业秘密罪”，该罪名俗称商业间谍罪。在总体国家安全观视域下，企业核心商业秘密与国家安全的关系越来越密切，商业秘密为境外机构、组织、人员所窃取不仅可能给企业造成巨大的经济损失，而且可能影响国家竞争力、危害国家安全。因此，刑法将该类行为规定为犯罪并配置较高的刑罚，旨在维护正常的市场竞争秩序和我国企业的合法权益，保护国家安全和国家经济利益。

第二节　侵犯商业秘密罪

一、侵犯商业秘密罪的概念

侵犯商业秘密罪是指实施特定侵犯商业秘密行为，侵犯权利人的商业秘密，情节严重的行为。权利人是指商业秘密的所有人和经商业秘密所有人许可的商业秘密使用人。《刑法修正案（十一）》主要在以下方面对该罪作出修改：一是调整定罪量刑标准。将入罪门槛从“给商业秘密的权利人造成重大损失”修改为“情节严重”，相应的法定刑升格标准从“造成特别严重后果”修改为“情节特别严重”。有利于纠正定罪唯数额论及处罚面过窄的做法，也为符合 2020 年《中美第一阶段经贸协议》第 1.7 条“启动刑事执法的门槛”规定[1]的需要。二是与《反不正当竞争法》相协调，删除“利诱”的行为类型，增加“贿赂”“欺诈”“电子侵入”三种行为类型，严密侵犯商业秘密罪的刑事法网。三是删除“应知”的刑事推定。只规定明知侵犯商业秘密行为，获取、披露、使用或者允许他人使用该商业秘密的，以侵犯商业秘密论，体现刑法的责任主义原则的要求。四是删除《刑法》第 219 条原第 3 款对商业秘密的定义。对商业秘密的判断需要结合《反不正当竞争法》等前置法规范。五是提高法定刑。删除拘役刑，法定最高刑从有期徒刑 7 年调整为有期徒刑 10 年。

---

[1] 《中美第一阶段经贸协议》第 1.7 条“启动刑事执法的门槛”规定“作为后续措施，应在可适用的所有措施中取消将商业秘密权利人确定发生实际损失作为启动侵犯商业秘密刑事调查前提的要求”。

二、侵犯商业秘密罪的保护法益

关于侵犯商业秘密罪保护法益（客体）的争论主要围绕商业秘密权和市场竞争秩序展开，形成单一法益论和复合法益论。单一法益论中，有观点认为该罪的法益是他人的商业秘密权。[1] 这种观点注重商业秘密权作为知识产权的私权属性，将侵犯商业秘密罪看作一种财产犯罪。另有观点认为该罪的法益是公平自由的市场竞争秩序。这种观点注重侵犯商业秘密罪是维护市场公平竞争秩序的措施。[2] 事实上，侵犯商业秘密罪既侵害权利人的商业秘密权，也违反公平竞争秩序，仅强调一个方面，未必周全。其一，将侵犯商业秘密罪的法益理解为商业秘密权，即认为该罪仅是财产犯罪，必然重视“重大损失”的危害结果，没有造成重大损失的就不构成犯罪，这会导致商业秘密刑法保护的滞后。《刑法修正案（十一）》将该罪的定罪标准由“造成重大损失”改为“情节严重”，针对潜在市场侵害不要求重大损失要件，进一步降低入罪门槛和严密刑事法网，这也表明侵犯商业秘密罪的法益不只是商业秘密权。其二，将侵犯商业秘密罪的法益理解为公平的市场竞争秩序。持这种观点的学者认为，单纯地非法获取他人商业秘密行为并未侵犯公平自由的市场竞争秩序，不构成侵犯商业秘密罪。例如，盗窃公司商业秘密并销毁，导致商业秘密彻底消失，即使给公司造成重大经济损失，由于行为人的不正当获取行为并未侵

---

[1] 高铭暄，马克昌．刑法学［M］．10 版．北京：北京大学出版社，高等教育出版社，2022：447.

[2] 王志远．侵犯商业秘密罪保护法益的秩序化界定及其教义学展开［J］．政治与法律，2021（6）：39-53.

犯公平自由的市场竞争秩序，因此不构成侵犯商业秘密罪。[1] 但是非法获取他人商业秘密并销毁给公司造成重大损失的行为不构成侵犯商业秘密罪，明显不合理。况且有观点认为单纯地非法获取商业秘密行为严重破坏市场经济秩序，本身具有可罚性。[2]

复合法益论认为该罪的法益是他人的商业秘密权和市场公平竞争秩序。[3] 一方面，《民法典》第123条规定商业秘密是知识产权的客体，商业秘密权是一种知识产权，是商业秘密权利人在生产、经营过程中，依法对商业秘密享有的专有权利，包括商业秘密所有权人享有的专有权和商业秘密许可使用人享有的使用权。侵犯商业秘密罪首先是侵犯商业秘密权的行为，理应将商业秘密权归入侵犯商业秘密罪的保护法益。另一方面，侵犯商业秘密行为也是一种不正当竞争行为，刑法规定侵犯商业秘密罪旨在保护公平自由竞争，保障社会主义市场经济健康发展，将市场竞争秩序作为该罪的保护法益符合立法目的。而且，侵犯商业秘密罪规定在《刑法》分则第三章“破坏社会主义市场经济秩序罪”，该章下罪名侵害的法益是社会主义市场经济秩序，具体到第七节侵犯知识产权罪中的侵犯商业秘密罪侵害的法益应当包括国家对商业秘密的管理秩序（制度），易言之，国家对商业秘密的管理秩序（制度）即维护市场公平竞争秩序。

---

[1] 王志远．侵犯商业秘密罪保护法益的秩序化界定及其教义学展开［J］．政治与法律，2021（6）：39-53.

[2] 贺志军．侵犯商业秘密罪“重大损失”之辩护及释法完善［J］．政治与法律，2020（10）：39-53.

[3] 杨万明．《刑法修正案（十一）》条文及配套《罪名补充规定（七）》理解与适用［M］．北京：人民法院出版社，2021：214.

综上，侵犯商业秘密罪的保护法益应当是复合法益，即权利人的商业秘密权和公平竞争的市场经济秩序。权利人通过享有商业秘密权，进而保持在市场竞争中处于优势地位。对商业秘密权的保护，其核心在于保护权利人的优势竞争地位。有论者指出，将侵犯商业秘密罪保护的个人法益解释为“权利人基于商业秘密而形成的竞争优势”更为合适。[1] 更有论者指出，保护竞争秩序也是在保护权利人的优势竞争地位。[2] 上述解释具有一定道理，商业秘密一旦被侵犯，使权利人丧失市场先行利益，则无法保障权利人的竞争优势。

三、侵犯商业秘密罪的行为对象

侵犯商业秘密罪的行为对象是商业秘密。《刑法修正案（十一）》删除了《刑法》第 219 条原第 3 款关于商业秘密概念的规定，既是为了保持与前置法中商业秘密的规定相一致，也为司法机关适用本罪提供更为灵活与开放的裁量空间。根据 2019 年修正的《反不正当竞争法》第 9 条第 4 款，商业秘密“是指不为公众所知悉、具有商业价值并经权利人采取相应保密措施的技术信息、经营信息等商业信息”。由此，商业秘密应当满足秘密性、价值性、保密性三个要件。与 1993 年《反不正当竞争法》对商业秘密的定义相比较，商业秘密的定义进行了重大修改：（1）“能为权利人带来经济利益”改为“具有商业价值”。商业价值比经济利益范

[1] 黄小飞．侵犯商业秘密罪的获取型构成要件研究［J］．当代法学，2024（3）：110-121.

[2] 何腾姣．侵犯商业秘密罪“情节严重”中的“重大损失”之探析［J］．海南大学学报（人文社会科学版），2022（4）：131-143.

畴更广，除了包含经济利益，还可指为权利人带来潜在的、未来的市场价值和经济利益。(2) 取消“实用性”。在现代企业的商业活动中，商业秘密并不一定都具有实用性、能够即刻投入生产经营，如果将商业秘密限于实用性的特征，会导致对商业秘密的保护范围过窄，不利于鼓励企业展开长远的技术研究和经营战略。因为商业秘密完全可能处于阶段性开发、基础理论研究阶段，这些阶段无法立即投入生产经营，却对未来的商业活动具有重大影响。因此，取消“实用性”才更符合商业秘密的本质特征和企业的经营发展。(3) 扩充商业秘密的类型。商业秘密本质是信息，载体形式多样，可以是文字、图像、实物，也可能存于人的大脑、计算机或者操作方式中。商业秘密的类型不再局限于“技术信息和经营信息”，而是采用“技术信息、经营信息等商业信息”的开放式列举形式。

因此，商业秘密的三要件是秘密性（非公知性）、价值性和保密性，秘密性是商业秘密的核心要件。刑法认定商业秘密时根据《反不正当竞争法》的规定即可。

其一，秘密性（非公知性）。秘密性是指“不为公众所知悉”。根据《最高人民法院关于审理侵犯商业秘密民事案件适用法律若干问题的规定》（以下简称《商业秘密规定》）第3条，“不为公众所知悉”是指“权利人请求保护的信息在被诉侵权行为发生时不为所属领域的相关人员普遍知悉和容易获得”。这里的“公众”是指商业秘密所属行业领域的相关人员以及与该信息有所联系的人员。[1] 秘密

[1] 北京知识产权法院课题组．商业秘密司法保护规则研究［J］．知识产权，2024(10)：37-59.

性属于消极事实，核心是不为公众普遍知悉和容易获得。《商业秘密规定》第 4 条列举有关信息为公众所知悉的情形，这些情形围绕“普遍知悉”和“容易获得”进行规定，即信息的知悉和获得比较容易，不需付出过多劳动。例如，该信息在所属领域属于一般常识或者行业惯例，所属领域的相关人员通过观察上市产品即可直接获得该信息或者从公开渠道可以获得该信息，即使所属行业领域的相关人员暂未关注到该信息，但因其公开使得有可能为他人获悉，也视为秘密性的丧失。

其二，价值性。价值性是指该信息具有现实或者潜在的商业价值。例如，客户信息、商业数据或管理资料等虽然不能带来直接现实的经济收益，却对企业的商业活动具有正面效益。价值性的判断标准是某项商业信息能否给权利人的生产经营活动带来竞争优势，使权利人处于市场竞争的有利地位。对价值性的判断，可以通过商业秘密的研发成本或者其他成本，实施该项商业秘密的收益、可得利益等因素，涉嫌侵权人以不正当手段获取或者试图获取权利人的商业秘密等认定商业秘密是否具有商业价值。

其三，保密性，是指权利人对商业秘密采取合理的保密措施。司法实践通常从“保密义务”和“保密措施”两方面考量保密性。一般而言，保密义务包括合同约定、法律规定和行业惯例等，因此，违反约定只是违反保密义务的一种类型。约定义务典型的如劳动合同保密条款、竞业限制协议、合作协议保密条款等。《刑法修正案（十一）》将第 219 条第 1 款第 3 项由“违反约定”修改为“违反保密义务”，扩大了保密性的认定范围，进而扩大刑法的规制范围，更为周延地保护商业秘密。根据《商业秘密规定》第 5

条第2款，人民法院应当根据商业秘密及其载体的性质、商业秘密的商业价值、保密措施的可识别程度、保密措施与商业秘密的对应程度以及权利人的保密意愿等因素，认定权利人是否采取了相应保密措施。根据《商业秘密规定》第6条，除了签订保密协议或者在合同中约定保密义务，通过章程、培训、规章制度、书面告知等方式，对能够接触、获取商业秘密的员工、前员工、供应商、客户、来访者等提出保密要求，对涉密的厂房、车间等生产经营场所限制来访者或者进行区分管理等，在正常情况下足以防止商业秘密泄露的，应当认定权利人采取了相应保密措施。

需要注意的是，通过自行开发研制或者反向工程获得商业秘密的，不属于侵犯商业秘密行为，权利人无权阻止他人披露和使用获得的技术信息。反向工程，是指通过技术手段对从公开渠道取得的产品进行拆卸、测绘、分析等而获得该产品的有关技术信息。

四、侵犯商业秘密罪的行为类型

侵犯商业秘密罪的行为包括四种类型。其一，“非法获取型”是指以盗窃、贿赂、欺诈、胁迫、电子侵入或其他不正当手段获取权利人的商业秘密。该类型实际上规制的是非法持有商业秘密的行为，行为人此前并不掌握、知悉或者持有商业秘密。该类型侵犯商业秘密的保密性特征。[1] 应当排除因法律规定、职务职责或者合同约定，合法掌握、知悉或者持有商业秘密的情形。盗窃是

[1] 徐明．厘清侵犯商业秘密罪定罪量刑原则［J］．检察风云，2024（19）：28-29.

指违反权利人的意志，窃取商业秘密的载体而获取商业秘密，或者通过摄影、摄像、复印等手段获得或者知悉权利人的商业秘密。贿赂是《刑法修正案（十一）》增加的行为方式，指通过给予知悉商业秘密的非权利人以财物等不正当利益，以获取商业秘密的行为。给予不正当利益的时间可以是事先，也可以是事后受贿或者感情投资型的非法获取。欺诈是《刑法修正案（十一）》增加的行为方式，是使用欺骗方法，使知悉商业秘密的人基于认识错误提供商业秘密。胁迫是指以恶害相通告，使知悉商业秘密的人基于恐惧心理提供商业秘密。电子侵入是《刑法修正案（十一）》增加的行为方式，是指采用电子技术手段未经许可侵入权利人计算机信息系统等，获得他人商业秘密。其他不正当手段是兜底规定，是上述明确列举的以外的不正当手段，可以说，“不正当”是这些手段的共同特征，获取商业秘密的行为本身不正当，并且也没有付出获取商业秘密的正当性劳动。

其二，“侵权型”是指披露、使用或者允许他人使用以前项手段获取的权利人的商业秘密。“侵权型”是“非法获取”之后的行为延续。披露是将其非法获取的商业秘密公开。使用是将非法获取的商业秘密应用于自身的生产经营。允许他人使用是将非法获取的商业秘密有偿或者无偿地交付给第三人使用。

其三，“违约型”是指违反保密义务或者违反权利人有关保守商业秘密的要求，披露、使用或者允许他人使用其所掌握的商业秘密。“违约型”行为人通常是公司、企业内部人员或者与公司、企业存在业务联系的人员等，合法接触商业秘密，但对合法持有的商业秘密非法处分。行为人违反法律法规等规定的保密义务以及违反约定的保密义务或者违反权利人提出的保密要求，将合法知悉的商业秘密披露、使用或者允许他人使用。

其四，“间接侵权型”是指第三人虽未直接实施上述侵犯商业秘密行为，但明知他人具有上述三种侵犯商业秘密的行为，仍然获取、披露、使用或者允许他人使用该商业秘密。[1]《刑法修正案（十一）》删除了“应知”，之前刑法理论通说认为“应知”是推定的故意，属于刑事推定，并且是不利于被告人的刑事推定。对于不利于被告人的刑事推定应当受到最大限制，《刑法修正案（十一）》删除“应知”符合责任主义原则和罪刑法定原则，[2]之前对侵犯商业秘密罪的主观方面的争论也应平息，侵犯商业秘密罪的主观方面只能是故意，不能为过失。这里的“明知”是指行为人主观上知道或者根据各方面情况足以认定行为人主观上应当是知道的，可以根据行为人的客观行为、平时表现等综合判断。[3]

五、侵犯商业秘密罪的罪过形式

侵犯商业秘密罪的罪过形式是故意。一是行为人明知自己实施的是侵犯他人商业秘密的行为，二是行为人明知自己的行为侵犯的是他人的商业秘密。《刑法修正案（十一）》之前，《刑法》第219条第2款规定的是“明知或者应知前款所列行为，获取、使

---

[1] 《刑法》第219条第2款“明知前款所列行为”是关于事态状况的明知，性质上是一种提示性规定，强调与提醒“前款所列行为”。

[2] 劳东燕．刑法修正案（十一）条文要义：修正提示、适用指南与案例解读［M］．北京：中国法制出版社，2021：167.

[3] 许永安．中华人民共和国刑法修正案（十一）解读［M］．北京：中国法制出版社，2021：209.

用或者披露他人的商业秘密的，以侵犯商业秘密论”。有学者就此认为“应知”属于疏忽大意的过失，因此《刑法》第 219 条第 2 款的行为既可以故意也可以过失。[1] 过失犯罪，法律有规定的才负刑事责任。将“应知”作为过失犯罪缺乏文理依据。此外，故意和过失是两种罪过形式，《刑法》第 398 条第 1 款明确将故意泄露国家秘密罪与过失泄露国家秘密罪同时规定在一个刑法条文中。但认为《刑法》第 219 条第 2 款同时规定侵犯商业秘密罪的故意犯罪和过失犯罪，缺少明确的法律依据。故不能认为“应知”即表明存在过失侵犯商业秘密罪。在《刑法修正案（十一）》删除“应知”后，侵犯商业秘密罪的罪过形式应当无争议的为故意。

六、侵犯商业秘密罪的罪量要素

《刑法修正案（十一）》取消了侵犯商业秘密罪“重大损失”的要求，修改为“情节严重”，使侵犯商业秘密罪的入罪标准不局限于损失后果，前述侵犯商业秘密的行为类型，满足情节严重的条件后，即可构成侵犯商业秘密罪。有论者基于侵犯商业秘密罪的判决书进行实证分析后发现，司法实践中的“唯数额论”存在损失数额难以确定、受害人举证困难等问题，而且数额不能全面评价侵犯商业秘密行为的法益侵害，导致非数额犯之外的其他较为严重情形无法入罪的情况。[2] 因此，侵犯商业秘密罪的认定应当破除“唯数额论”，采取更加多元的犯罪认定方式。《刑法修正案

[1] 马克昌．百罪通论（上卷）［M］．北京：北京大学出版社，2014：446.

[2] 安雪梅，林灿华．商业秘密犯罪边界下移法律效果的实证分析［J］．法治论坛，2023（1）：197-212.

（十一）》将侵犯商业秘密罪修改为情节犯回应了司法需求。

“情节严重”这种罪量要素具有概括性、模糊性，有赖于司法人员对“情节严重”进行实质判断，判断侵犯商业秘密行为是否达到“情节严重”，值得科处刑罚。如前所述，“情节严重”作为违法构成要件要素，反映行为的法益侵害程度，其范围限定在客观违法层面，包括危害行为、行为方式、行为结果等客观要素。“造成重大损失”当然属于情节严重的一种情形。对于“造成重大损失”的认定，《侵犯知识产权刑事案件法律解释（三）》第 4 条将给商业秘密的权利人造成损失数额或者因侵犯商业秘密违法所得数额在 30 万元以上，以及直接导致商业秘密的权利人因重大经营困难而破产、倒闭的情形认定为“重大损失”。第 5 条进一步以侵犯商业秘密罪的行为类型为依据，对损失数额或者违法所得数额的认定标准进行类型化规定。由于不同行为类型的侵犯商业秘密行为的法益侵害程度评价标准不同，有必要对“情节严重”进行类型化认定。

其一，非法获取商业秘密类型中“情节严重”的认定。非法获取商业秘密类型主要指《刑法》第 219 条第 1 款第 1 项。《侵犯知识产权刑事案件法律解释（三）》第 5 条第 1 款第 1 项规定，以不正当手段获取权利人的商业秘密，尚未披露、使用或者允许他人使用的，损失数额可以根据该项商业秘密的合理许可使用费确定。[1] 与商业秘密的研发成本相比，按照商业秘密的合理许可使用费计算其价值更能反映出其在市场上的认可度。实践中，合理

---

[1] 当然将合理许可使用费作为损失数额的确定依据也存在一定疑问。例如，合理许可使用费是“使用”商业秘密的对价，其不能反映非法获取商业秘密而未使用行为的法益侵害程度。况且，如何评估和计算合理许可使用费也尚不明确。

许可使用费通常由具有资质的评估公司采用成本法、收益法、可比较协议法等，结合全案情节以及鉴定评估意见综合把握。

其二，非法披露使用商业秘密类型中“情节严重”的认定。根据《刑法》第219条第1款第2项规定，非法披露使用商业秘密类型是指披露、使用或者允许他人使用以不正当手段获取的商业秘密。根据《侵犯知识产权刑事案件法律解释（三）》第5条第1款第2项规定，以不正当手段获取权利人的商业秘密后，披露、使用或者允许他人使用的，损失数额可以根据权利人因被侵权造成销售利润的损失确定，但该损失数额低于商业秘密合理许可使用费的，根据合理许可使用费确定。侵犯商业秘密罪保护法益之一是商业秘密权，给权利人造成销售利润的损失数额，往往是衡量商业秘密侵权行为法益侵害程度的重要标尺。

其三，违约型和间接侵权型侵犯商业秘密罪中“情节严重”的认定。违约型侵犯商业秘密行为是指《刑法》第219条第1款第3项行为，间接侵权型侵犯商业秘密行为是指《刑法》第219条第2款行为。结合《侵犯知识产权刑事案件法律解释（三）》第5条第1款第3~4项，违反保密义务或者违反权利人有关保守商业秘密的要求，披露、使用或者允许他人使用其所掌握的商业秘密的，或者明知商业秘密是不正当手段获取或者是违反保密义务、权利人有关保守商业秘密的要求披露、使用、允许使用，仍获取、使用或者披露的，损失数额可以根据权利人因被侵权造成销售利润的损失确定。如上所述，给权利人造成销售利润的损失数额成为认定侵犯商业秘密行为法益侵害程度的重要依据。

侵犯商业秘密罪保护法益既包括商业秘密权，也包括自由竞争的市场秩序，因而反映市场竞争秩序被破坏的程度也可以作为“情节严重”的情形之一。例如，违法所得数额❶可以比较准确地衡量市场竞争秩序被破坏的程度。《侵犯知识产权刑事案件法律解释（三）》第 4 条将违法所得数额可以作为重大损失的情形之一，在侵犯商业秘密罪转化为情节犯后，违法所得数额可以直接作为上述第二种、第三种侵犯商业秘密罪“情节严重”的情形之一。再如，非法经营数额或销售金额❷也可以比较准确地反映侵犯商业秘密行为对市场竞争秩序的破坏程度，也可以作为上述第二种、第三种侵犯商业秘密罪“情节严重”的情形之一。❸

单纯以数额要素对侵犯商业秘密罪的法益侵害程度进行评价，难免具有片面性，对情节犯的评价体系而言存在供给不足的问题。数额犯的评价模式无法全面反映法益受侵害程度，也难以揭示数字时代侵犯商业秘密对权利人市场竞争优势地位、公平竞争市场秩序的影响。❹《刑法修正案（十一）》将本罪修改为情节犯，其中一个重要原因在于破除“数额万能主义”，由单纯评价犯罪人违法所得或者权利人损失转向综合判断。对于本罪法益侵害的判断，不应仅从数额方面进行量化判断，有必要在以数额要素为基础的

---

❶ 关于违法所得数额的计算方法存在争议。本书认为违法所得数额应是指获利数额，即行为人因侵权行为所获得的全部违法收入扣除原材料、所售商品或者提供服务所使用商品的购进价款、已经缴纳的税费等直接用于经营活动的必要支出后剩余的数额。

❷ 非法经营数额是指行为人在非法使用商业秘密行为过程中，制造、储存、运输、销售侵权产品的价值。销售金额是指行为人在非法使用商业秘密行为过程中，出售侵权产品后所得和应得的全部违法收入。

❸ 刘科．侵犯商业秘密罪中“情节严重”的认定方法［J］．中国法律评论，2022（4）：216-226.

❹ 冯明昱，张勇．侵犯商业秘密罪评价标准的修正与规范解读［J］．海南大学学报（人文社会科学版），2025（1）：185-194.

同时充分考量实施次数、持续时间、商业竞争秩序的破坏程度等要素，避免本罪刑事处罚边界的模糊化、缩小化。《征求意见稿》第14条对“情节严重”的认定沿用了现行司法解释对“重大损失”的认定标准，又新增了两种情形，分别为“一年内以不正当手段获取商业秘密三次以上的”“二年内因实施刑法第二百一十九条、第二百一十九条之一规定的行为受过行政处罚二次以上，又实施侵犯商业秘密行为的”。由此可见，最高司法机关认定“情节严重”的情形，除了“造成重大损失”，还将实施侵权行为的次数或者被处罚次数列为情节严重的情形。其中，“二年内因实施刑法第二百一十九条、第二百一十九条之一规定的行为受过行政处罚二次以上，又实施侵犯商业秘密行为”，作为“情节严重”的情形，体现了商业秘密行政保护与刑事保护相互衔接，为加强商业秘密行政执法与刑事司法的联动配合奠定基础。

此外，可以认定为“情节严重”的情形还包括：一是直接导致商业秘密的权利人因重大经营困难而停产等情形。[1] 因为从“重大经营困难”到“破产、倒闭”，往往要经历“停产”。等到出现破产、倒闭，后果已经特别严重，此时刑法才介入过于滞后，不利于及时保护权利人的商业秘密。二是行为人把权利人的所有图纸、关键技术信息全部带走。三是行为人离职同时把从事核心技术研发的团队全部带走，集体“跳槽”，导致公司无法继续生产经营。[2] 四是以电子侵入方式窃取商业秘密后毁坏他人计算机信息系统。

---

[1] 潘莉．侵犯商业秘密罪：如何界定“情节严重”［N］．检察日报，2020-11-25（3）．

[2] 周光权．刑法各论［M］．4版．北京：中国人民大学出版社，2021：358.

七、侵犯商业秘密罪的处罚

侵犯商业秘密罪的法定刑分为两档："情节严重的，处三年以下有期徒刑，并处或者单处罚金；情节特别严重的，处三年以上十年以下有期徒刑，并处罚金。"相较于《刑法修正案（十一）》修改前，取消了第一档法定刑中的"拘役"，第二档法定最高刑由7年有期徒刑提高至10年有期徒刑。刑罚的提高体现了国家对知识产权的强保护原则，彰显了严厉打击侵犯商业秘密罪的鲜明态度。实践中，对于本罪的处罚，与其他侵犯知识产权罪需要注意的其他事项，例如缓刑、罚金刑的判决和适用等相同，不再赘述。

第三节　为境外窃取、刺探、收买、非法提供商业秘密罪

一、为境外窃取、刺探、收买、非法提供商业秘密罪的立法背景和意义

随着经济全球化和数字经济时代的到来，境外机构、组织、人员对我国高科技企业开展非法获取商业秘密活动，商业间谍正悄然进入我国企业的日常经营活动中。商业间谍不仅侵害我国企业的商业秘密权，破坏正常的市场经济秩序，而且危害我国经济安全、科技安全和国际市场竞争环境。然而，在《刑法修正案（十一）》之前，我国刑法关于商业秘密犯罪只有侵犯商业秘密罪一个罪名，用侵犯商业秘密罪来规制商业间谍活动，存在惩处力

度不足的问题：[1] 一是侵犯商业秘密罪是结果犯（《刑法修正案（十一）》修改为情节犯），如果商业间谍行为没有达到入罪标准，则不构成犯罪；二是侵犯商业秘密罪的法定最高刑是有期徒刑7年（《刑法修正案（十一）》修改为有期徒刑10年），一些情况下可能罪刑不相适应。如果通过为境外窃取、刺探、收买、非法提供国家秘密、情报罪规制商业间谍行为，则存在适用不足的问题：为境外窃取、刺探、收买、非法提供国家秘密、情报罪的行为对象是国家秘密、情报，商业秘密与国家秘密的范围不完全一致，存在交叉关系，如果商业间谍行为涉及的是不属于国家秘密的商业秘密，则不能适用为境外窃取、刺探、收买、非法提供国家秘密、情报罪。

从国外立法来看，《美国联邦法典》第1831条规定了经济间谍罪，[2] 将经济间谍行为规定为犯罪，对自然人处15年以下监禁，并处或者单处500万美元罚金；对组织处1000万美元以下的罚金

[1] 比较典型的是2009年“力拓案”。澳大利亚力拓公司胡某某等4名员工刺探、窃取我国钢铁公司商业秘密，并将这些信息泄露给国外铁矿石供应商，给我国钢铁行业造成巨大的损失。上海国家安全部门以“窃取国家秘密罪”对胡某某等4人予以刑事拘留，但考虑到该信息主体为中国钢铁企业且未经国家定密程序等因素，检察机关批准逮捕的罪名降格为“侵犯商业秘密罪”和“非国家工作人员受贿罪”。4人最终被以非国家工作人员受贿罪和侵犯商业秘密罪定罪，未能全面评价其商业间谍行为，体现当时刑法对商业间谍行为的规制不足。

[2] 美国经济间谍罪来源于1996年《美国经济间谍法》的规定，《美国经济间谍法》经过2002年、2008年两次修改，2012年通过的《盗窃商业秘密罪扩大适用范围法》和《外国经济间谍罪加重处罚法》扩大了该法的适用范围，加重了经济间谍罪的法定刑。2016年《美国商业秘密保护法》是美国历史上第一部专门保护商业秘密的联邦民事法律，该法修改了《美国经济间谍法》第1832条、第1833条、第1835条、第1836条和第1839条，构建了民刑协调、实体法与程序法相互配合的保护商业秘密的法律体系。以上法律规定被编入《美国联邦法典》第1部分第90章“商业秘密的保护”，该部分内容吸收了上述法律，规定了两个关于商业秘密的罪名，分别是经济间谍罪和盗窃商业秘密罪。

或被侵犯商业秘密价值的3倍。美国在规定经济间谍罪之外还规定了盗窃商业秘密罪，二者区分在于前者有政治性目的，即希望有利于外国政府、外国工具或外国代理人，或者明知而为之；后者只有经济性目的，是为了商业秘密所有者之外其他人的经济利益，且明知其行为会损害商业秘密所有者的利益。后者的法定刑较轻。❶ 瑞士刑法也规定了经济间谍罪，处监禁刑，情节严重的，处重惩役，可并处罚金。❷《德国反不正当竞争法》第17条将明知该商业秘密在国外被利用或自己准备在国外加以利用该商业秘密，作为经济间谍罪的目的条件。❸

因此，为打击境内企业的商业秘密非法流向境外的犯罪行为，严密侵犯商业秘密犯罪的刑事法网，填补商业间谍行为的处罚漏洞，完善商业秘密法律保护体系，在侵犯商业秘密罪基础上，《刑法修正案（十一）》增设《刑法》第219条之一“为境外窃取、刺探、收买、非法提供商业秘密罪”，俗称商业间谍罪，即自然人或者单位为境外的机构、组织、人员窃取、刺探、收买、非法提供商业秘密的行为。

在总体国家安全观视域下，企业核心商业秘密具有国家安全属性，与国家安全的关系越来越密切。商业间谍行为不仅是单纯的侵犯商业秘密犯罪，而且成为影响我国技术进步和国家竞争力的提升、

---

❶ 皮勇．美国对商业秘密的刑法保护：权利保护与泛国家安全［J］．世界社会科学，2024（2）：82-100，244.

❷《瑞士联邦刑法典》第273条。瑞士联邦刑法典：2003年修订［M］．徐久生，庄敬华，译．北京：中国方正出版社，2004：86.

❸ 杨正鸣，倪铁．刑事法治视野中的商业秘密保护：以刑事保护为中心［M］．上海：复旦大学出版社，2011：161.

危害国家安全的重要问题。一方面，商业秘密关乎企业核心竞争力，不管是商业秘密中的哪类技术信息，均需要大量成本投入，是智力劳动成果的凝结。尖端科技领域的商业秘密往往能够引领技术进步和社会变革发展的方向，国家重点行业关键领域的核心商业秘密的保护对我国国际竞争力和未来发展发挥重要作用。因而，商业秘密对国家科技安全的重要性不言而喻。另一方面，商业秘密对于保持企业市场优势地位至关重要，商业秘密一旦泄露，不但削弱企业竞争力，更可能影响国家整体经济安全。改革开放初期，发生多起涉及我国传统制作工艺的“商业间谍案”。例如，一家从事宣纸制造的工厂由于向外国情报人员泄露造纸技术，致使该国制造出与我国优质宣纸相似的产品，削弱我国企业在宣纸制造技术上的优势及我国传统工艺品的出口创汇能力，威胁我国经济产业的良性发展。打击侵犯商业秘密犯罪，有利于加强企业产权保护，维护企业的合法权益，维护正常的市场竞争秩序，优化营商环境。因而，商业秘密保护直接关系我国经济安全与发展。由此可见，为境外窃取、刺探、收买、非法提供商业秘密罪既侵犯企业的商业秘密权，扰乱公平竞争的市场经济秩序，又威胁国家安全。

二、为境外窃取、刺探、收买、非法提供商业秘密罪的保护法益

如上所述，为境外窃取、刺探、收买、非法提供商业秘密罪既破坏我国市场经济秩序、侵犯商业秘密权，又危害我国国家安全和经济利益。从本罪的罪状来看，一方面，行为人为境外的机构、组织、人员窃取、刺探、收买、非法提供商业秘密，不需要

给权利人造成严重后果或有其他严重情节，其行为就会对我国国家安全和经济利益构成威胁。另一方面，罪状中包括“为境外的机构、组织、人员窃取、刺探、收买、非法提供”的犯罪在我国刑法分则中存在三个，除了本罪，另外两个罪名是“危害国家安全罪”中的为境外窃取、刺探、收买、非法提供国家秘密、情报罪和“军人违反职责罪”中的为境外窃取、刺探、收买、非法提供军事秘密罪。后面两个罪名都具有危害国家安全的性质，同样本罪也与国家安全密切相关，属于危害国家安全的犯罪。因此，本罪的保护法益不仅包括商业秘密权和市场经济秩序，还应当包括国家安全和国家经济利益。这是本罪与侵犯商业秘密罪和其他侵犯知识产权罪的不同之处。

三、为境外窃取、刺探、收买、非法提供商业秘密罪的行为方式

为境外窃取、刺探、收买、非法提供商业秘密罪的行为人为境外的机构、组织和人员实施窃取、刺探、收买、非法提供商业秘密的行为。其一，对“境外的机构、组织、人员”的解释。“境外的机构、组织”包括境外机构、组织及其在中华人民共和国境内设立的分支（代表）机构和分支组织。根据《中华人民共和国公司法》第 247 条规定，“外国公司在中华人民共和国境内设立的分支机构不具有中国法人资格。外国公司对其分支机构在中华人民共和国境内进行经营活动承担民事责任”。因此，虽然外国公司的分支机构系按照我国法律在我国设立，但其并不属于中国法人。“境外的人员”既包括身处境外的人员，也包括身处中华人民共和

国境内但不具有中华人民共和国国籍的人。这些外国公司的分支机构、组织，以及在我国的境外人员，代表的是其他国家或地区的政治经济利益，为境外服务。

港澳台地区的机构、组织、人员是否属于本罪所规定的境外机构、组织、人员？港澳台地区是中国领土不可分割的一部分，从国境的角度看，当然属于境内地区。根据《中华人民共和国海关法》第 2 条规定，海关是国家的进出关境监督管理机关。因此关境是执行一个国家海关法令的领域。香港、澳门特别行政区除国防、外交事务外，享有高度自治，台湾地区则更为特殊。故从关境角度看，港澳台地区属于“境外”。港澳台地区的市场经济制度也与内地/大陆存在差异，从保护内地/大陆社会主义市场经济秩序的角度出发，应将港澳台地区解释为本罪规制的“境外”。

其二，对“窃取、刺探、收买、非法提供”的解释。针对商业间谍行为的特点选取不法程度较高的“窃取、刺探、收买、非法提供”四种行为。窃取是指通过盗取文件或者使用计算机、照相机等方式非法获取，例如偷拍、偷录。❶ 刺探是指通过探听或者其他侦查手段非法探知商业秘密的行为。收买是指以给予财物或者其他财产性利益或者承诺利益的手段非法得到商业秘密的行为，❷ 最典型的收买方式是行贿。非法提供是指通过直接或者间接手段违反法律规定而非法使境外机构、组织或者个人知悉商业秘密的行为。

---

❶ 杨万明．《刑法修正案（十一）》条文及配套《罪名补充规定（七）》理解与适用［M］．北京：人民法院出版社，2021：218.

❷ 许永安．中华人民共和国刑法修正案（十一）解读［M］．北京：中国法制出版社，2021：217.

四、为境外窃取、刺探、收买、非法提供商业秘密罪的行为对象

本罪的行为对象是商业秘密，与《刑法》第 219 条侵犯商业秘密罪中“商业秘密”作相同的理解，即不为公众所知悉、具有商业价值并经权利人采取相应保密措施的技术信息、经营信息等商业信息。本罪与《刑法》第 111 条为境外窃取、刺探、收买、非法提供国家秘密、情报罪具有相似的行为类型，但是行为对象不同。后者是危害国家安全罪中的罪名，行为对象是国家秘密、情报。根据《中华人民共和国保守国家秘密法》第 2 条规定，国家秘密是关系国家安全和利益，依照法定程序确定，在一定时间内只限一定范围的人员知悉的事项。情报是指除国家秘密以外的关系国家安全和利益、尚未公开或者依照有关规定不应公开的事项。据此，商业秘密的确立不需要经过法定程序，只要符合秘密性、价值性和保密性的三大特征就可以认定为商业秘密，体现企业的自主管理。而国家秘密的确定必须经过法定程序，受到法律法规的规范，更加具有权威性。商业秘密和国家秘密存在交叉关系，如果为境外窃取、刺探、收买、非法提供的商业秘密同时属于国家秘密，则行为也构成《刑法》第 111 条为境外窃取、刺探、收买、非法提供国家秘密罪，这种情形属于想象竞合犯，应当按照重罪即为境外窃取、刺探、收买、非法提供国家秘密罪定罪处罚。

五、为境外窃取、刺探、收买、非法提供商业秘密罪的罪过形式

为境外窃取、刺探、收买、非法提供商业秘密罪的罪过形式

为故意。一是要求行为人明知对方是境外机构、组织、人员，为其实施窃取、刺探、收买、非法提供商业秘密的行为。二是要求行为人明知窃取、刺探、收买、非法提供的是商业秘密，仍然为境外机构、组织、人员实施窃取、刺探、收买、非法提供行为。如果欠缺第一个明知，但具有第二个明知，则不构成本罪，可能构成侵犯商业秘密罪。如果欠缺第二个明知，但具有第一个明知，则不应作为犯罪处理。

六、为境外窃取、刺探、收买、非法提供商业秘密罪的认定

基于加强打击商业间谍行为，更好地维护国家安全和经济利益的考量，《刑法》第 219 条之一没有规定为境外窃取、刺探、收买、非法提供商业秘密罪的入罪门槛，“情节严重”是法定刑升格条件，而非入罪标准。不过，这并不意味着只要行为人实施本罪的行为即成立犯罪。我国刑法对犯罪定义采取“立法定性+定量”的一元化定罪模式，《刑法》第 13 条但书规定——“情节显著轻微危害不大的，不认为是犯罪”，体现了定量评价对犯罪认定的实质意义。如前所述，《刑法》第 13 条但书规定的功能采纳“入罪限制条件说”更具有合理性。就为境外窃取、刺探、收买、非法提供商业秘密罪而言，尽管立法者并未明示本罪的罪量要素，但司法者应当发挥但书规定限制入罪的功能，在犯罪认定过程中进行实质可罚性的判断，对构成要件进行罪刑法定原则下的实质解释与判断，将轻微违法行为、不值得刑罚处罚的行为排除出犯罪圈，使构成要件反映实质的违法性，以合理限制刑法的处罚范围。

为境外窃取、刺探、收买、非法提供商业秘密罪作为抽象危险犯,[1] 为境外窃取、刺探、收买、非法提供商业秘密行为应当具有侵犯本罪法益的抽象危险，如果犯罪情节显著轻微，社会危害程度较低的，则不能认定为犯罪。

七、为境外窃取、刺探、收买、非法提供商业秘密罪的处罚

为境外窃取、刺探、收买、非法提供商业秘密罪的法定刑分为两档：第一档是“处五年以下有期徒刑，并处或者单处罚金”；第二档是“情节严重的，处五年以上有期徒刑，并处罚金”。实践中，对于本罪的处罚，与其他侵犯知识产权罪需要注意的其他事项，例如缓刑、罚金刑的判决和适用等相同，不再赘述。

第四节　案例研究

案例十二　廖某等侵犯商业秘密案
——厦门市中级人民法院首例认定构成侵犯商业秘密罪案件

一、基本案情

厦门某生物科技有限公司（以下简称“A 公司”）是一家主要从事合成生物学、绿色化学等领域的高新技术和应用，生产高附加值的食品医药、日化用途的天然成分的公司，其自主研发了

[1] 时延安，陈冉，敖博．刑法修正案（十一）评注与案例［M］．北京：中国法制出版社，2021：279.

工业自动化制备天然级某香味剂的工艺路线，并将之作为商业秘密保护。上海某资产管理有限公司（以下简称“B公司”）的法定代表人詹某及公司员工程某、吴某，以开展某香味剂产品的项目调研为由，通过向A公司的员工廖某购买其窃取的A公司某香味剂生产工艺技术信息获取了该技术秘密。A公司在知悉其生产设备的技术资料或遭泄露后，经调查发现前员工廖某在离职前曾大量下载公司的涉密图纸和文件，遂立即向厦门市公安局海沧分局报案，及时阻止了案涉技术秘密流向市场。

二、法院判决

该系列案件由厦门市思明区人民法院审理，认定A公司某香味剂生产工艺秘密点包括工艺流程图、设备平面布置图、生产操作规程，并依据该商业秘密的专有技术普通许可权的评估价值确定A公司因被侵权所受到的实际损失。另认定廖某、詹某、程某、吴某、B公司以非法手段获取A公司的商业秘密，造成特别严重后果。各被告人及B公司侵犯商业秘密的事实清楚，证据确实充分，遂认定各被告构成侵犯商业秘密罪。被告人廖某犯侵犯商业秘密罪，判处有期徒刑3年，并处罚金10万元。被告人程某犯侵犯商业秘密罪，判处有期徒刑2年，并处罚金3万元。被告人吴某犯侵犯商业秘密罪，判处有期徒刑2年，并处罚金3万元。被告人詹某犯侵犯商业秘密罪，判处有期徒刑3年，并处罚金20万元。被告单位B公司犯侵犯商业秘密罪，判处罚金50万元。[1] 各被告

[1] 厦门市思明区人民法院（2021）闽0203刑初596号、（2021）闽0203刑初632号、（2021）闽0203刑初698号刑事判决书。

均提起上诉，二审法院裁定：驳回上诉，维持原判。[1]

三、主要问题及分析

近年来，商业秘密在许多行业尤其是高科技领域的重要性日益提升，成为企业等创新主体的主要知识产权客体。本案系《侵犯知识产权刑事案件法律解释（三）》施行后，福建省首例在技术秘密尚未在市场中流通情形下，以合理许可使用费确定损失数额的案件。本案主要涉及商业秘密的认定、侵犯商业秘密的行为类型及损失数额的认定等三方面的问题。

其一，商业秘密和权利人的认定。商业秘密应满足秘密性、价值性、保密性三个条件。（1）秘密性，即证明案涉某香味剂生产工艺路线技术信息不为公众所知悉。商业秘密的秘密性是其核心要件，决定了其不同于商标权、专利权等知识产权所具有的公示性，一旦商业秘密的秘密状态被打破，权利人的市场竞争优势便会丧失。明确相关的秘密点是确认秘密性的前提。本案经确认该技术信息的秘密点包括生产某香味剂工艺流程图、设备布置图和操作规程；再委托相关司法鉴定所对主张的秘密点进行鉴定并出具司法鉴定意见书，本案经鉴定证实 A 公司生产某香味剂的三个秘密点均属于“不为公众所知悉的技术信息”。需要强调的是，秘密点的内容和范围越明确，认定构成技术秘密侵权的可能性越大，所以需要精确化秘密点范围。范围过小，侵权人可能绕开对应的技术秘密；范围过大，容易涉及公知信息，进而无法被认定

---

[1] 厦门市中级人民法院（2022）闽 02 刑终 168 号、（2022）闽 02 刑终 169 号、（2022）闽 02 刑终 170 号刑事裁定书。

为技术秘密。（2）价值性，即证明案涉某香味剂生产工艺路线技术信息具有商业价值。其判断标准是该技术信息能否带来竞争优势。一般可根据商业秘密的研究开发成本、实施该项商业秘密的收益等因素，借助商业经验、常识等判断商业秘密是否具有商业价值。本案通过提供 A 公司资产负债表、利润表、发票、汇款凭证、市场分析说明、科学技术成果评价报告等证据证明某香味剂的生产具有商业价值。（3）保密性，即证明 A 公司应当将案涉某香味剂生产工艺技术信息视为秘密，并采取了合理的保密措施。这种合理的保密措施应当是具体的、特定的。本案通过提供 A 公司的保密制度、办公软件保密措施说明，包括保密协议、规章制度、宣讲培训、计算机配备的可跟踪系统、移动硬盘禁止接入等保密措施证明 A 公司采取了合理的保密措施。

此外，还需要认定请求保护商业秘密的人是否为真正的权利人。就本案而言，需要证明该商业秘密的权利人是 A 公司，即案涉某香味剂生产工艺技术信息确属于 A 公司研发的。本案提供了专有技术转让协议、设备采购合同、建设工程设计合同、发票等证据证明 A 公司研发此商业秘密的过程及投入了大量的资金，从根源上明确了 A 公司系案涉商业秘密的权利人身份，同时也证明了案涉商业秘密来源和途径的合法性。

其二，被告人实施了侵犯商业秘密的行为。本案中，廖某在 A 公司任职期间曾大量下载 A 公司的图纸和文件，以盗窃手段非法获取权利人的商业秘密，并以出售获利的方式披露给他人。詹某作为 B 公司单位犯罪直接负责的主管人员，程某、吴某作为 B 公司单位犯罪中的其他直接责任人员，以金钱利诱的不正当手段获取权利人的商业秘密，造成特别严重后果。各被告的行为均构成侵犯商业秘密罪。在司法实践中，由于侵权措施隐蔽以及被侵权方控制，侵犯商业秘密行为的取证存在较大困难，往往需要借用公安机关的强制手段且取证速度要快。本案因被害单位及时发现并报警，厦门市公安局海沧分局接警后第一时间出警将被告人廖某抓捕归案，又相继抓捕了其他几位被告人，同步缴获了各被告人用于作案的笔记本电脑和手机等。经鉴定，各被告人被缴获的设备中储存的信息资料，大部分内容相同或实质相同，其中不同的因素对生产工艺也不会造成实质性的影响。

其三，损失数额的认定。《侵犯知识产权刑事案件法律解释（三）》对侵犯商业秘密行为造成的损失数额或者违法所得数额的计算方法按照不同的方式进行规定。本案属于“非法获取型”犯罪，因被害单位及时发现并报警阻止了案涉技术秘密流向市场，还未造成销售利润损失等严重后果。根据《侵犯知识产权刑事案件法律解释（三）》第 5 条第 1 款第 1 项，损失数额可以根据该项商业秘密的合理许可使用费确定。本案经相关资产评估公司采用成本法及收益法对 A 公司“某香味剂工艺秘密点”专有技术普通许可权进行评估，出具资产评估报告，证实 A 公司商业秘密专有技术普通许可使用费评估值近千万元。

案例十三　陈某某、武汉某科技有限公司等侵犯商业秘密罪案

一、基本案情

菲利华公司通过自主研发，掌握了与拉制石英玻璃纤维有关

的技术，并运用相关技术实现了石英玻璃纤维的量产。通过生产和销售石英玻璃纤维产品，菲利华公司不仅获得了丰厚的利润，还在行业内赢得了一定知名度。菲利华公司为保护相关技术，采取了一定的保密措施。经鉴定，菲利华公司所掌握的涉及“漏板尺寸”“漏板上的孔径”“火头结构”“火头上出火孔直径”“火孔与石英玻璃棒间距”“集束槽垫布”“气体均分器的组成结构”“气体均分器气管规格”8个技术信息不为公众所知悉。被告人陈某某于1991年进入沙市石英玻璃厂（菲利华公司前身）工作，2001年任荆州市菲利华石英玻璃有限公司（菲利华公司前身）纤维分厂厂长，2002年任常务副总经理，2003年任总经理，2004年2月任总工程师、7月兼任研发中心主任。其间，陈某某参与了“高性能石英纤维纱的研制”“B型石英纤维纱质量稳定性研究”“空心石英纤维研制”“高强石英纱”4个国家科研项目。2005年2月1日，陈某某与菲利华公司解除劳动关系。

2009年7月，被告人陈某某、肖某某与案外人蒋某等7人发起成立被告单位武汉某科技有限公司，其中陈某某以“李晓黎”名义入股、陈某以“冯井强”名义入股、刘某某以“许玉芬”名义入股。肖某某任公司董事长。陈某某任总经理，负责公司全面工作，分管技术。该公司成立后，使用陈某某掌握的石英玻璃纤维生产技术生产销售石英玻璃纤维产品。经鉴定，该公司所使用的“漏板尺寸”“漏板上的孔径”“火头结构”“火头上出火孔直径”“火孔与石英玻璃棒间距”“集束槽垫布”“气体均分器的组成结构”“气体均分器气管规格”等技术与菲利华公司掌握的相关技术具有同一性。经鉴定，2010年8月1日至2016年1月4日，该公司销售石英玻璃纤维纱的收益总计3200.14万元，造成菲利华公司经济损失总计1428.86万元。

二、法院判决

湖北省荆州市中级人民法院判决：第一，被告人陈某某犯侵犯商业秘密罪，判处有期徒刑5年，并处罚金300万元；第二，被告单位武汉某科技有限公司犯侵犯商业秘密罪，判处罚金2000万元；第三，被告人肖某某犯侵犯商业秘密罪，判处有期徒刑3年，缓刑4年，并处罚金100万元。[1] 被告人提出上诉，湖北省高级人民法院裁定：驳回上诉，维持原判。[2]

三、主要问题及分析

其一，商业秘密载体的认定。商业秘密本质上是信息，并非通过注册或登记产生、取得权利，其界定及权利范围不像商标权或专利权那样清晰、明确。证明权利主体拥有商业秘密的关键之一，在于是否有载体记载商业秘密的内容。从形式上看，凡是可以记录商业秘密、有形表现商业秘密内容的都可以成为载体，可以是原始存在的，也可以是复制生成的，有物理的、化学的、生物的或者其他形式，例如，载有商业秘密的合同、文档、计算机软件、产品、数据库文件等。特定情形下，商业秘密的客体与载体可能会重合。例如，河北华某种业公司与武威市搏某种业公司侵害技术秘密纠纷案中，最高人民法院认定，该案作为商业秘密

[1] 湖北省荆州市中级人民法院（2021）鄂10刑初16号刑事判决书。

[2] 湖北省高级人民法院（2022）鄂刑终34号刑事裁定书。

获得法律保护的育种材料，既是技术信息也是信息载体实物，兼具二者特征。[1] 在本案中，菲利华公司对商业秘密的保护措施相对薄弱，未能规范地将研发过程及取得的成果通过较为客观的载体予以完整地记录并保存，特别是涉案的数个商业秘密系区间数值，该公司无法提出区间值内所有数值的载体，导致其主张的商业秘密在人民法院认定是否有载体时存在困难。在审理中，人民法院根据部分商业秘密的设备图纸，以及菲利华公司长期参与研发的技术人员的证人证言，全面论证了图纸、证言的真实性并适当转移举证责任，进而认定相关商业秘密具有载体，解决了商业秘密有载体记录的关键性问题，切实保护了企业的合法竞争优势。

其二，同一性的认定，即权利人的商业秘密与行为人非法获取、披露、使用的信息是否具有同一性。商业秘密中的技术信息具有较强的技术性和专业性，需要先明确商业秘密的秘密点是什么，行为人侵犯的技术信息与秘密点是否相同，在哪些方面相同。司法实践中针对侵犯商业秘密案件中无法由法庭调查明确的技术内容，经常由公诉机关聘请第三方机构进行司法鉴定，借助专业人士或专门工具、仪器等。如果司法鉴定意见认为二者具有同一性，则基本可以认定涉案技术信息与权利人的商业秘密相同，具有同一性。在比对二者是否具有同一性的过程中，公诉机关应当充分听取权利人意见。因为商业秘密权利人充分了解该技术秘密的生成、价值等相关信息，权利人的相关意见对公诉机关查明事实有重要作用。本案经过鉴定，得出武汉某科技有限公司所使用的技术与菲利华公司掌握的相关技术具有同一性的结论。

---

[1] 最高人民法院（2022）最高法知民终 147 号民事判决书。

其三，侵犯商业秘密行为的认定。《刑法》第 219 条第 1 款第 3 项和第 2 款规定，违反保密义务或者违反权利人有关保守商业秘密的要求，披露、使用或者允许他人使用其所掌握的商业秘密的；明知前款所列行为，获取、披露、使用或者允许他人使用该商业秘密的，以侵犯商业秘密论。本案中，被告人陈某某作为菲利华公司原企业高管违反与原企业有关的保密义务，参与创办新企业，利用原企业不为公众知悉的工艺技术信息，生产与原企业相同的产品，并给原企业造成重大经济损失。《刑法》第 220 条规定，单位可以成为侵犯商业秘密罪的主体。被告单位武汉某科技有限公司公司明知案涉技术是陈某某违反与原企业有关的保密义务非法披露，仍然获取使用原企业不为公众知悉的工艺技术信息，生产与原企业相同的产品，并给原企业造成重大经济损失。据此，陈某某、武汉某科技有限公司构成侵犯商业秘密罪，肖某某作为公司董事长是该公司直接负责的主管人员，依照侵犯商业秘密罪处罚。

其四，损失数额的认定对应不同的法定刑幅度。根据《侵犯知识产权刑事案件法律解释（三）》第 4 条第 2 款，给商业秘密的权利人造成损失数额在 250 万元以上的，应当认定为《刑法》第 219 条规定的“造成特别严重后果”。该案经鉴定，武汉某科技有限公司造成菲利华公司经济损失总计 1428. 86 万元，属于“造成特别严重后果”。《刑法修正案（十一）》将“造成特别严重后果”改为“情节特别严重”，应当“处三年以上十年以下有期徒刑，并处罚金”。由此，本案被告人均在侵犯商业秘密罪第二档法定刑幅度内量刑。

案例十四　邓某等四名被告人侵犯商业秘密罪案
——截留稻种亲本私自繁育并对外销售

一、基本案情

安徽某种业公司是国内知名种业公司，拥有成熟的种子研发科研体系，对研发成果有一套完善的保护措施。“荃优 822”稻种是该公司科研团队研发，研发过程中使用的稻种母本培育技术和遗传信息为公司核心秘密，未对外公布过，且采取了严格的保密措施。安徽某种业公司在经过初步试种“荃优 822”达到量产的效果后，将国内独家生产经营权转让给其子公司。2019 年、2020 年，其子公司与福建省建宁县某种子专业合作社（以下简称“某合作社”）法定代表人邓某签订杂交水稻种子生产承揽合同，委托邓某生产“荃优 822”水稻种子。该子公司在签订合同条款中明确要求承揽人保证亲本不流失、不私自繁育、不私自他用，并长期派驻技术人员在种植基地指导种植、监督生产和防止稻种流失等。2019 年，邓某与另一家种业公司安徽某信种业公司的王某、黄某三人共谋，由某合作社从子公司处骗领额外的“荃优 822”亲本种子“荃 9311A”“YR0822”进行私自种植。2019 年至 2021 年期间，某合作社通过骗取隐瞒的方式，共交付“荃优 822”稻种给安徽某信种业公司 11.68 万斤。安徽某信种业公司换包装换品牌后对外销售共计 11.38 万斤，给商业秘密权利人造成损失高达 109 万元。

二、法院判决

安徽省合肥市高新技术产业开发区人民法院对该案作出一审

判决，认定邓某等四名被告人构成侵犯商业秘密罪，鉴于各被告人积极赔偿权利人损失、认罪认罚等情节，分别判处四名被告人1年2个月至10个月的有期徒刑。[1]

三、主要问题及分析

该案是安徽首例涉及农业种业保护的商业秘密刑事案件，彰显对种业领域侵犯商业秘密犯罪行为的有力惩治，维护了种业市场经济秩序。其一，商业秘密的认定。植物新品种的繁殖材料是育种者长期劳动智慧的结晶，属于育种者的专有信息，亲本的选择和选育是杂交品种优良性的决定因素。在案证据能够证实，安徽某种业公司以自有绝密材料“222B”为基础，通过人工技术手段，长周期、高研发投入，历经八年选育出不育系“荃9311A”、保持系“荃9311B”。“荃9311A”作为育种的中间材料，通过与保持系“荃9311B”进行杂交，能够繁殖不育系“荃9311A”，不育系“荃9311A”为大量生产杂交种子及具有优势杂交种子亲本提供了可能性。该公司又以“荃9311A”种子实物作为母本、“YR0822”作为父本，杂交得到“荃优822”杂交稻种子。“荃9311A”种子材料选育而形成的特定遗传基因，属于技术信息，该育种材料在具备不为公众所知悉并采取相应保密措施等条件下，应当作为商业秘密受到法律保护。

其二，侵犯商业秘密行为的认定。本案将违反保密约定私自截留并非法种植和对外销售稻种亲本的行为认定为侵犯商业秘密

[1] 周瑞平，王君．截留稻种亲本私自繁育并对外销售 四名被告人犯侵犯商业秘密罪获刑［N］．人民法院报，2024-11-01（3）．

的犯罪行为，并依法追究刑事责任。邓某等四人为牟取非法利益，作为种业公司的制种合作方违反和权利人有关保守商业秘密的要求，私自截留稻种亲本并非法组织种植，将产出的稻种交由另一家公司更换品牌包装后对外销售，侵犯了权利人的商业秘密，四名被告人均构成侵犯商业秘密罪。

案例十五　郑某为境外窃取、刺探、收买、非法提供商业秘密案

一、基本案情

被告人郑某于2017年8月至2020年期间，在A公司担任工程师一职，其通过签署的劳动合同、离职保密承诺书等承诺对A公司的商业秘密负有保密义务。2021年8月，被告人郑某接受B公司的邀请，成为该公司的行业专家顾问，并签署专家顾问协议。该协议约定，B公司系一家行业专业顾问咨询服务提供商，其合作客户包括但不局限于证券公司、国内外私募基金和对冲基金、中国公募基金公司、国际知名管理咨询公司、知名大型企业和跨国公司等。2021年10月至案发，郑某违反保密约定，利用自己掌握及向A公司员工刺探的信息，以A公司专家的名义，多次接受B公司的安排，为与A公司业务相似或具有竞争性业务的公司提供有偿咨询。2022年2月，C公司（注册在中国的外国法人独资企业，股东为境外某公司）受境外的组织、人员委托，邀请郑某参加该公司委托B公司发起的有偿咨询活动。郑某在收到访谈提纲且经几次更改过访谈时间后，接受了C公司的电话访谈，将其刺

探掌握的有关A公司的商业秘密提供给C公司，并非法获利2000余元。B公司在访谈结束后将访谈内容通过电子邮件发送给了C公司在香港的某工作人员。2022年9月，郑某被国家安全部门拘传到案，到案后如实供述了主要犯罪事实，并在家属的帮助下退出违法所得。

二、法院判决

上海市浦东新区人民法院经审理认为，被告人郑某离职后，违反与A公司之间有关保守商业秘密的约定及A公司的保密制度，明知咨询方系境外组织，仍将从前同事处非法探知的涉案商业秘密，连同自己掌握的商业秘密一并提供给咨询方，其行为已构成为境外刺探、非法提供商业秘密罪。上海市浦东新区人民法院作出判决：（1）被告人郑某犯为境外刺探、非法提供商业秘密罪，判处有期徒刑2年6个月，并处罚金1万元；（2）退出的违法所得予以没收。[1] 一审判决后，被告人郑某未提出上诉，公诉机关未提起抗诉，判决已生效。

三、主要问题及分析

本案系《刑法修正案（十一）》实施以来，为境外窃取、刺探、收买、非法提供商业秘密罪这一新增罪名在上海法院受理的首例案件，涉及我国高新技术领域重点企业前员工将其刺探、掌握的商业秘密泄露给境外组织并获利，给企业带来严重损失。本案的判决依法保护我国企业的商业秘密，维护我国国家安全和经

[1] 上海市浦东新区人民法院（2022）沪0115刑初2538号刑事判决书。

济利益。本案中，法院裁判被告人的罪名是为境外刺探、非法提供商业秘密罪，应从以下方面进行认定：一是本罪的行为对象属于商业秘密的认定；二是关于刺探、非法提供商业秘密行为的认定；三是商业秘密系为境外机构、组织、人员刺探、提供；四是行为人主观上故意和明知的心理状态。

其一，商业秘密的认定。本罪的行为对象与《刑法》第219条侵犯商业秘密罪的行为对象相同，均是商业秘密。构成商业秘密须同时具备秘密性、价值性和保密性三个要件。（1）秘密性是指不为公众所知悉。这里的“公众”是指商业秘密所属行业领域的相关人员以及与该信息有所联系的人员。本案中的商业信息是A公司付出创造性劳动后获得的成果，耗费了人力、物力，凝聚了众多研发人员的智力劳动。该商业信息对于A公司在国际和国内行业中的竞争力、未来的发展等具有重要影响，能为A公司带来竞争优势。A公司从未公开发布，被告人郑某亦确认上述信息属于A公司未公开的信息，因此该些信息并非所属领域相关人员以及与该些信息有所联系的人员普遍知悉和容易获得，符合秘密性要件。（2）价值性。价值性是指商业信息具有现实或者潜在的商业价值。一般通过商业经验、常识等判断商业信息是否具有商业价值。本案中，被告人将刺探的A公司的商业信息出卖给C公司，表明A公司的商业信息具有商业价值。（3）保密性。保密性要件要求权利人对商业秘密采取了合理的保密措施。A公司通过制定机密信息保护政策文本，与被告人郑某签订劳动合同、离职保密承诺书等方式，对涉案商业信息采取了合理的保密措施。故涉案商业信息属于A公司的商业秘密。

其二，关于刺探、非法提供的认定。《刑法》第219条之一“为境外窃取、刺探、收买、非法提供商业秘密罪”属于选择性罪名，只要实施窃取、刺探、收买、非法提供四种行为类型之一，便可能构成本罪。刺探是指行为人借助一定非法的手段，如暗中探听、侦察、骗取等方式探知商业秘密的行为。例如，本案中郑某向A公司其他员工刺探其原本并不掌握的信息。非法提供是指行为人违反法律规定，将其已知悉、持有、保管的商业秘密非法出售、交付、透露给其他不该知悉该商业秘密的境外机构、组织、人员的行为。例如，郑某将利用其职务之便获取的信息，以及从前同事处非法探知的涉案商业秘密，出售给境外机构。在明知向境外提供的前提下，行为人采取何种手段、通过何种途径提供，不影响本罪的构成。本案中，郑某系通过电话访谈的形式向C公司提供了其刺探、掌握的商业秘密，该电话访谈内容经由B公司整理后又通过电子邮件发送给了C公司。只要C公司获取了该商业秘密，郑某的不法行为即宣告完成，电话或电子邮件仅是信息的传递方式。

其三，境外机构、组织、人员的认定。本案中，C公司由外国法人独资，在我国境内注册，涉案商业秘密由C公司在香港地区的工作人员获得，获得地点亦在我国境内，能否认定郑某的行为系为境外机构、组织、人员所实施？“为境外”是本罪区别于侵犯商业秘密罪的最大特征，正确理解“境外”的含义，是准确认定本罪的前提。我国国境、边境外的所有区域当然属于境外。设立在境外的其他国家或地区的政府、军队等官方机构，党派、社会团体、宗教团体等非营利组织，企业、财团等营利组织，取得外国国籍或无国籍的人员，都是本罪中境外机构、组织、人员的范畴。由于本罪的法益是他人的商业秘密权、市场经济秩序及国家安全和经济利益，商业间谍行为使我国企业的商业秘密流向境外，削弱我国企业在国际市场的竞争优势，使其在国际竞争中处于不利地位。对“境外”的认定应从保护我国经济主权和市场经济秩序的角度出发，考虑商业秘密泄露后是否会使国家经济安全受到损害、使境外主体获益。本案中，郑某刺探、非法提供的商业秘密由外资公司常驻在香港地区的工作人员获取，可以认定为脱离了我国国内市场的控制，由境外相关机构获益，符合“境外”的认定。

其四，关于本罪罪过形式的认定。本罪是故意犯罪，行为人明知窃取、刺探、收买、非法提供的是权利人的商业秘密，也认识到是为境外的机构、组织、人员实施窃取、刺探、收买、非法提供行为。本案中，郑某曾是 A 公司的工程师，属于案涉行业的专业人员，对 A 公司的国内、国际市场地位有着清晰的认识。郑某亦承认，A 公司是国内龙头企业，涉案经营秘密对国内竞争对手而言没有意义，只有境外同行业企业会感兴趣。郑某与 B 公司签署的协议中明确约定，B 公司的客户即郑某的咨询方，包括境外基金公司、咨询公司等。郑某从 2021 年 10 月至案发，多次接受 B 公司的安排对外提供咨询，并承认其最初也怀疑咨询方中会有间谍组织，故而会在访谈前询问访谈目的，但时间一长，就不再追问。郑某从接到访谈提纲到实际接受访谈有很长一段准备时间，足以判断是否可以对外回答提纲所列问题。因此，尽管郑某在接受访谈时并不明确知道对方的具体身份，但结合其从业经验和专业能力，能够知道咨询方系境外机构，仍然向其非法提供涉案商业秘密，放任危害结果的发生，可以认定其主观上属于故意。

结　语

保护知识产权就是保护创新，加强知识产权法治保障为推动新质生产力和高质量发展提供重要的制度支撑。其中，知识产权刑事保护在知识产权全链条保护中的重要性愈发凸显。2020 年《刑法修正案（十一）》大幅度调整侵犯知识产权罪的立法规定，2021 年《知识产权强国建设纲要（2021—2035 年）》明确提出加大刑事打击力度，修改完善知识产权相关司法解释，配套制定侵犯知识产权犯罪案件立案追诉标准。通过立法和司法解释的不断修改完善，刑法对知识产权严保护强保护趋势已然形成，我国知识产权刑事保护水平得到快速提升。

侵犯知识产权罪的刑事立法通过增设新罪名（为境外窃取、刺探、收买、非法提供商业秘密罪）、设置危险犯、修改入罪门槛、扩大和调整现有罪名的适用范围、提高法定刑，严密刑事法网、严格刑事责任，体现刑法干预早期化、扩大化趋向。侵犯知识产权罪犯罪圈的扩张和前置刑法干预起点符合现实需要和实践理性，是我国刑法立法活性化的表现。但刑法相对于民法等其他部门法来说，是后置法、保障法，要正确处理知识产权刑事保护和民事、行政保护的关系，就需要遵循法秩序统一性原理，相关的所有规范秩序不能相互矛盾。知识产权本质上是一种民事权利，作为绝对权，其法定权利是由知识产权法明确规定，对知识产权的保护当然也必须以知识产权法规定的权利为前提。只有行为构成知识产权民事侵权或者行政违法，才有可能成立侵犯知识产权罪。换言之，知识产权民事侵权或行政违法行为中，只有极少部分可能被作为侵犯知识产权罪处理，侵犯知识产权罪的范围必然小于知识产权民事侵权、行政违法的范围。[1] 刑事制裁是最严厉的法律制裁手段，构成侵犯知识产权罪的行为必须是严重的法益侵害行为，亦即，不仅侵害权利人的知识产权，还侵犯国家对知识产权的管理秩序。总之，认定侵犯知识产权罪时，应当根据刑法规定的具体犯罪的成立条件，同时还需要适用知识产权法的相关规定，保持刑民衔接，前置法上的合法行为不能被认定为侵犯知识产权罪。

在网络时代、数字时代，侵犯知识产权罪呈现智能化的特点，给侵犯知识产权罪的司法适用带来诸多挑战。为此，在处理知识产权刑事案件时，应当遵循法教义学原理，充分发挥刑罚的威慑预防功能，推动侵犯知识产权犯罪民事行政刑事责任的对接与协调，以法益保护与创新激励的平衡为价值追求，提高侵犯知识产权犯罪治理能力和治理水平，服务知识产权强国建设。

---

[1] 侵犯知识产权罪的范围小于知识产权民事侵权和行政违法的范围体现在立法和司法层面：在立法层面，刑法仅是将部分严重的知识产权侵权行为纳入侵犯知识产权罪的规制范围；在司法层面，以 2023 年为例，全国法院新收和审结知识产权民事一审案件分别是 462176 件和 460306 件；全国法院新收和审结知识产权行政一审案件分别是 20583 件和 22340 件；全国法院新收和审结侵犯知识产权刑事一审案件分别是 7335 件和 6967 件。通过数据对比不难发现，大量知识产权侵权行为主要依赖民事、行政手段规制，通过刑法制裁侵犯知识产权罪的案件范围占较小比例。最高人民法院知识产权审判庭．中国法院知识产权司法保护状况（2023 年）［M］．北京：人民法院出版社，2024：16-19.

参考文献

一、著作类

[1] 刘春田. 知识产权法 [M]. 6版. 北京：中国人民大学出版社，2022.

[2] 王迁. 知识产权法教程 [M]. 8版. 北京：中国人民大学出版社，2024.

[3] 习近平. 高举中国特色社会主义伟大旗帜为全面建设社会主义现代化国家而团结奋斗：在中国共产党第二十次全国代表大会上的报告 [M]. 北京：人民出版社，2022.

[4] 杨夔蛟，陈南成. 知识产权犯罪学的建构及其应用 [M]. 杭州：浙江大学出版社，2021.

[5] 陈兴良. 刑法的价值构造 [M]. 3版. 北京：中国人民大学出版社，2017.

[6] 张明楷. 刑法学 [M]. 6版. 北京：法律出版社，2021.

[7] 高铭暄，马克昌. 刑法学 [M]. 10版. 北京：北京大学出版社，2022.

[8] 陈兴良. 刑事法评论（第26卷）[M]. 北京：北京大学出版

社，2010.

［9］大塚仁．刑法概说（总论）［M］．3 版．冯军，译．北京：中国人民大学出版社，2003.

［10］山口厚．刑法总论［M］．3 版．付立庆，译．北京：中国人民大学出版社，2018.

［11］劳东燕．功能主义的刑法解释［M］．北京：中国人民大学出版社，2020.

［12］张明楷．刑法分则的解释原理［M］．2 版．北京：中国人民大学出版社，2011.

［13］陈兴良．本体刑法学［M］．北京：商务印书馆，2001.

［14］陈兴良．刑法知识论［M］．北京：中国人民大学出版社，2007.

［15］刘宪权．刑法学名师演讲录（分论）［M］．3 版．上海：上海人民出版社，2021.

［16］王新．刑法分论精解［M］．北京：北京大学出版社，2023.

［17］阮齐林．中国刑法各罪论［M］．北京：中国政法大学出版社，2016.

［18］黎宏．当代刑法的理论与课题［M］．北京：法律出版社，2022.

［19］高铭暄．中华人民共和国刑法的孕育诞生和发展完善［M］．北京：北京大学出版社，2020.

［20］赵秉志，田宏杰．侵犯知识产权犯罪比较研究［M］．北京：法律出版社，2004.

［21］国务院新闻办公室．中国保护知识产权现状［M］．北京：五

洲传播出版社，1994.
[22] 刘茂林．知识产权法的经济分析［M］．北京：法律出版社，1996.
[23] 赵国玲．知识产权犯罪调查与研究［M］．北京：中国检察出版社，2002.
[24] 约翰·冈茨，杰克·罗切斯特．数字时代盗版无罪？［M］．周晓琪，译．北京：法律出版社，2008.
[25] 张明楷．法益初论（增订本）（下册）［M］．北京：商务印书馆，2021.
[26] 亨利·萨姆奈·梅因．古代法［M］．沈景一，译．北京：商务印书馆，1996.
[27] 刘仁文．立体刑法学［M］．北京：中国社会科学出版社，2018.
[28] 切萨雷·贝卡里亚．论犯罪与刑罚［M］．黄风，译．北京：北京大学出版社，2008.
[29] 张明楷．犯罪构成体系与构成要件要素［M］．北京：北京大学出版社，2010.
[30] 刘艳红．实质出罪论［M］．北京：中国人民大学出版社，2020.
[31] 卡尔·拉伦茨．法学方法论［M］．6版．黄家镇，译．北京：商务印书馆，2020.
[32] E. 博登海默．法理学：法律哲学与法律方法［M］．邓正来，译．北京：中国政法大学出版社，2017.
[33] 乔治·弗莱彻．反思刑法［M］．邓子滨，译．北京：华夏出

版社，2008.

[34] 梁根林，等．责任理论与责任要素［M］北京：北京大学出版社，2020.

[35] 付立庆．刑法总论［M］．北京：法律出版社，2020.

[36] 卡斯东·斯特法尼，等．法国刑法总论精义［M］．罗结珍，译．北京：中国政法大学出版社，1998.

[37] 克劳斯·罗克辛．德国刑法学总论（第1卷）［M］．王世洲，译．北京：法律出版社，2005.

[38] 松原芳博．刑法总论重要问题［M］．王昭武，译．北京：中国政法大学出版社，2014.

[39] 周光权．刑法各论（［M］．4版．北京：中国人民大学出版社，2021.

[40] 钟宏彬．法益理论的宪法基础［M］．台北：元照出版有限公司，2012.

[41] 时延安，陈冉，敖博．刑法修正案（十一）评注与案例［M］．北京：中国法制出版社，2021.

[42] 杨万明．《刑法修正案（十一）》条文及配套《罪名补充规定》（七）理解与适用［M］．北京：人民法院出版社，2021.

[43] 王爱立．中华人民共和国刑法释义［M］．北京：法律出版社，2021.

[44] 许永安．中华人民共和国刑法修正案（十一）解读［M］．北京：中国法制出版社，2021.

[45] 劳东燕．刑法修正案（十一）条文要义：修正提示、适用指南与案例解读［M］．北京：中国法制出版社，2021.

[46] 童德华，李文．刑法现代化：刑民交叉问题研究［M］．北京：中国法制出版社，2022.

[47] 马克昌．刑罚通论［M］．武汉：武汉大学出版社，1999.

[48] 托马斯·魏根特．德国刑事程序法原理［M］．江溯，等译．北京：中国法制出版社，2022.

[49] 佐伯仁志．制裁论［M］．丁胜明，译．北京：北京大学出版社，2018.

[50] 吴汉东．知识产权法学［M］．8 版．北京：北京大学出版社，2022.

[51] 陈兴良．规范刑法学［M］．5 版．北京：中国人民大学出版社，2023.

[52] 陈兴良．罪名指南［M］．2 版．北京：中国人民大学出版社，2008.

[53] 王志广．中国知识产权刑事保护研究（理论卷）［M］．北京：中国人民公安大学出版社，2007.

[54] 王迁．网络著作权专有权利研究［M］．北京：中国人民大学出版社，2022.

[55] 马克昌．百罪通论（上卷）［M］．北京：北京大学出版社，2014.

[56] 杨正鸣，倪铁．刑事法治视野中的商业秘密保护：以刑事保护为中心［M］．上海：复旦大学出版社，2011.

[57] 李兰英，高扬捷，等．知识产权刑法保护的理论与实践［M］．北京：法律出版社，2018.

[58] 最高人民法院知识产权审判庭．中国法院知识产权司法保护

状况（2023 年）[M]. 北京：人民法院出版社，2024.

[59] 柏浪涛. 侵犯知识产权罪研究 [M]. 北京：知识产权出版社，2011.

[60] 李翔. 情节犯研究 [M]. 2 版. 北京：北京大学出版社，2018.

[61] 储国梁，叶青. 知识产权犯罪立案定罪量刑问题研究 [M]. 上海：上海社会科学院出版社，2014.

[62] 谭兆强. 法定犯理论与实践 [M]. 上海：上海人民出版社，2013.

二、期刊报纸类

[1] 周光权. 刑法谦抑性的实践展开 [J]. 东方法学，2024（5）：131-144.

[2] 周光权. 财产犯罪：刑法对民法的从属与变通 [J]. 中国法律评论，2023（4）：43-59.

[3] 周光权. 法秩序统一性原理的实践展开 [J]. 法治社会，2021（4）：1-12.

[4] 张明楷. 自然犯与法定犯一体化立法体例下的实质解释 [J]. 法商研究，2013（4）：46-58.

[5] 陈兴良. 法定犯的性质和界定 [J]. 中外法学，2020（6）：1464-1488.

[6] 王勇. 法秩序统一视野下行政法对刑法适用的制约 [J]. 中国刑事法杂志，2022（1）：124-138.

[7] 孙国祥. 反思刑法谦抑主义 [J]. 法商研究，2022（1）：

85-99.

[8] 石聚航．重申刑法谦抑主义：兼对反思论的辩驳［J］．环球法律评论，2024（3）：66-80.

[9] 李小文，杨永勤．网络环境下复制发行的刑法新解读［J］．中国检察官，2013（6）：20-22.

[10] 杨兴培．论我国传统犯罪客体理论的缺陷［J］．华东政法学院学报，1999（1）：10-16.

[11] 杨兴培．犯罪客体：一个巨大而空洞的价值符号：从价值与规范的相互关系中重新审视“犯罪客体理论”［J］．中国刑事法杂志，2006（6）：3-9.

[12] 陈兴良．社会危害性理论：一个反思性检讨［J］．法学研究，2000（1）：3-18.

[13] 刘明祥．我国的犯罪构成体系及其完善路径［J］．政法论坛，2023（3）：81-94.

[14] 杨兴培．中国刑法领域“法益理论”的深度思考及商榷［J］．法学，2015（9）：3-15.

[15] 张明楷．具体犯罪保护法益的确定方法［J］．现代法学，2024（1）：3-19.

[16] 张明楷．具体犯罪保护法益的确定依据［J］．法律科学，2023（6）：43-57.

[17] 张明楷．具体犯罪保护法益的确定标准［J］．法学，2023（12）：70-86.

[18] 张明楷．刑法的解法典化与再法典化［J］．东方法学，2021（6）：55-69.

[19] 田宏杰，王然．中外知识产权刑法保护趋向比较研究［J］．国家行政学院学报，2012（6）：118-121.

[20] 王志远．网络知识产权犯罪的挑战与应对：从知识产权犯罪的本质入手［J］．法学论坛，2020（5）：114-123.

[21] 张燕龙．CPTPP 侵犯著作权犯罪刑事责任条款及我国的应对［J］．华东政法大学学报，2023（4）：103-117.

[22] 杨依楠，黄玉烨．知识产权国际出口管制体系的发展变革与风险应对［J］．东南学术，2023（6）：237-245.

[23] 吴佩乘．拒绝许可商业秘密的反垄断法规制［J］．竞争法律与政策评论，2022（00）：189-204.

[24] 石聚航．侵犯公民个人信息罪“情节严重”法理重述［J］．法学研究，2018（2）：62-75.

[25] 余双彪．论犯罪构成要件要素的“情节严重”［J］．中国刑事法杂志，2013（8）：30-37.

[26] 刘科．侵犯商业秘密罪刑事门槛修改问题［J］．法学杂志，2021（6）：87-95.

[27] 吴允锋，吴祈泫．侵犯商业秘密罪“情节严重”的内涵诠释［J］．上海法学研究，2021（21）：23-30.

[28] 田宏杰．论我国知识产权的刑事法律保护［J］．中国法学，2003（3）：143-154.

[29] 曲三强．被动立法的百年轮回：谈中国知识产权保护的发展历程［J］．中外法学，1999（2）：119-122.

[30] 舒国滢．中国法制现代化道路上的“知识联结难题”：一种基于知识联结能力批判的观察［J］．法学，2022（12）：

3-21.

[31] 周子勋．以高质量金融服务助力实体经济持续恢复向好[N]．中国经济时报，2023-11-02（4）．

[32] 孙万怀．侵犯知识产权犯罪刑事责任基础构造比较［J］．华东政法学院学报，1999（2）：73-80.

[33] 王利明．论完善侵权法与创建法治社会的关系［J］．法学评论，1992（1）：14-19.

[34] 于改之．刑事犯罪与民事不法的分界：以美国法处理藐视法庭行为为范例的分析［J］．中外法学，2007（5）：593-605.

[35] 宋建立．著作权刑事保护趋势与实践思考［J］．中国应用法学，2023（4）：138-146.

[36] 贺志军，袁艳霞．我国侵犯著作权犯罪“营利目的”要件研究：TRIPS 协定和因特网条约的视角［J］．成都理工大学学报（社会科学版），2011（3）：37-43.

[37] 张阳．论“以营利为目的”犯罪的形态认定［J］．政法论坛，2020（3）：114-124.

[38] 张明楷．论刑法中的“以营利为目的”［J］．检察理论研究，1995（4）：40-44.

[39] 陈凤，王懿敏，李迪明子．上海首例盗版“剧本杀”侵犯著作权刑事案宣判［N］．人民法院报，2023-08-03（3）．

[40] 卢建平．在宽严和轻重之间寻求平衡：我国侵犯著作权犯罪刑事立法完善的方向［J］．深圳大学学报，2006（5）：37-40.

[41] 刘科，朱鲁豫．侵犯著作权犯罪中“以营利为目的”要素的

规范阐释与完善方向［J］. 中国刑事法杂志，2012（9）：54–58.

［42］任学婧. 虚开增值税专用发票的责任竞合与行刑衔接［J］. 行政与法，2023（6）：121–129.

［43］张明楷. 刑法修正案与刑法法典化［J］. 政法论坛，2021（4）：3–17.

［44］周光权. 法典化时代的刑法典修订［J］. 中国法学，2021（5）：39–66.

［45］周光权. 我国刑法立法和理论研究的重大进展［J］. 中国法治，2023（12）：23–27.

［46］时延安. 数据安全的刑法保护路径及方案［J］. 江海学刊，2022（2）：142–150，256.

［47］陈金林. 民营企业产权刑法保护问题及其根源与对策：兼评《刑法修正案（十一）》相关条文［J］. 武汉大学学报（哲学社会科学版），2022（3）：161–171.

［48］撖子杨，于君刚. 互联网时代知识产权刑法保护的不足与完善［J］. 陕西理工大学学报（社会科学版），2022（6）：10–16.

［49］梅传强，盛浩.《专利法》修正背景下专利犯罪的刑法规制调整［J］. 重庆理工大学学报（社会科学版），2020（1）：109–119.

［50］张继. 纯正行政犯轻刑化初论［J］. 时代法学，2023（4）：70–81.

［51］于波，李雨佳. 侵犯知识产权犯罪逐级回应制度研究［J］，

青少年犯罪问题，2023（4）：97-112.

[52] 陈兴良．组织、领导传销活动罪：性质与界限［J］．政法论坛，2016（2）：106-120.

[53] 刘科，高雪梅．刑法谦抑视野下的侵犯知识产权犯罪［J］．法学杂志，2011（1）：125-127.

[54] 朱刚灵．互联网时代下知识产权刑法保护的应对策略［J］．北京政法职业学院学报，2017（1）：38-43.

[55] 储槐植，汪永乐．再论我国刑法中犯罪概念的定量因素［J］．法学研究，2000（2）：34-43.

[56] 杜文俊，陈超．行政犯出罪机制的反思与功能实现［J］．国家检察官学院学报，2023（3）：106-125.

[57] 储槐植，张永红．善待社会危害性观念：从我国刑法第 13 条但书说起［J］．法学研究，2002（3）：87-99.

[58] 王昭武．犯罪的本质特征与但书的机能及其适用［J］．法学家，2014（4）：65-82，178.

[59] 杜治晗．但书规定的司法功能考察及重述［J］．法学家，2021（3）：142-154，195-196.

[60] 刘艳红．入出罪走向出罪：刑法犯罪概念的功能转换［J］．政法论坛，2017（5）：66-78.

[61] 梁根林．但书、罪量与扒窃入罪［J］．法学研究，2013（2）：131-150.

[62] 刘树德，潘自强．裁判文书说理视角下的“但书”研究：基于 157 份无罪裁判文书的分析［J］．中国应用法学，2020（1）：133-149.

[63] 周光权. 论刑事一体化视角的危险驾驶罪 [J]. 政治与法律, 2022 (1): 14-30.

[64] 王华伟. 刑法知识转型与"但书"的理论重构 [J]. 法学评论, 2016 (1): 69-78.

[65] 曲新久. 刑法形式解释与实质解释的本质把握: 兼评实质解释论与形式解释论之争 [J]. 国家检察官学院学报, 2023 (4): 99-110.

[66] 马春晓. 法秩序统一性原理与行政犯的不法判断 [J]. 华东政法大学学报, 2022 (2): 33-45.

[67] 张建, 俞小海. 侵犯知识产权犯罪最新刑法修正的基本类型与司法适用 [J]. 上海政法学院学报 (法治论丛), 2021 (5): 37-53.

[68] 张泽涛. 行政犯违法性认识错误不可避免的司法认定及其处理 [J]. 政法论坛, 2022 (1): 179-191.

[69] 柏浪涛. 德国附属刑法的立法述评与启示 [J]. 比较法研究, 2022 (4): 101-115.

[70] 汪东升. 论侵犯商业秘密罪的立法扩张与限缩解释 [J]. 知识产权, 2021 (9): 41-55.

[71] 夏朗. 论严格故意说之于刑事政策: 从对立走向统一: 以违法性意志为路径 [J]. 政治与法律, 2023 (11): 115-131.

[72] 叶平, 张露. 财产刑执行难问题分析及可行性对策 [J]. 人民司法, 2022 (25): 44-49.

[73] 王迁. 论著作权保护刑民衔接的正当性 [J]. 法学, 2021 (8): 3-19.

[74] 刘崇亮．缓刑裁量模式实证研究：基于4238份危险驾驶罪裁判文书的实践检视［J］．环球法律评论，2023（5）：22-38.

[75] 赵兴洪．缓刑适用的中国图景：基于裁判文书大数据的实证研究［J］．当代法学，2017（2）：46-61.

[76] 贾长森，窦磊．宽严相济视域下审前调查评估制度审查及完善［J］．刑法论丛，2021（2）：526-543.

[77] 自正法，练中青．互联网时代罚金刑执行难的成因及其化解路径：基于A省X区法院的实证考察［J］．法治现代化研究，2020（2）：153-164.

[78] 史立梅．刑事一体化视野下的出罪路径探究［J］．法学杂志，2023（4）：92-104.

[79] 寇占奎，路红兵．我国知识产权犯罪体系的反思与重构［J］．河北师范大学学报（哲学社会科学版），2014（6）：124-128.

[80] 谢焱．知识产权刑法法益分析［J］．北方法学，2017（4）：109-120.

[81] 魏昌东．情节犯主导与知识产权刑法解释体系转型［J］．中国刑事法杂志，2022（1）：17-35.

[82] 王志祥，王超莹．论法秩序统一原理视野下假冒专利罪的成立范围［J］．法学杂志，2023（4）：131-142.

[83] 吴瑞．TRIPS视阈下中国专利权的刑法保护研究［J］．中国人民公安大学学报（社会科学版），2011（6）：52-57.

[84] 童德华，任静．专利刑法保护的理念创新与立法完善［J］.

电子知识产权，2022（3）：52-64.

[85] 董涛．全球化时代侵犯知识产权犯罪治理研究［J］．知识产权，2023（10）：43-70.

[86] 陈心哲，魏汉涛．总体国家安全观视域下商业秘密刑事保护的美国挑战与中国应对［J］．学术交流，2023（1）：57-68.

[87] 皮勇．美国对商业秘密的刑法保护：权利保护与泛国家安全［J］．世界社会科学，2024（2）：82-100，244.

[88] 天津市滨海新区人民检察院课题组．销售假冒注册商标的商品罪的理解与适用［J］．中国检察官，2022（13）：31-34.

[89] 刘少谷．刑法规制假冒专利行为的困境与对策［J］．中州学刊，2019（3）：55-59.

[90] 周光权．“刑民交叉”案件的判断逻辑［J］．中国刑事法杂志，2020（3）：3-20.

[91] 劳东燕．买卖人口犯罪的保护法益与不法本质：基于对收买被拐卖妇女罪的立法论审视［J］．国家检察官学院学报，2022（4）：54-73.

[92] 张启飞，虞纯纯．网络著作权保护刑民“两法”衔接反思与重塑［J］．中国出版，2023（14）：62-66.

[93] 于改之．法域冲突的排除：立场、规则与适用［J］．中国法学，2018（4）：84-104.

[94] 王钢．非法持有枪支罪的司法认定［J］．中国法学，2017（4）：69-87.

[95] 周光权．财产犯罪：刑法对民法的从属与变通［J］．中国法律评论》2023（4）：43-59.

[96] 杨馥铭．刑民衔接视域下信息网络传播行为侵权与入罪范围的教义学分析：以《刑法修正案（十一）》相关修改为背景［J］．电子知识产权，2022（6）：27-38.
[97] 利子平，周树娟．销售侵权复制品罪“其他严重情节”的认定标准：以《刑法修正案（十一）》第 21 条为切入点［J］．南昌大学学报（人文社会科学版），2022（1）：58-65.
[98] 张燕龙．侵犯著作权罪与销售侵权复制品罪的冲突及教义学构建［J］．河北学刊，2024（6）：200-210.
[99] 任学婧，敦宁．非法引进、释放、丢弃外来入侵物种罪探究［J］．政法学刊，2022（1）：67，73.
[100] 刘琳．我国版权侵权“接触”要件的检讨与重构［J］．知识产权，2021（11）：71-90.
[101] 刘双阳．论侵犯网络著作权犯罪司法认定的刑民衔接［J］．法学，2023（8）：72-84.
[102] 崔国斌．加框链接的著作权法规制［J］．政治与法律，2014（5）：74-93.
[103] 王志远．侵犯商业秘密罪保护法益的秩序化界定及其教义学展开［J］．政治与法律，2021（6）：39-53.
[104] 贺志军．侵犯商业秘密罪“重大损失”之辩护及释法完善［J］．政治与法律，2020（10）：39-53.
[105] 黄小飞．侵犯商业秘密罪的获取型构成要件研究［J］．当代法学，2024（3）：110-121.
[106] 何腾姣．侵犯商业秘密罪“情节严重”中的“重大损失”之探析［J］．海南大学学报（人文社会科学版），2022

(4)：131-143.

[107] 北京知识产权法院课题组．商业秘密司法保护规则研究[J]．知识产权，2024（10）：37-59.

[108] 徐明．厘清侵犯商业秘密罪定罪量刑原则[J]．检察风云，2024（19）：28-29.

[109] 安雪梅，林灿华．商业秘密犯罪边界下移法律效果的实证分析[J]．法治论坛，2023（1）：197-212.

[110] 刘科．侵犯商业秘密罪中“情节严重”的认定方法[J]．中国法律评论，2022（4）：216-226.

[111] 冯明昱，张勇．侵犯商业秘密罪评价标准的修正与规范解读[J]．海南大学学报（人文社会科学版），2025（1）：185-194.

[112] 潘莉．侵犯商业秘密罪：如何界定“情节严重”[N]．检察日报，2020-11-25（3）.

[113] 周瑞平，王君．截留稻种亲本私自繁育并对外销售 四名被告人犯侵犯商业秘密罪获刑[N]．人民法院报，2024-11-01（3）.

[114] 柏浪涛．构成要件符合性与客观处罚条件的判断[J]．法学研究，2012（6）：131-146.

[115] 陈琳．关于假冒注册商标罪之犯罪数额认定标准的反思与重构：以近5年430份假冒注册商标罪裁判文书为样本[J]．人民司法，2024（13）：15-19.

[116] 陈兴良．作为犯罪构成要件的罪量要素：立足于中国刑法的探讨[J]．环球法律评论，2003（3）：275-280.

[117] 陈洪兵. 不必严格区分法条竞合与想象竞合：大竞合论之提倡 [J]. 清华法学，2012（1）：38-63.

[118] 锁福涛，薛东. 刑民交叉视域下深度链接行为的刑法规制研究 [J]. 中国出版，2024（18）：58-62.

[119] 朱泽亮. 假冒专利罪客观行为的廓清与厘定 [J]. 专利代理，2022（2）：107-112.

三、外文文献类

[1] MACLEOD C. Inventing the Industrial Revolution：The English Patent System，1660—1800 [M]. Cambridge：Cambridge University Press，1988.

[2] LEFRANC D. Historical Perspective on Criminal Enforcement，in Christophe Geiger ed. Criminal Enforcement of Intellectual Property：A Handbook of Contemporary Research [J]. Edward Elgar Publishing，2012（2）：103-109.

[3] MOOHR G S. The Crime of Copyright Infringement：An Inquiry Based on Morality，Harm，and Criminal Theory [J]. 83 Boston University Law Review 731，2003（4）：735-748.

[4] UKIPO. 2020—2021 IP Crime and Enforcement Report [EB/OL]. (2020-01-01). https：//assets. publishing. service. gov. uk/government/uploads/system/uploads/attachment_data/file/1017790/ip-crime-2021. pdf.

[5] OECD. Global Trade in Fakes：A Worrying Threat [EB/OL]. (2021-06-29) https：//www. oecd. org/publications/global-

trade-in-fakes-74c81154-en. htm.

[6] EUIPO & EUROPOL. Intellectual Property Crime Threat Assessment 2022 [EB/OL]. (2022-03-01). https://euipo. europa. eu/tunnel-web/secure/webdav/guest/document_library/observatory/documents/reports/2022_IP_Crime_Threat_Assessment/IP_Crime_Threat_Assessment_2022_Ex Sum_en. pdf.

[7] Mobilizing Global Action against Intellectual Property Crime, INTERPOL [EB/OL]. (2021-10-12). https://www. interpol. int/en/ News-and-Events/News/2021/Mobilizing-global-action-against-intellectual-property-crime.

[8] BIAGIOLI M, JASZI P, WOODMANSEE W, et al. Making and Unmaking Intellectual Property: Creative Production in Legal and Cultural Perspective [M]. Chicago: University of Chicago Press, 2011.

[9] GIBSON J. The Directive Proposal on Criminal Sanctions, in Christophe Geiger ed. Criminal Enforcement of Intellectual Property: A Handbook of Contemporary Research [M]. Cheltenham: Edward Elgar Publishing, 2012.

[10] REID M. A Comparative Approach to Economic Espionage: Is Any Nation Effectively Dealing with This Global Threat? [J]. University of Miami Law Review, 2016, 70 (3): 810-836.

[11] KUNTZ R L. How Not to Catch a Thief: Why the Economic Espionage Act Fails to Protect American Trade Secret [J]. Berkeley Technology Law Journal, 2013, (28): 905-922.

[12] DESMET T O. The Economic Espionage Act of 1996: Are We Finally Taking Corporate Spies Seriously? [J]. Houston Journal of International Law, 1999, 22 (1): 101-130.

[13] SEUBA X. The Global Regime for the Enforcement of Intellectual Property Rights [M]. Cambridge: Cambridge University Press, 2017.